河南省社会科学院哲学社会科学创新工程试点项目

中原智库丛书·青年丛书

河南农业农村现代化发展研究

RESEARCH ON THE DEVELOPMENT OF
HENAN AGRICULTURAL AND RURAL MODERNIZATION

刘依杭 / 著

经济管理出版社
ECONOMY & MANAGEMENT PUBLISHING HOUSE

图书在版编目（CIP）数据

河南农业农村现代化发展研究/刘依杭著 . —北京：经济管理出版社，2022.8
ISBN 978-7-5096-8649-2

Ⅰ.①河…　Ⅱ.①刘…　Ⅲ.①农业现代化—现代化建设—研究—河南 ②农村现代化—现代化建设—研究—河南　Ⅳ.①F327.61

中国版本图书馆 CIP 数据核字（2022）第 138791 号

组稿编辑：魏晨红
责任编辑：魏晨红
责任印制：黄章平
责任校对：王淑卿

出版发行：经济管理出版社
　　　　　（北京市海淀区北蜂窝 8 号中雅大厦 A 座 11 层　100038）
网　　址：www.E-mp.com.cn
电　　话：（010）51915602
印　　刷：唐山玺诚印务有限公司
经　　销：新华书店
开　　本：720mm×1000mm/16
印　　张：13.75
字　　数：220 千字
版　　次：2022 年 9 月第 1 版　　2022 年 9 月第 1 次印刷
书　　号：ISBN 978-7-5096-8649-2
定　　价：58.00 元

前　言

　　党的十九大报告清晰擘画了全面建成社会主义现代化强国的时间表、路线图。在 2020 年全面建成小康社会、实现第一个百年奋斗目标的基础上，再奋斗 15 年，到 2035 年基本实现社会主义现代化。从 2035 年到 21 世纪中叶，在基本实现现代化的基础上，再奋斗 15 年，把我国建成富强民主文明和谐美丽的社会主义现代化强国。建设社会主义现代化强国的总目标与"五位一体"总布局高度一致，体现了总目标和总布局之间的紧密关系，使"五位一体"总体布局更具方向感和目标感。

　　农业农村现代化是国家现代化的基础和支撑，没有农业农村现代化，国家现代化是不完整、不全面、不牢固的。2021 年，《中共中央　国务院关于全面推进乡村振兴加快农业农村现代化的意见》提出，要坚持农业农村优先发展，坚持农业现代化与农村现代化一体设计、一并推进，全面推进乡村产业、人才、文化、生态、组织振兴，加快农业农村现代化，为全面建设社会主义现代化国家开好局、起好步提供有力支撑。乡村振兴战略总要求与"五位一体"总体布局高度一致，根本目标是加快推进农业农村现代化。农业农村现代化是国家现代化的有机组成部分，因此，必须坚持新发展理念，统筹推进"五位一体"总体布局在农业农村领域的落实。

　　河南是我国商品粮的主要提供者，承担着确保国内粮食供求的基本平衡和维护经济社会稳定的重要使命，在国家区域发展版图中具有特殊的战略地位和不可替代的作用。

　　第一，河南是我国农副产品的重要产地。河南不仅能提供粮食，而且能提供大量的经济作物，如棉花、麻类、油料、蔬菜、果品、药材等，还可以提供大量的木材、禽畜产品、水产品等。这些农副产品既是农业企业的原材料来源，也是一些工业企业的原材料来源。如果离开河南长期稳定的农产品供应，那么这些企业的发展必然会受到影响。

第二，河南是我国粮食安全保障基地和农民生产生活的主要场所。河南用全国 1/16 的耕地提供了全国 1/10 的粮食，向来是我国的"米袋子""菜篮子"，是我国粮食安全最坚强、最有力的保障。同时，河南作为农业大省、人口大省，农民吃在农村、住在农村，其生存与河南的发展息息相关，影响着整个国家的稳定与发展。

第三，河南是我国生态环境保护的重点区域。生态环境对农民的生产生活有非常大的影响，生态环境若受到污染或保护不力，不仅粮食、肉类等产品的数量、质量会受到重大影响，农民的健康与生存也会面临重大危险；生态环境遭到破坏，势必会影响大气循环、水循环，进而引发自然灾害，危害人类的生存与发展。

河南在肩负着发展粮食和大宗农产品生产、增加农业和农民收入、促进农村经济繁荣和社会稳定等重大使命的同时，也面临着不小的压力和挑战：

一是粮食生产任务越来越重，粮食生产用地越来越紧张。在现代经济社会发展中，随着人口的增加和人们生活水平的提高，对粮食的需求会持续增长，对质量的要求也会提高，粮食生产的任务也越来越重。随着城镇化和工业化的发展，农业和粮食生产所依赖的土地"非农化""非粮化"现象突出，过去靠增加耕地面积、扩大播种面积来增加粮食产量的手段，在实践中变得越来越难以使用。

二是农业比较收益低，农业再生产越来越艰难。近几十年来，我国经济得到了突飞猛进的发展，经济总量跃居世界前列，不过经济总量主要来自城市和沿海发达地区。农业劳动生产率较低，农业生产收益相对较少，农业在国内生产总值中的比重日益减少，农业对国民收入的贡献率日趋下降，农业生产较难受到农民的重视。

三是高素质农民非农化突出，农民整体素质有待提升。这些年来，河南劳动力转移加快，进城务工、经商人员增多，农民非农化趋势明显。然而，大量非农化的劳动力多为年轻力壮、对先进知识和技术接受能力强的农民，而没有转移、仍滞留在农村从事农业生产和农村建设的农民多为妇女、儿童和老人。这一群体的成员普遍体能不高，劳动能力不强，对先进技术和知识的接受能力也比较弱，给农业生产和农村经济持续发展造成了不利影响。

四是农村产业发展能力不强，产品增产不增收现象严重。河南虽然农副产品丰富，但一直以来都是以初级生产为主，精深加工不多，向外输出的基本上是初级原材料。这些初级产品、初级原材料运送到外地经过深加工、精加工，价格增加幅度较大，其间的差价基本上为外地加工企业所得，因此，河南将资源优势转化为经济优势的能力不强。

农业农村现代化是国家现代化的重要组成部分。河南只有加快农业农村现代化建设，才能持续不断地提供丰富的农副产品；只有夯实在国家经济社会发展中的地位，才能有效解决农业农村发展中所遇到的突出问题，提升农业综合生产能力，增强农村经济实力，改变农业农村落后面貌。研究和发展河南农业农村现代化，其价值和意义是显而易见的。

本书主要从两个方面研究了河南农业农村现代化发展问题：一是从理论的角度对农业农村现代化的内涵、特征、模式做进一步探讨，并针对农业与农村的差别，构建不同的评价指标体系；二是分析评价河南农业农村现代化发展历程、进度、成效、存在的问题，以及未来进一步发展的影响因素、路径选择和对策建议。

本书认为农业农村是我国经济社会发展中非常重要的一个板块，农业农村现代化建设是国家现代化不可或缺的内容，但是农业农村现代化发展相对较为滞后。农业现代化和农村现代化是两个完全不同的概念，应有不同的评价体系；它们之间互有联系，前者是后者的重要组成部分。现代化有主动和被动之分，有发达和滞后之分，不同领域的现代化具有不同的发展模式，不同地区的现代化也有不同的发展模式。现代化发展模式具有层次性、互助性、兼容性、区域性。河南农业农村现代化的快速发展需要一系列的"组合拳"和完善的保障机制。

本书对现代化的内涵、类型、特征做了一些探讨，对农业现代化、农村现代化提出了不同的评价体系，并以河南省为对象做了应用研究。本书根据河南的发展特点及趋势，提出了农业农村现代化的发展路径及其保障措施。然而农业农村现代化建设和发展是一个浩瀚、动态的复杂工程，尚有许多的理论和现实问题有待深入研究，由于作者能力所限，书中不妥之处在所难免，恳请广大读者批评指正。

笔　者
2022 年 7 月

目　录

第一章　农业农村现代化的理论基础与研究述评

农业农村现代化一直是农业经济研究中的热点问题，在不同时期、不同阶段都有学者从不同侧面切入展开研究探讨，积累了诸多研究成果。构建农业农村现代化发展水平评价指标体系，旨在准确把握河南农业农村现代化的发展现状和演进过程，识别农业农村现代化进程中的优势和不足，为采取有针对性的政策导向和干预措施提供依据。本章的主要目的是对现有农业农村现代化相关理论进行梳理、整合与借鉴，遵循把我国建设成社会主义现代化强国的总目标，从"五位一体"总体布局的视角出发，以新发展理念为指引，按照乡村振兴战略的要求，奠定研究开展的理论基础，深入剖析新时代河南农业农村现代化的内涵和特征，提出评价农业农村现代化发展水平的原则，并通过国内外研究动态述评，探寻已有研究不足和本书深入拓展的空间。

第一节　问题的提出

党的十九大提出的实施乡村振兴战略，是全面建设社会主义现代化强国的重大部署，提出要坚持农业农村优先发展，按照"产业兴旺、生态宜居、乡风文明、治理有效、生活富裕"的总要求，建立健全城乡融合发展体制机制和政策体系，加快推进农业农村现代化。乡村振兴战略总要求与"五位一体"总布局高度一致，根本目标是加快推进农业农村现代化。农业农村现代化是国家现代化的有机组成部分，因此，必须坚持新发展理念，统筹推进"五位一体"总布局在农业农村领域的落实。

党的十九大首次提出了加快推进农业农村现代化，是对以前单一农业现代化的重要补充，是根据新时代"三农"工作面临的新情况、新矛盾，按照新发展理念的要求做出的重大调整，其内涵更加丰富全面。河南作为农业农村大省，为了把握农业农村现代化的发展水平，了解农业农村现代化进程中的强项与薄弱环节，为制定有针对性的政策提供依据，有必要构建一套农业农村现代化发展水平的评价指标体系。评价指标体系建立在准确定义农业农村现代化内涵的基础上，按照准确、综合、易操作、可追踪的要求设置可测度的评价指标。农业农村现代化的内涵是"五位一体"总布局在农业农村领域的具体体现，评价指标要从经济、政治、文化、社会和生态文明五个维度，根据国家现代化的富强、民主、文明、和谐和美丽五大特征，按照乡村振兴战略的产业兴旺、生态宜居、乡风文明、治理有效、生活富裕总要求，和建立健全城乡融合发展体制机制和政策体系的内容，从六个维度刻画农业农村现代化的特征与内涵。通过设置可测度的指标实现评价指标的量化，形成一个科学评价农业农村现代化发展水平的指标体系。

第二节　理论基础与借鉴

一、改造传统农业理论

20世纪50年代初，经济学家提出了以工业为中心的发展战略，认为工业化是发展经济的中心，只有通过工业化才能实现经济腾飞，而农业是停滞的，农业不能对经济发展做出贡献，充其量只能为工业发展提供劳动力、市场和资金。在此理论指导下，许多发展中国家致力于发展工业而忽视了农业，由此招致了很多不良的社会经济发展后果。此时，一些有识之士对工业化的发展战略提出了疑问，转而强调农业问题。西奥多·W. 舒尔茨的改造传统农业理论便是其中翘楚。他为农业正名，反对轻视农业的看法，同时强调发展中国家的传统农业不能对经济发展做贡献，只有现代化的农业才能对经济发展做贡献，而关键问题在于如何把传统农业改造为现代农业。对于传统农业的内涵与外延，西奥多·W. 舒尔茨驳斥从社会的文化特征、制度结构或者生产要素的技术特征来论述传统农业性质的观点，而认为传统农业是一种生产方式长期没有发生变动、基本维持简单再生产的、长期停滞的小农经济。其特征有三个：一是技术状况长期内大致保持不变；二是获得与持有生产要素的动机长期不变；三是传统生产要素的供给和需求处于长期均衡状态。西奥多·W. 舒尔茨利用危地马拉和印度两个传统农业国家的调查资料，驳斥了传统农业中生产要素配置效率低下的观点和"零值农业劳动学说"，认为农民对市场价格变动能做出迅速而正确的反应，配置效率不低，同时农业劳动力的减少必然使农业产量下降。对于传统农业为什么不能成为经济增长的源泉，他通过构造"收入流"价格理论，认为其根源在于传统农业中生产要素的供求在高价格水平上形成均衡，对原有生产要素增加投资的收益率低，对储蓄和投资缺乏足够的经济刺激。对于如何改造传统农业，西奥多·W. 舒尔茨认为关键是要引进新的现代农业生产要素以降低农业生产要素价格，实质为实现技术转变。具体而言，要实现传统农业的改造，就要建立一套适用于传统农业改造的制度，包括市场机制、家庭农场经营方式、居住所有制形式等；要从供求两个方面为引进现代生产要素创造条件；要通过教育、在职培训、提高健康水平等方式，对农民进行人力资本投资。人力资本因素是影响农业现代化演进的关键变量，改造传统农业理论中对人力资本的强调是本书的重要理论基础。

二、农业发展阶段理论

农业作为国民经济基础部门，其发展具有明显阶段性特征。国内外学者从不同视角切入，形成了对农业发展阶段理论的有益认知，丰富了农业发展阶段理论。梅勒（Mellor，1966）基于对发展中国家经验的考察，从农业技术性质角度形成了"梅勒农业发展三阶段理论"。[①] 其认为农业发展阶段包含传统农业阶段、"低资本"技术阶段、"高资本"技术阶段。其中，在传统农业阶段，技术是停滞的，农业生产增长主要依赖传统投入，农业发展基本上取决于传统要素供给增加。在"低资本"技术阶段，资本使用量较少，技术运用趋于稳定，但仍以资本节约型技术为主，以提高土地生产率为重点。在"高资本"技术阶段，受资本"替代效应"影响，劳动力"短缺"现状得到改观，农业生产能力显著增强。韦茨（Wertz，1971）基于美国农业实际，提出了"韦茨农业发展三阶段理论"，[②] 将农业发展阶段划分为维持生存农业阶段、混合农业阶段、商品农业阶段"三阶段"。其中，在维持生存农业阶段，"自给自足"是其主要特征；在混合农业阶段，强调多种经营，农民收入增加是主要特征；而在商品农业阶段，专业化生产是农业发展的主要特征。速水佑次郎和弗农·拉坦（2000）基于农业技术、制度变迁理论，结合日本农业实践，将农业发展阶段细分为增加生产和市场粮食供给的发展阶段、抑制农村贫困的发展阶段及调整和优化结构的发展阶段"三阶段"。[③] 此外，提莫（Timmer，1988）通过美国、日本和西欧等国家或地区农业发展实践的长期研究，提出农业发展"四阶段理论"：农业投入阶段、农业资源流出阶段、农业与宏观经济整合阶段、农业"反哺"阶段。[④] 以上述理论为基础，农业部软科学委员会课题组（2000）针对中国实际，提出了我国的农业发展"三阶段"理论，即数量发展阶段、优化发展阶段、现代农业发展阶段。[⑤] 其中，在数量发展阶段，农产品供给"短缺"；在优化发展阶段，农产品供需平衡，以提高农产品品质、优化结构与增加农民收入为重点；在现代农业发展阶段，农产品供给多元化，以高资本集约、技术集约和信息集约为重点。

从生产力发展角度来看，农业发展经历了生产工具简单、技术简单、自给自足、没有社会分工的原始农业，生产方式和生产结构长期不变的简单再生

① Mellor J. W. The Economics of Agricultural Development，Ithaca：Connell University Press，1966.

② Wertz J. R. A Newtonian Big-bang Hierarchical Cosmological Model，The Astrophysical Journal，1971（164）.

③ 速水佑次郎、弗农·拉坦：《农业发展的国际分析》，中国社会科学出版社 2000 年版。

④ Timmer C. P. The Agricultural Transformation，Handbook of Development Economics，1988（1）.

⑤ 农业部软科学委员会课题组：《中国农业发展新阶段》，中国农业出版社 2000 年版。

产、报酬率极低的传统农业，以及生产技术科学化、生产手段机械化、生产经营企业化的现代农业三个阶段。目前，我国正处于大力发展现代农业、推进农业现代化进程的新时期，本书正是基于农业由传统农业向现代农业改造的过程，探寻农业农村现代化发展过程及机理。

三、"二元"结构理论

在现代经济发展研究中，刘易斯（Lewis，1954）抓住发展中国家技术和组织的"二元"特征，提出了两部门模型或称"二元"结构模型，开辟了"二元"经济发展的分析方法，强调了结构变动对经济发展的推动作用。[①] 刘易斯认为，发展中国家经济由再生产规律完全不同的传统农业部门和现代工业部门两部门组成，形成了一个"二元"经济结构。传统农业部门隐蔽失业劳动力是贫困根源，经济发展是现代工业部门不断扩张、农村剩余劳动力被吸收并实现充分就业的过程。农村为现代工业部门发展提供无限制的劳动力供给，现代工业部门乃至整个经济发展的主要约束来自资本积累。刘易斯两部门经济发展模型的建立，首创了经济发展研究的二元结构分析方法，开辟了研究发展中国家经济的一个新思路。当然，刘易斯模型也存在较明显的缺陷：一是模型认为只要存在农村劳动力的无限供给，资本积累和现代工业部门就能一直发展下去，而忽略了农业部门的落后和贫困等会成为经济发展的障碍，忽略了农业部门发展和整个经济的粮食供给问题。二是模型假设农村存在失业，而城市不存在失业，显然与发展中国家的现实不符，没有意识到城市现代部门一方面创造了更多的就业机会，另一方面又创造着更高的失业率。三是模型只注重现代部门供给方面的分析，认为在劳动力无限供给的假设下，现代工业部门发展的唯一约束是储蓄，而没有看到总需求对现代部门增长的约束。

此后，众多学者继承和发扬了刘易斯的二元结构模型。费景汉和拉尼斯（Fei 和 Rains，1961）发展和完善了刘易斯模型，形成了一个体系完整的二元经济理论模型。[②] 他们认为二元经济向成熟经济转变的过程存在"粮食短缺

---

① Lewis A. Economic Development with Unlimited Supplies of Labor, The Manchester School, 1954 (2).

② Fei C. H., Rains G. A. A Theory of Economics Development, American Economic Review, 1961 (4).

点"和"商业化点"两个转折点；传统农业部门不仅为现代工业部门的发展提供劳动力，而且为其提供了农业剩余；传统农业部门技术进步和劳动生产率的提高，是二元经济结构变化、农村剩余劳动力顺利转移过程中避免粮食短缺出现的必要条件；二元经济沿着平衡路径发展才能顺利达到转折点；发展中国家应该鼓励具有劳动密集使用偏向的技术创新出现，以创造更多就业机会并缩短达到"商业化点"所需要的时间。费景汉—拉尼斯模型提供了一种更加接近现代发展中国家现实的理论描述，其不足主要是没有考虑和分析发展中国家的城市失业问题和现代工业部门发展中来自有效需求方面的约束。乔根森（Jorgenson，1961）提出了农业剩余下的二元经济发展理论，[1] 认为农村不存在零值劳动力或隐蔽失业；农业剩余是农业经济转变为二元经济的前提条件；技术进步是工业部门发展的重要推动力量；工业和农业部门间的贸易平衡由技术进步率、农业科技进步贡献率、人口增长速度等参数决定；经济发展的关键条件是农业剩余能否存在并不断增长；传统农业部门的转变，需要资本输入和资本主义技术输入。乔根森模型的突出贡献是把对二元经济的研究从剩余劳动转向了农业剩余，其主要缺陷在于有关粮食需求的收入弹性假设不符合粮食消费行为。托达罗（Todaro，1971）发展了刘易斯—费—拉尼斯模型，提出了乡—城劳动力迁移模型，认为移民迁移行为受预期收入最大化目标的支配，城乡实际收入差异和移民在城市找到工作的概率是影响个人移民决策的主要因素；移民在城市滞留的时间越长，掌握就业的信息就越多，找到工作的概率就越高；没有农村地区发展和城乡收入差距缩小，靠单纯增加城市现代工业部门的就业机会，无法解决发展中国家的城市就业问题。[2] 托达罗模型对贫困国家结构转变中的劳动力城乡流动现象做了简单而有说服力的解释，其意义深远。本书将基于目前中国"二元"结构体制背景，充分借鉴"二元"结构理论，解析农业农村现代化发展过程及规律与工业化的差异性。

[1] Jorgenson D. W. The Development of a Dual Economy, Economic Journal, 1961 (71).

[2] Todaro M. P. Income Expectations, Rural-Urban Migration and Employment in Africa, International Labor Review, 1971 (135).

四、诱致性技术创新理论

诱致性技术创新理论萌芽于20世纪30年代，其从厂商理论中发展而来，并形成了两个重要分支：一个是"施莫克勒—格里利切斯（Schmookler-Griliches）假说"或称市场需求诱致的技术创新理论。该假说的基本假定是创新对利润的反映，认为在其他方面不变时，一种商品的创新率是该商品市场需求的函数，即引致发明的因素在于市场力量的作用，强调产品需求对技术创新速度的影响。林（Lin，1991）通过对中国杂交水稻技术应用的分析，检验和支持了"施莫克勒—格里利切斯假说"。[1] 但是，该假说并未被广泛接受且受到了一系列批评，如市场需求决定创新过程的观点没有充分经验分析来支持、需求驱动与创新之间的联系相当微弱等。另一个是被普遍采用的"希克斯—速水—拉坦—宾斯旺格（Hicks-Hayami—Ruttan-Binswager）假说"或称要素稀缺诱导性技术创新理论。该理论强调由资源稀缺变化所引起的要素相对价格变化对技术变革的诱致性作用。希克斯（Hicks，1946）提出了诱致性创新的雏形，认为生产要素相对价格的变化本身就是发明的激发动力。[2] 他还提出了技术创新的因果链：如果有一项以获利为目的的发明引起一个冲击，在短暂的阵痛之后造成利润率和工资的上升，造成某种要素的稀缺，在没有其他创新出现的情况下，原有创新的冲击会逐渐衰竭，从而会诱致稀缺要素的创新。之后众多学者丰富和发展了希克斯的要素稀缺诱致创新理论。阿马德（Ahmad，1966）在比较静态的基础上考虑了劳动和资本两个要素，引入创新可能性曲线，建立了最初的诱致性技术创新的理论分析框架，即"希克斯—阿马德"模型。[3] 在此基础上，宾斯旺格（Binswanger，1978）结合"希克斯—阿马德"模型和"施莫克勒—格里利切斯假说"发展出一个诱致性技术创新的微观经

① Lin J. Y. Public Research Resource Allocation in Chinese Agricultural：A Test of Induced Technological Innovation Hypotheses，Economic Development and Cultural Change，1991（1）.

② Hicks J. R. Value and Capital，Oxford：Clarendon Press，1946.

③ Ahmad S. On the Theory of Induced Invention，The Economic Journal，1966（76）.

济学解释模型，便于理解诱致性技术创新理论。[①] 弗农·拉坦和速水佑次郎（Ruttan & Hayami, 1984）指出，上述理论主要关注私人厂商创新行为而忽视了公共部门的创新行为，并基于农业发展中的技术变革提出了一个四要素的诱致性技术创新模型或称"希克斯—速水—拉坦—宾斯旺格假说"[②]，同时也强调将诱致性技术创新看作一个动态发展过程，其中不均衡的出现是诱致技术变革和经济增长的关键因素。此外，罗森堡基于对希克斯理论的批判，认为技术创新的诱导机制是存在的，但不是要素稀缺诱导的，而是基于技术发展不平衡、生产环节的不确定性和资源供给的不确定性三个诱导机制。上述机制形成技术创新障碍，诱导生产者围绕这些障碍而进行创新。

诱致性技术创新理论主要被应用于研究农业技术变革和农业发展，是重要的农业发展理论。该理论为要素价格、要素份额以及技术变革之间的关系提供了较强的解释力。其核心是若市场未被扭曲，则要素价格将能反映要素相对稀缺性水平和变化，农民则会被诱致去寻找能够节约因日益稀缺而昂贵的要素的技术。同时，诱致性技术创新理论也伴随着一些争论，例如，诱致性技术创新机制是否会引起社会无效率和不公平？是否适用于要素市场不活跃的情形？诱致性技术变革研究方法是否正确？等等。但不可否认的是，该理论有效地指导了发展中国家农业技术创新和农业发展。诱致性技术创新理论构建的理论框架，为系统认知农业农村现代化发展提供了重要的理论认知与支撑。

五、比较优势理论

比较优势理论简洁解释了复杂的国际贸易，成为国际贸易领域的经典理论。亚当·斯密的绝对优势学说是比较优势理论的"开端"。斯密基于地域分工理论强调了分工及经济组织在经济发展中的作用，创立了绝对优势理论，亦称内生比较优势理论，认为各国在国际贸易中以生产成本具有绝对优势的产品

① Binswanger H. P., Ruttan V. W. Induced Innovation: Technology, Institutions, and Development, Baltimore: Johns Hopkins University Press, 1978.

② Ruttan V. W., Hayami Y. Toward a Theory of Induced Institutional Innovation, The Journal of Development Studies, 1984 (4).

进行进出口贸易，从而使双方获益。斯密绝对优势理论的局限在于：以产品成本的绝对高低来决定贸易地位，导致那些所有产品成本均处于绝对劣势的国家无法参与国际贸易。大卫·李嘉图突破了斯密绝对优势理论的局限，提出了比较优势理论，或称外生比较优势理论。李嘉图认为一国不管处于何种发展状况，即使其在生产所有产品上都具有较他国的绝对优势或劣势，均能确定自己的相对优势，根据"两利相权取其重，两弊相权取其轻"的原则，集中生产并出口其具有"比较优势"的产品，进口其具有"比较劣势"的产品，从而通过国际贸易和分工获取更多利益。李嘉图用不同于斯密的比较选择方式将不同产品的劳动成本比例进行了比较，而不是将本国某种产品的成本与国外同样产品的成本进行直接比较，选择标准并非绝对值的高低，而是相对值的异同。因此，李嘉图比较优势理论在更广泛的基础上解释了国际贸易产生的基础和贸易利得，提出了国家间贸易特殊规则，大大发展了斯密绝对优势理论。李嘉图比较优势理论的局限在于，注重劳动和自然因素而忽视资本因素的作用，注重时点或短期比较分析，未能摆脱静态分析框架。

继斯密和李嘉图创立并发展传统比较优势理论之后，众多学者从比较优势静态和动态来源两个方向不断发展、完善了比较优势理论，修正模型假定、引入新因素以更贴近经济现实，最终形成了现代比较优势理论。其中，具有代表性的有以下几种：一是赫克歇尔和俄林基于要素禀赋视角的 H—O 定理。该定理讨论了要素禀赋差异在确定比较优势及其在国际贸易中的作用，认为各国要素禀赋相异是产生国际贸易的基本原因，应该出口密集使用本国相对充裕要素的产品，进口密集使用本国相对稀缺要素的产品。二是杨和柏兰德（Yang & Borland，1991）基于专业化和分工视角拓展了内生比较优势，认为即使没有外生优势的个人也能在专业化过程中获得内生比较优势，且随分工水平的提高而提高，同时产生市场容量扩大、经济增长、技术进步等，国内贸易和国际贸易作为扩大市场容量的有效方式由此产生。[1] 三是格罗斯曼和麦基（Grossman & Maggi，2000）通过建立一个相似要素禀赋国家贸易竞争模型，分析了人力资

---

[1]　Yang X., Borland J. A Microeconomic Mechanism for Economic Growth, Journal of Political Economy, 1991（3）.

本分配对比较优势和贸易的影响。① 他们认为人力资本同质国家出口的产品所使用技术具有人力资本互补性特征，此类国家更容易实现生产组织对人力资本的匹配要求；而人力资本异质国家出口的产品所使用技术具有人力资本替代性特征，此类国家的人力资本感兴趣的产业就会具有比较优势。此外，波斯纳（Posner，1961）运用技术创新理论修正了 H—O 模型②；弗农（Vernon，1966）基于要素密集度动态化视角，引入新产品创新经济因素，提出产品"生命周期"理论。③ 这两种理论把技术发展各个阶段不同国家具有不同比较优势作为产生国际贸易的原因，被认为是现代比较优势理论的重要突破。当然，比较优势理论对于现代农业农村发展具有重大的指导意义。一方面，促进农业农村利用比较优势参与国际贸易；另一方面，促进现代农业农村的区域特色化发展，如"一村一品"、特色效益农业等理念和模式的提出，突出了农业农村发展的地方特色和因地制宜。

第三节　农业农村现代化的内涵及特征

一、农业农村现代化的演进

1952 年，我国提出了实现农业现代化的目标，从当时的实现农业现代化到 2021 年中央一号文件提出的"全面推进乡村振兴，加快农业农村现代化"，现代化的内涵和内容也越来越丰富和完善。随着科技进步和社会经济发展，农业农村现代化的目标和表现形式都在不断演进和调整。

对现代化的认识，存在过程论和目标论两种观点，即从两个维度诠释现代

① Grossman G. M. , Maggi G. Diversity and Trade, American Economic Review, 2000（5）.

② Posner M. V. International Trade and Technical Change, Oxford Economic Papers, 1961（3）.

③ Vernon R. International Investment and International Trade in the Product Cycle, The Quarterly Journal of Economics, 1966（2）.

化：一个维度是把现代化看作一个过程，认为现代化就是现代社会中正在进行着的变化；另一个维度是把现代化看作结果或目标，经过努力是可以实现的。对现代化的研究分别从政治学、经济学、社会学、人文学和制度学等方面展开。[①] 相应地，对农业农村现代化的研究也从过程和目标两个维度展开。过程论认为，农业农村现代化是传统农业向现代农业转变的一个漫长的非均衡的历史过程，是用现代工业技术、生物技术和市场经济观念改造传统农业的过程。农业农村现代化是一个相对动态的概念，农业农村现代化的标准和水平随着科技、经济、社会的进步而变化。因此，农业农村现代化本身并非目的，而是农业农村进步的历史过程，由传统的生产部门转变为现代产业的演进过程。[②] 其内涵随着技术、经济、社会的进步而变化，即不同时期有不同的内涵。[③] 目标论认为，实现农业农村现代化是我国社会主义建设的目标，应该是一个具体的、有所指的事物，因而也必然是一个可以实现的目标。我国在不同阶段提出的农业农村现代化的目标都是该阶段的具体体现。从实践来看，人们只能根据现有的科技水平或最佳实践来设定一个短期的现代化目标，并通过努力实现这一目标。但是，科技进步的速度之快使人们越来越难以预测现代化的内容和形式，科技有时会给农业带来颠覆性的变化。所以，农业农村现代化应该是一个动态的渐变过程，随着科技进步和社会经济发展而呈现不同的表现形式和内涵。

从农业现代化的表现形式来看，我国于20世纪50年代提出的农业现代化是目标机械化、电气化、水利化和化学化，这是根据当时的农业生产力水平制定的。到了20世纪70年代至80年代中期，农业现代化的内容又增加了管理现代化，认为现代化不仅是农业技术的现代化，还应该是管理方式和管理手段的现代化。进入90年代后，随着农业生产水平的提高以及社会主义市场经济的建立，农业的市场化和组织化也被认为是现代农业的重要标志。21世纪以来，随着我国现代农业水平的不断提高，农业现代化的内涵逐渐扩展，由科学技术体系、农业产业体系、微观经济体系和政策法规体系四个方面刻画的农业

---

①③　周洁红、黄祖辉：《农业现代化评论综述——内涵、标准与特性》，《农业经济》2002年第11期。

②　牛若峰：《中国农业现代化走什么道路》，《中国农村经济》2001年第1期。

现代化，其内涵也在发生着深刻的变化。①

　　农业农村发展不同阶段的主要矛盾在不断转变，对农业农村现代化的认识也经历了一个从狭义到广义的转变过程。狭义的农业农村现代化仅仅指农业作为一个产业的现代化。改革开放之前，我国实行计划经济制度，执行严格的城乡分割二元户籍政策，在这种体制下，农业等同于农村，农民则被束缚在农业和农村。最初，农业的主要矛盾是农业生产力落后，对农业农村现代化的认识也仅限于农业生产领域的现代化，把农业科技进步、现代投入品和对劳动的替代作为现代化的方向，机械化、化学化、水利化和电气化成为农业农村现代化的目标。当科技进步和现代要素投入不再是瓶颈的时候，农业农村主要矛盾转化为如何改变管理方式和管理手段的落后状况，把优化组织和管理方式作为现代化的目标。当农业不再是农民解决温饱问题的唯一途径时，农业农村的市场化程度就成为主要矛盾。而农业农村市场化带来对资源的掠夺性使用和对环境的危害时，农业农村的绿色发展又成为农业农村现代化的目标。

　　广义的农业农村现代化包括农业、农村和农民的现代化。在传统农业向现代农业转变的过程中，仅有农业形态的改变是不够的，与农业相关联的经济、政治、文化、社会和生态都会发生相应的变化。我国是一个农业社会特征非常明显的国家，农业与农村密不可分，农业是产业，农村是农民生产生活的聚居地，农民是农业的经营者和农村的居住者。在农业农村现代化的过程中，传统的农村也演变为现代农村，这个演变过程可称为农村现代化。农村现代化的首要特征是农业现代化。现代农村的特征包括农业现代化、农村工业化、农村城镇化、农村环境的优化、农村经济体制现代化、农村政治的民主化、农村的富裕化和文明化。② 尽管农业农村现代化的内涵和外延日趋扩展，但仅仅谈农业现代化这一方面的问题并不能涵盖农民、农业和农村问题的主要方面，并不能反映农民、农业和农村与社会经济其他方面的基本关系。③ 农村现代化是农业现代化的升级，是后农业现代化的重要体现，强调打破一产格局，农民是主

---

①　李周：《循序渐进地推进我国农业现代化》，《农林经济管理学报》2016 年第 1 期。

②　朱道华：《略论农业现代化、农村现代化和农民现代化》，《沈阳农业大学学报（社会科学版）》2002 年第 3 期。

③　王淑贤、郝云宏：《农村现代化的基本含义和主要特征》，《延安大学学报（社会科学版）》1999 年第 4 期。

体、农村是载体、农业是本体，三体共化。① 在农业现代化的同时，农村也必然走向现代化，没有农村的现代化和农民的现代化，就没有国家的现代化。

随着科技和社会经济的快速发展，现代化的内容在不断更新，人们对现代化的认识也在发生变化。人们不再仅仅从科技领域来刻画现代化，而是从与科技现代化相适应的政治、经济、文化和生态方面来看待现代化。建设社会主义现代化强国，需要有一个与之相适应的现代化经济体系来提供强有力的支撑。在这个现代化经济体系中，一个繁荣、发达、富庶的乡村，一个现代化的农村经济体系是必不可少的。现代化的社会必然是政治、经济、文化和生态全面发展的社会，因此，广义的现代化应该是经济、政治、文化、社会和生态"五位一体"的现代化。

二、农业农村现代化的内涵与特征

农业农村现代化具有极其丰富的内涵，既体现了"五位一体"总布局的内容，又涵盖了农业、农村和农民的现代化。实施乡村振兴战略的最终目标是加快推进农业农村现代化。"产业兴旺、生态宜居、乡风文明、治理有效、生活富裕"是乡村振兴战略的总要求，是"五位一体"总布局在农业农村领域的具体体现，也是农业农村现代化的基本特征。同时，推进农业农村现代化离不开城乡融合发展体制机制和政策体系的支撑和保障。产业兴旺是对农业现代化的高度概括，生态宜居、乡风文明和治理有效构成了刻画农村现代化的三个维度，生活富裕是农业农村现代化的最终目标，把对美好生活的向往变成现实。

实现农业农村现代化，产业兴旺是重点。通过构建现代农业产业体系、生产体系、经营体系，培育农村新产业、新业态，促进农村一二三产业融合发展。以绿色发展方式提供有竞争力的高品质的农产品：①生态宜居是关键。尊重自然、顺应自然、保护自然，通过绿色发展与农村环境治理，实现经济发展与环境优美的高度统一。②乡风文明是保障。培育与现代化相适应的包括文明

---

① 陈素云：《制度创新与农业现代化、新型城镇化——中国农业经济学会 2013 年学术研讨会综述》，《农业经济问题》2013 年第 10 期。

乡风、良好家风、淳朴民风在内的乡村社会文明氛围。③治理有效是基础。创新农村社会治理方式，走自治、法治、德治相结合的道路，建立与现代化进程相适应的乡村社会治理体系。④生活富裕是根本。现代化提升人们的生活质量，让更多的人分享现代化的成果，消除贫困和不平等。⑤体制机制是支撑。在农业农村现代化进程中，始终贯穿着制度建设，现代化的体制机制既是农业农村现代化的支撑，又是农业农村现代化的重要特征。

我国的国情和经济发展阶段决定了我国的农业农村现代化必须与实际相结合，走中国特色农业农村现代化道路。2017 年 12 月召开的中央农村工作会议首次提出走中国特色社会主义乡村振兴道路。2021 年中央一号文件对全面推进乡村振兴加快农业农村现代化提出了七个方面的具体意见：一是提升粮食和重要农产品供给保障能力；二是打好种业翻身仗；三是坚决守住 18 亿亩耕地红线；四是强化现代农业科技和物质装备支撑；五是构建现代乡村产业体系；六是推进农业绿色发展；七是推进现代农业经营体系建设。

第四节　农业农村现代化的主要内容

一、现代农业产业体系、生产体系、经营体系

现代农业是一个由产业体系、生产体系、经营体系构成的有机整体。三大体系相互支撑，缺一不可，共同构筑了现代农业的基础和特征。构建现代农业产业体系、生产体系、经营体系是农业现代化的抓手和重点，是实现产业兴旺的根本途径。

现代农业产业体系建设的重点是优化农业内部结构和农村一二三产业结构，增加高品质农产品生产，提高单位面积耕地的产出价值。推动一二三产业融合发展，实现一产强、二产优、三产活，通过三产融合延伸农业的价值链，提高农产品的附加值，进而提高农业产业的综合效益和整体竞争力。

现代农业生产体系建设的重点是提升农业生产的科技水平，以科技应用替代劳动投入，依靠科技提升农产品的品质，消除农业生产的资源和环境约束，提高科技进步的贡献率。

现代农业经营体系建设的重点是在完善土地制度和产权制度的前提下，形成有利于现代农业生产要素创新与运用的体制机制，培育面向市场的农业经营主体，形成集约化、专业化、组织化、社会化相结合的新型农业经营体系。现代农业经营主体是现代产业体系和现代生产体系的实施者。

二、生态宜居、乡风文明、治理有效的现代农村

农村现代化由生态宜居、乡风文明和治理有效三方面来表现：

（1）农村是农民生活的幸福家园，是传承乡村文明的载体。要把农村建设成生态宜居的美丽家园，农民才能安居乐业。农村要实现环境美、生态优，必须坚持人与自然和谐共生，走乡村绿色发展之路。建设现代化的农村，要提升农村水、电、路、气、房等基础设施建设，创造适宜的农村人居环境，改善农村生产生活条件。倡导低碳生活，使用清洁能源、分布式能源。依靠技术创新减缓资源环境压力，实现可持续发展。深化农村宅基地制度改革，强化村庄规划，把农村建设成为农民幸福生活的美好家园和人们休闲度假、旅游观光的生态乐园。

（2）现代化的农村应该是与现代化经济相适应的现代文明社会的组成部分。先进的文化表现为文明的乡风，是通过农村这个载体体现出来的。文明的乡风由良好的家风体现出来，家风是家庭成员道德水平的集中体现，文明家庭具有诚信、节俭、立德、和谐、积极向上、尊老爱幼、互谦互让的优良品质。生活在现代经济与社会中的农村家庭，要将农风、家风汇聚成健康的乡风，形成乡村社会文明。高尚的道德是文明乡风的重要特征，要推动社会公德、职业道德、家庭美德、个人品德建设。

（3）现代化的农村是现代社会的一个缩影，要健全自治、法治、德治相结合的乡村治理体系，使农村社会在科学的治理框架下有序运转。农村现代化需要乡村社会的和谐、安定有序。要加强和创新农村社会治理，走乡村善治之

路。建立健全党委领导、政府负责、社会协调、公众参与、法治保障的现代乡村社会治理体系。坚持以自治为基、法治为本，提升德治，创新基层社会治理理念和模式。

三、农民现代化

让农民过上美好生活是现代化的最终目标，提高农民收入水平是农民生活富裕的基础。现代化的经济应确保农民能共享经济增长的成果，因此，必须建立一个公平的收入分配机制。第一，依托产业兴旺，提高农民来自农村产业的收入；第二，建立健全劳动力非农就业的保障机制，降低农民共享城市发展成果的成本；第三，尊重和保护农民的财产权利，建立健全农民财产的登记制度，清除农民财产市场交易的障碍，增加农民财产性收入；第四，让农民获得公平的公共资源，消除城乡公共服务的差异，补上农民在教育、医疗、文化、社会保障、基础设施等公共服务的"短板"。通过发展和改革实现农民生活富裕的目标。

第五节　国内外研究动态及述评

农业农村现代化一直是理论界关注的热点问题。但实际上，关于农业现代化的研究发端于对现代化的认知。马格纳雷拉所定义的现代化是指发展中的社会为了获得发达的工业社会所具有的一些特点，而经历的文化与社会变迁的全球性过程，是 18 世纪以来人类文明的一种深刻变化，是现代文明形成和国际互动的复合过程，是不同国家追赶、达到和保持世界先进水平的国际竞争。从 18 世纪 60 年代至今，世界现代化大致可以分为第一次现代化和第二次现代化两个阶段，[①] 包含了学术知识上的科学化，政治上的民主化，经济上的工业化，思想文化领域的自由化、个人化、世俗化。因此，在经济上对现代化的研

---

① 何传启：《世界现代化的事实和原理》，《中国科学院院刊》2010 年第 3 期。

究大多集中于工业化方面。为实现工业化，发展经济学家以发展中国家为研究对象，提出了以工业为中心的赶超战略。尽管事实上每个国家都有农业部门，但除少数例外，经济学家为了解决工业问题都撇开了农业①，并普遍假定农业是停滞的、农民是愚昧的、农业农村不能对经济做出贡献。针对这种情况，一些有识之士对工业化发展战略提出了质疑，展开了对农业农村现代化的研究，以舒尔茨的《改造传统农业》为开端，经济学界开始认为农业农村现代化是现代化的一个重要方面。就我国的发展实际而言，我国农业农村现代化建设战略始于"四化"战略的提出：1954 年召开的第一届全国人民代表大会第一次会议，明确提出要将中国建设成一个具有现代农业、现代工业、现代国防和现代科学技术的社会主义强国。但总体而言，经济学界普遍认为农业农村现代化是现代化研究的一个方面，只是其适用范围相对较小而已。② 农业农村现代化是农业农村同现代化的"交集"，各位学者从多角度、多层面展开了对农业现代化的有益探索，且对农业现代化的本质基本上达成了共识。③ 学者对农业农村现代化各方面的研究一直没有"冷却"，为本书逻辑展开与推进创造了思维空间。

一、国内外研究动态

从现有研究来看，国内外学者的研究和争论焦点主要在于农业农村现代化的概念与内涵、类型与特征、目标与评价指标体系、发展成因与诱致因素、发展路径与战略选择等方面。下面将从以上几个方面对现有农业农村现代化方面的研究加以梳理，以期从中挖掘进一步深入研究的空间和余地。

（一）关于农业农村现代化概念与内涵的研究

农业是社会生产中的一个重要部门，不同于一般意义上的现代化，农业农村现代化以现代化理论为基础，是现代化的重要组成部分。为此学术界对农业

---

① 西奥多·W. 舒尔茨：《改造传统农业》，商务印书馆 2006 年版。
② 周洁红、黄祖辉：《农业现代化评论与综述——内涵、标准与特性》，《农业经济》2002 年第11 期。
③ 柯炳生：《对推进我国基本实现农业现代化的几点认识》，《中国农村经济》2020 年第 9 期。

农村现代化概念的界定在基本上参照现代化的概念界定思路的同时结合了农业农村的特点。事实上，最早较为系统地阐述农业农村现代化的概念与内涵的是美国著名经济学家舒尔茨。舒尔茨认为，发展中国家的传统农业是不能对经济增长做出贡献的，只有现代化的农业才能对经济增长做出贡献。[①] 他认为"运用技术改造传统农业的过程即为农业农村现代化"，农业农村现代化本身并不是目的，而是农业农村技术进步的历史过程，是传统的生产部门转变为现代化产业的演进过程。此后，学术界展开了对农业农村现代化概念的探讨，虽然存在差异，但基本上是从过程和结果两个层面展开的。[②] 在过程方面，柯炳生（2000）、牛若峰（2001）、傅晨（2001）、张冬平和黄祖辉（2002）、叶普万和白跃世（2002）、陈锡文（2012）等认为农业农村现代化是运用现代科技要素对传统农业进行改造的过程，是打破物质能量的封闭圈，具有发达的基础设施、先进的科学技术、高效的组织形式和完善的社会服务体系，土地产出率、劳动生产率和资源利用率均较高的一种农业发展状态。在结果方面，农业农村现代化更多地体现为产业转型、比较利益和比较优势提升、农业资源配置效率的改进等方面。顾益康（2000）则提出了一个相对综合的农业农村现代化的概念，即农业农村现代化是用现代工业装备农业农村、用现代科学技术支撑农业农村、用现代管理方法管理农业农村、用现代社会化服务体系服务农业农村、用现代科学文化知识提高农民素质的过程，是建立市场化的农业农村运行机制和高产、优质、高效的农业生产体系，把农业农村建成具有显著经济效益、社会效益和生态效益的可持续发展的现代产业的过程，也是大幅度提高农业综合生产能力、不断增加农产品有效供给和农民收入的过程。当然，学术界对农业农村现代化尚未形成统一、规范的认识，因为农业农村现代化是一个不断发展的动态概念，内涵会因经济发展阶段转变、先进生产要素的引入等而不断丰富，但并无本质区别，只是在表达上所强调的重点和详略程度不同而已。

（二）关于农业农村现代化类型与特征的研究

在对农业农村现代化概念形成基本认知后，学者纷纷从不同侧面揭示农业农村现代化的类型与特征。柯伊夫（Koivu，2002）通过对芬兰努尔梅斯和利

---

① 西奥多·W. 舒尔茨：《改造传统农业》，商务印书馆 2006 年版。
② 张冬平、黄祖辉：《农业现代化进程与农业科技关系透视》，《中国农村经济》2002 年第 11 期。

佩里地区的对比研究发现，农业机械化和农民的现代化是农业农村现代化的重要特征。[①] Zika（2008）基于中国—欧盟项目的实地调研认为，通过农业可持续发展可以兼顾环境、食品安全和政治稳定等目标，可以很好地诠释农业农村现代化的特征。此外，Hardeman 和 Jochemsen（2012）认为，兼顾环境保护实现可持续发展才是农业农村现代化发展的正确道路和基本特征。在国内，农业农村现代化类型与特征也经历了较大变化，从中华人民共和国成立之初的机械化、水利化、化学化、电气化"四化"发展为20世纪七八十年代初期的农业基础设施、农业生产技术以及农业经营管理的"三化"。李燕琼（1997）、庄卫民（2001）认为，农业农村现代化的核心是科学化，涵盖资源存量、农业劳动力和农业生态维护三个层面的技术进步特征。王学真等（2006）认为，农业农村现代化体现为农业技术的全面升级、农业结构的现代转型和农业制度的现代变迁三层面特征。薛亮（2008）认为，在我国农业人多地少的现实约束背景下，农业现代化更多地体现为规模化。虽然国内外学者研究视角各异、观点不一，但就农业农村现代化的特征达成了以下四个方面的共识：一是动态性。农业农村现代化是一个相对概念，其内涵随着技术、经济和社会的进步而变化，因而作为动态历史进程的农业农村现代化，在不同时期、不同国民经济水平层面上有不同的表现形式和特征。二是区域性。农业农村具有地域性，各国的资源禀赋、文化禀赋、技术和制度不同，从国外引进现代化生产要素和技术时必须加以改造，以适应本国农业生产的实际。三是世界性和时代性。现代化是一个国家概念，具有开放性、历史过程性及与其他相关产业同步推进等特点。农业农村现代化有一个公认的国际标准，应从全球经济化的角度来研究农业农村现代化，其参照体系就是当代发达国家既有的最高水平。四是整体性。农业农村现代化是一个复杂的系统工程，不仅包括农业生产条件的现代化、农业生产技术的现代化和农业生产组织管理的现代化，同时也包括资源配置方式的优化以及与之相适应的制度安排的现代化。

（三）关于农业农村现代化目标与评价指标体系的研究

郑林庄（1980）认为，如何将优先的资金高效组织和利用是加快农业农

---

① Hietala-Koivu R. Landscape and Modernizing Agricultural：A Case Study of Three Areas in Finland in 1954-1998，Agriculture，Ecosystems & Environment，2002（1）.

村现代化速度的关键，农业农村现代化的根本标志与目标是提高农业农村生产率。柯炳生（2000）认为，农业农村现代化有农业生产、农村收入和农村环境三个总体目标维度。农业农村现代化概念的动态性决定了农业农村现代化目标的动态性，即农业农村现代化目标只能有阶段目标，而没有终极目标，应在不同时期选择不同的阶段目标并结合当前发展阶段特点推进农业农村现代化。同时，农业农村现代化是一个较为抽象的过程概念，难以直观了解，于是便产生了一个如何衡量和评价农业农村现代化水平的问题。基于对农业农村现代化内涵、特征以及目标的综合认知，学者纷纷开展农业农村现代化评价指标体系的研究，为定量分析奠定基础。西方发达国家的农业农村现代化模式在现实实施中也产生了各类环境问题，所以西方学者在选择农业农村现代化评价指标体系时大多从可持续发展、农业多功能性的角度切入：Sands 和 Podmore（2000）构建了 ESI 指标体系，运用 15 个分项指标代表农业农村可持续发展的选择；Rezaei 和 Karami（2008）、Carof 和 Colomb（2013）通过农业农村可持续发展视角建立了经济、环境输入、相关排放以及社会发展四个层面的农业农村现代化评价指标体系。但现有评价指标体系缺乏系统性，无法衡量农业农村生态系统"赤字"，可操作性较差，限制了可持续发展理论向农业农村发展实践模式转变。此外，Huffman（2001）从产量、利润、就业、生活质量、公平性、股权分红、环境保护、资源利用、产品质量等方面构建农业农村现代化指标体系，并运用 EM 模型以及 AHP 方法，对农业农村现代化发展水平进行评价与比较。Carlos 和 Groot（2008）提出了一个集经济价值、利益相关者和多标准评价于一体的多功能农业农村评价指标体系。国外农业农村现代化发展实际与我国农业农村现代化发展实际并不相符，探讨一套适合中国特色、代表性强、可操作性好的评价指标体系成为学者研究的重点问题。徐星明和杨万江（2000）、易军和张春华（2005）从农业农村生产条件、农业农村投入水平、农业农村生产力水平、经济与社会结构以及农民收入及生活水平等方面建立农业农村现代化进程评价指标体系，并认为农业农村现代化评价指标体系应涵盖现代农业生产子系统、农村工业化和城镇化子系统以及农村社会经济与环境子系统三层面内容；程志强和程序（2003）从现代化水平和现代化质量两个方面构建农业农村现代化评价指标体系，并运用层次分析法对其进行测度；黄祖辉、林坚等（2003）从农业规模化、农业水利化、农业化学化、农业机械化、农业劳动生产率、农业土地生产率、生产者素质等方面运用世界银行发布的《世界发展报告（2000-2001）》的标准值对农业农村现代化进行评估；傅晨（2001）、辛岭和蒋和平（2011）从劳动生产率、土地生产率、投入产出率、农民收入、农田水利化、操作机械化、经营产业化、经营主体现代化、生态良性化等方面构建了农业农村现代化评价指标体系。国内外学者结合不同的国情，从不同侧面构建了农业农村现代化评价指标体系，为农业农村现代化的量化分析奠定了坚实的基础。

（四）关于农业农村现代化发展成因与诱致因素的研究

在国外学者中，一方面，Deere（1995），Altieri、Rosset 和 Nicholls（1997）研究发现，推动劳动力和资本要素公平持续发展的利益分配制度是促进农业现代化不断演进的动力因素，认为促进农业种植技术采用的政府计划是推动农业农村现代化发展的重要保障。另一方面，Turyareeba（2001）、Waldron 等（2010）认为，政府制定的环境政策以及追求高价值链的政策不一定有利于农业农村现代化的发展。Vaneeckhaute 和 Meers 等（2013）研究发现，化石矿物肥料对化学肥料的替代、土壤、土地利用、水资源、道路网络和市场选择等都是诱致农业农村现代化发展的重要因素。Diederen（2003）认为，农民的技术采用行为、农民人力资本积累有助于推动农业农村现代化发展。国内学者对于农业农村现代化发展诱致因素的研究大多基于外生性视角。黄佩民和吕国英等（1995）认为，农业基础设施在现代农业农村生产中具有重要作用，前者提供了重要的物质保障，后者是促进农业农村持续发展和推动农业农村现代化进程的重要举措。王学真等（2006）研究发现，劳动力和公共政策、城乡二元结构等是促动农业农村现代化的动力因素，同时农业国际化对农业农村的市场化和现代农业组织的建立具有积极影响。北京天则经济研究所（2010）研究认为，土地制度改革等制度创新、技术进步与创新是影响农业农村现代化发展的重要因素。黄斌和胡晔（2012）认为，发展农业农村现代化同样离不开金融特别是农村金融体系的大力支持以及农村人力资本的深化和积累。此外，有众多学者从"三化协调"或"四化同步"视角探讨农业农村现代化发展。例如，谢杰（2012）认为，工业化带动农业现代化，城市化提高农业生产效率。夏春萍和刘文清（2012）实证分析了农业现代化、工业化以及城镇化三者间的关系，研究发现三者之间存在明显的相互促进作用，但城镇化对农业农村现代化的促进作用要高于工业化。杨鹏和朱琰洁等（2013）、李二超和韩洁（2013）分析了农业现代化、工业化、城镇化和信息化之间的关系，认为"四化"是相互联系、相互影响、相互促进的有机结合体，农业农村现代化的发展离不开工业化、城镇化和信息化，尤其是"四化"良性互动对农业农村现代化将起到强力推进作用。

（五）关于农业农村现代化发展路径与战略选择的研究

Kennedy（1980）总结了地多人少的美国模式、人多地少的日本模式、人地适中的欧盟模式等，为世界现代农业农村发展路径和战略选择提供了有益借鉴。Timmer（1988）认为，推动农业农村现代化发展应"叠加"运用各类型政策，尤其是使用价格手段，调动农民的生产积极性，不断活跃农业市场，实施"刺激导向"的战略。Twomey 和 Helwege（2001）提出应实施基于技术引入与创新的"出口导向型"农业农村现代化发展路径。村上直树（2011）认为，在政府和当地企业家的支持下，扶持农民进行回乡创业、农民人力资本积累以及规模化生产是推进农业农村现代化的重要途径。发现，农民合作社和农业信息公司在为农民提供产业发展、有机农业技术推广等农业现代化服务方面发挥了重要的作用，是加速农业农村现代化的重要路径。Hardeman 和 Jochemsen（2012）基于荷兰农业农村现代化过程中出现的生物多样性丧失、土地肥力下降等问题认为，兼顾环境保护实现可持续发展才是农业农村现代化发展的正确道路和战略选择。张冬平和黄祖辉（2002）认为，加速农业农村现代化进程，应重点研究影响新技术扩散的障碍并加以突破，创造有利的社会经济环境。刘巽浩（2003）认为，农业农村现代化要密切结合生态保护战略，发挥生态环境的良性作用，走现代集约持续农业的中国特色道路。李燕琼（2007）主张实施改革农村土地产权制度、增加农业投入、促进农业规模经营和集约经营从而推进农业现代化发展的农业农村现代化战略。薛亮（2008）认为，应该围绕社会化服务的基本思路，以多种形式的农业适度规模经营推动农业农村现代化。刘巽浩（2003）、陈晓华（2009）认为，中国农业农村现代化要走中国特色道路，在城乡统筹中推进中国特色的现代农业农村建设，构建发展中国家现代农业农村的支撑体系。毛飞和孔祥智（2012）认为，推进农业农村现代化要高度重视和切实保障粮食安全，提高粮食安全水平，完善农业社会化服务体系。此外，陈锡文（2012）认为推进农业农村现代化要与工业化、城镇化有机联动，建立一个适合国情、适应市场要求的组织和制度体系。进而众多学者提出通过"三化协调"和"四化同步"的战略选择来促进农业农村现代化，并展开了深入研究。

二、研究动态述评

综上所述，学术界关于农业农村现代化各方面研究成果还是较全面和丰富的，涉及概念与内涵、类型与特征、目标与评价指标体系、发展成因与诱致因素、发展路径与战略选择等方面，已有研究是本书对农业农村现代化发展认识的基础，为本书深入开展延展了思路，提供了很好的理论分析范式，奠定了研究拓展的逻辑起点。但在文献综述中也发现现阶段研究存在以下几方面的问题：

（一）学者关于农业农村现代化发展的研究，大多是从宏观层面切入的

由于中国各地的自然资源禀赋、自然条件不同，农业现代化发展水平差异巨大，关于区域性的专门性研究还有待补充。总体来说，河南自然资源较为丰富，具有显著比较优势，农业农村现代化发展具备跨越提升的先天条件。且随着乡村振兴战略的纵深推进与实施，各类要素资源不断往河南集聚，为农业农村现代化发展助"一臂之力"。但是，河南在经济、社会领域滞后于东部沿海地区，自我发展能力较低，其农业农村现代化是我国经济、社会发展中的"短板"。且河南地域广阔、地形地貌各异、农业农村现代化发展水平参差不齐、发展差异逐步拉大，充分体现了河南农业农村现代化发展过程的复杂性。在此情况下，将研究地域视角聚焦河南，不仅可以全面分析农业农村现代化发展状况及演进过程规律、研判农业农村现代化各阶段以及找准各类制约"屏障"，而且可以检验乡村振兴战略实施效果，为持续推进河南农业农村现代化提供依据。同时，基于域内结构性差异的剖析，可以认知河南农业农村现代化

地域分布特征，厘清河南各地区农业农村现代化的结构性差别与规律变异，为河南制定差异化战略提供理论指导和借鉴。

（二）对农业农村现代化评价指标选择过于"泛化"和延伸，量化测度方法具有浓重的主观色彩，研究结论精度和准度有待进一步提高

农业农村现代化是一个动态演变的过程，其概念和特征也随着时间推移不断丰富和完善，对于相应的量化指标选择也应尽量与时俱进、兼具代表性和典型性。但现有研究成果综述发现：现阶段学者在选择农业农村现代化评价指标时较为随意、零散且不统一、可操作性较差，没有形成统一意见和共识，且存在偏离农业农村现代化的概念和特征范畴，过于"泛化"和延伸的现象，对后续研究形成诸多困扰和误导。同时，在选择量化分析方法时，国内外学者大多倾向运用专家打分法、AHP 等主观性较强的测度方法，无法对农业农村现代化发展水平形成真实、客观的认知，结论也千差万别、缺乏统一性。针对国内外学者已有关于农业农村现代化的评价指标，选取代表性、典型性、匹配性和应用性较强的指标，研究的必要性和意义不言而喻。同时，基于指标体系，克服量化方法的主观性偏见，寻求客观性较强的方法进行替代，无疑会形成可信度较高的研究成果。

（三）缺少关于农业农村现代化发展过程解构与规律变异的探析

现阶段关于农业农村现代化的研究大多从外部视角展开，关于农业农村现代化自身发展的研究大多止步于农业农村现代化概念、特征以及评价指标体系等定性研究。通过定量研究刻画农业农村现代化发展过程并解构演进过程规律的研究还十分鲜见，有待进一步补充和深化。以此为出发点，通过对河南农业农村现代化发展过程的解构，并将其同农业农村现代化发展一般规律进行比对分析，可以揭示农业农村现代化一般规律在河南特定条件下发生变异的性质、程度及表现形式，有助于推动农业农村现代化理论深化，可以发现新矛盾、新问题，从其特殊性中提炼出一般认识，对现有理论形成有益补充。同时，通过对河南农业农村现代化发展过程的综合性认识，还可以为实践操作提供经验佐证，制定切实可行、时效性较好、匹配性强的政策，为河南农业农村现代化发展及其特色道路选择提供指引。

（四）缺少促进农业农村现代化发展的影响因子及机理的系统性实证研究

现阶段关于农业农村现代化发展成因解释以及影响因素的研究基本上集中于定性描述方面，系统性实证研究还十分缺乏，且基本上集中于"三化协调""四化同步"外部性视角。但是，事物发展是内部因素与外部因素共同作用的结果，且在任何事物的发展中，内因才是事物演变和发展的根本。在无视内因的情况下，模型中单独分析外因影响效应可能并不准确，从这个层面来说，现阶段研究还过于零散，缺乏从内部和外部的双重视角对农业农村现代化发展因素的系统整合。同时，研究并未上升到激励层面，缺乏能有效解释河南农业农村现代化发展规律的理论认知。在研究数据选择方面，大多拘泥于时间序列与截面数据的运用，样本容量有限。面板数据兼具时间与截面两个统计维度，统计信息会更加丰富，弥补了样本容量有限的缺陷，更容易得到可靠的研究结论。

（五）在计量方法选择上，大多拘泥于传统计量方法运用，忽视了空间计量以及非线性等前沿计量方法的应用

空间计量经济学改变了经典计量经济学数据无关联和均质性的假定，将空间权重纳入分析模型，考虑空间相关性经济活动的影响，使模型更加贴近客观现实，使研究意义更为丰富。非线性计量是对线性计量模型的发展，可以解释各变量的门限转换特征，为某些变量在线性条件下的不显著性提供进一步拓展研究的依据。当然，它们也为河南农业农村现代化发展研究提供了新的分析视角和可靠的分析手段。

鉴于此，本书将以前人的研究为起点构建理论分析框架，综合运用多种定性、定量方法与手段，系统刻画河南农业农村现代化发展过程及其差异性，解析河南农业农村现代化发展机理，并基于理论与实证结论提出推进河南农业农村现代化发展的主要途径与对策，为学术界深化对河南这一特定的经济和地理范畴的农业农村现代化发展过程规律性认识提供理论参考，为政府制定全局及局部农业农村现代化发展政策，尤其是河南农业农村现代化推进政策提供决策咨询依据。

第二章　河南农业农村现代化
进程与建设成效

在自然经济和农业经济时代，河南依靠得天独厚的自然资源优势和经济技术条件发展了农业，农业生产水平较高，农业文明进程较快。在农业经济时代向工业经济时代、知识经济时代转变的过程中，在农业文明向工业文明、知识文明迈进的过程中，河南农业和农村发展虽然有不少可圈可点的地方，但是工业化起步晚、进展慢，工业武装农业的能力较弱，农业农村现代化步伐相对滞缓。应当认真梳理，总结经验教训，积极谋划，奋起直追。

第一节　河南农业农村现代化进程

我国农业农村现代化发展是一个不断探索、不断演进的过程。1953 年，中共中央在《为动员一切力量把我国建设成为一个伟大的社会主义国家而斗争——关于党在过渡时期总路线的学习和宣传提纲》中提出了建立现代化的工业、现代化的农业、现代化的国防和现代化的交通运输的目标，[①] 首次提出了建设"现代化的农业"问题。当时农业现代化的主要内容是"集体化加机械化"模式。此后，毛泽东同志又提出了"水利是农业的命脉""逐步增加化学肥料"，形成了以"四化"为主要内容的农业现代化，即机械化、化学化、

---

① 农业部课题组：《现代农业发展战略研究》，中国农业出版社 1997 年版。

水利化、电气化。① 在实现"四化"的过程中，毛泽东同志提倡"科学种田"，提出了农业"八字宪法"，农业"四化"又衍生为机械化、水利化、化学化和良种化。② 20 世纪 70 年代末 80 年代初，提出农业实现"三化"，即农业基本建设现代化、农业科学技术现代化、农业经营管理现代化。90 年代又有"六化"的概念，即农业基础设施现代化、农业科学技术现代化、农业经营管理现代化、农业经济结构现代化、农业资源环境现代化、农民生活消费现代化。③ 21 世纪初，用"五化"来解决农业、农村和农民问题成为大家的共识，即农业一体化、农业标准化、农村城镇化、农民知识化、农业信息化，还有一种提法是将农业生态化纳入农业"五化"之中。④ 2021 年，中央一号文件明确指出："全面推进乡村产业、人才、文化、生态、组织振兴，充分发挥农业产品供给、生态屏障、文化传承等功能，走中国特色社会主义乡村振兴道路，加快农业农村现代化。"

在国家现代化发展方略的指引下，河南积极探索农业、农村现代化发展之路，有力地推进了农业农村现代化建设。

20 世纪 50~70 年代，河南革新农村土地制度，推行集体化、公社化，努力推进农业机械化、化学化、水利化、电气化建设，大力开展农村扫盲工作，开展良种试验与推广，推动农村文化、教育、卫生事业发展，发展社队工业。以农业机械化为核心的农业"四化"主导了 60~70 年代河南农业农村现代化建设。

20 世纪 70 年代末至 80 年代中期，河南推行家庭联产承包责任制，创新农业经营机制和农村管理体制，促进农业基本建设现代化、农业科学技术现代化、农业经营管理现代化、农村劳动力现代化建设，在夯实农业基础设施、提高农业装备水平的同时，积极开展科学研究和技术试验，倡导科学化生产，提升农业经营管理能力和农业劳动生产水平。

20 世纪 80 年代后期至 90 年代中期，河南不断调整农业农村经济结构，推行多元化发展道路，大力发展多种经营和乡镇企业，推进农业商品化、农村

① 农业部课题组：《现代农业发展战略研究》，中国农业出版社 1997 年版。
②④ 吴广义、刘振邦、王秀奎：《现代农业论》，中国社会科学出版社 2011 年版。
③ 林善浪、张固：《中国农业发展问题报告》，中国发展出版社 2003 年版。

市场化、农业外向化发展，用现代装备、现代科技、现代管理、现代农民概述现代农业的内涵和特征，指导农业农村现代化发展。

20世纪90年代中后期，农业发展仅靠农业本身解决不了问题，它牵涉农民、农村问题，农业现代化也不再局限于农业，而是延伸、拓展为整个农村的现代化。河南在广大农村着力推进农业工业化、产业化、集约化、规模化，关注农民收入增加和生活质量提高，注重村民资质和农村民主化建设，注重人与自然的协调发展。

21世纪以来，河南农业农村现代化、可持续化发展得以展现，在努力推进农业现代化的同时，积极探索新农村建设之路，坚持农业农村优先发展，按照"产业兴旺、生态宜居、乡风文明、治理有效、生活富裕"的总要求，取得了显著成效。

第二节　河南农业农村现代化建设成效

一、农业总体发展概况

河南的耕地面积占全国耕地总面积的1/16，2019年，河南粮食产量为全国粮食总产量的10.09%，其中稻谷产量为全国总产量的2.44%、小麦产量为全国总产量的28.01%、玉米产量为全国总产量的8.62%、豆类产量为全国总产量的4.78%、薯类产量为全国总产量的2.24%、油料产量为全国总产量的18.48%、茶叶产量为全国总产量的2.34%、水果产量为全国总产量的9.45%（见表2-1）。

当前河南农业农村发展进入了供给侧结构性改革阶段，随着收入水平和生活水平的提高，人民群众对农产品的关注点由数量转向质量，市场对农产品质量安全、营养的需求更高。同时，国民食品消费结构全面升级，动物性食品、果蔬和优质农产品的消费增长将成为长期趋势。

表 2-1 2000~2019 年河南粮食与主要经济作物产量占全国总产量的比重

单位：%

年份	粮食	稻谷	小麦	玉米	豆类	薯类	油料	茶叶	水果
2000	8.87	1.70	22.44	10.14	6.97	7.91	13.29	1.35	5.86
2001	9.10	1.14	24.50	10.09	5.97	7.65	12.66	1.18	22.77
2002	9.21	1.93	24.90	9.81	5.15	7.28	14.52	1.32	24.08
2003	8.29	1.49	26.51	6.62	3.42	4.03	11.02	1.37	9.08
2004	9.07	2.00	26.98	8.06	5.29	5.73	13.33	1.45	10.68
2005	9.47	1.99	26.45	9.31	3.45	6.63	14.61	1.81	11.43
2006	10.26	2.23	27.07	10.17	3.81	4.71	17.42	2.01	11.73
2007	10.42	2.33	27.01	10.44	5.26	4.63	17.16	2.58	12.30
2008	10.12	2.27	26.89	9.83	4.63	4.55	16.25	2.54	11.52
2009	10.21	2.25	26.70	10.12	4.70	4.00	16.38	2.63	11.32
2010	9.98	2.32	26.87	9.41	4.75	3.49	16.34	2.92	11.44
2011	9.74	2.26	26.51	9.03	4.82	4.09	15.62	3.07	10.93
2012	9.63	2.29	26.30	8.76	4.70	3.41	16.14	2.92	10.81
2013	9.55	2.25	26.40	8.52	4.72	3.19	16.49	2.96	10.66
2014	9.59	2.39	26.38	8.36	3.45	3.22	15.76	2.98	10.16
2015	9.79	2.36	26.59	8.64	3.23	3.28	15.90	2.85	9.95
2016	9.84	2.41	27.15	8.41	2.97	3.25	16.17	2.97	10.41
2017	9.86	2.28	27.58	8.38	2.90	3.14	16.89	2.60	10.31
2018	10.11	2.36	27.41	9.14	5.30	2.23	18.38	2.43	9.70
2019	10.09	2.44	28.01	8.62	4.78	2.24	18.48	2.34	9.45

资料来源：根据《中国统计年鉴 2020》整理。

二、农业产业结构

（一）种植业

1. 粮食作物播种面积不断扩大 经济作物播种面积不断下降

2000~2019 年，河南粮食作物播种面积不断扩大，由 2000 年的 9029.60 千公顷增长至 2019 年的 10734.5 千公顷；经济作物播种面积在波动中呈下降趋势，由 2000 年的 4107.27 千公顷增长至 2003 年的 5073.1 千公顷，此后呈下降趋势，2019 年为 3941.88 千公顷。经济作物播种面积占比整体呈下降趋势，由 2000 年的 31.26%降至 2019 年的 26.86%。

2. 粮食产量大幅增长

河南粮食稳步增产，2000 年，河南粮食产量为 4101.50 万吨，2013 年之后产量稳定在 6000 万吨以上，至 2019 年达 6695.36 万吨。河南粮食作物主要是小麦与玉米，2019 年小麦产量为 3741.77 万吨，占粮食总产量的 55.89%，较 2000 年增加了 1505.82 万吨；2019 年玉米产量为 2247.37 万吨，占粮食总产量的 33.57%，较 2000 年增加了 1172.40 万吨（见表 2-2）。

表 2-2　2000～2019 年河南粮食产量　　　　　单位：万吨

年份	粮食产量	稻谷	小麦	玉米	豆类	薯类
2000	4101.50	318.82	2235.95	1074.97	140.13	291.64
2001	4119.88	202.72	2299.71	1151.40	122.48	272.74
2002	4209.98	336.45	2248.39	1189.76	115.38	266.94
2003	3569.47	240.17	2292.50	766.31	72.72	141.50
2004	4260.00	358.22	2480.93	1049.95	118.01	203.99
2005	4582.00	359.77	2577.69	1298.00	74.44	230.08
2006	5112.30	404.60	2936.50	1541.80	76.43	127.10
2007	5245.22	436.50	2980.21	1582.53	91.80	130.00
2008	5365.48	443.13	3051.00	1615.00	96.20	143.00
2009	5389.00	451.00	3056.00	1634.00	93.00	136.13
2010	5437.10	471.19	3082.22	1634.79	93.34	136.62
2011	5542.50	474.50	3123.00	1696.50	95.15	139.27
2012	5898.38	472.80	3223.07	2011.38	78.97	98.45
2013	6023.80	463.16	3266.33	2116.47	72.87	91.09
2014	6133.60	500.53	3385.20	2088.89	54.00	90.03
2015	6470.22	499.88	3526.90	2288.50	48.84	89.63
2016	6498.01	508.29	3618.62	2216.29	49.00	88.60
2017	6524.25	485.25	3705.21	2170.14	53.36	88.00
2018	6648.91	501.41	3602.85	2351.38	101.70	63.80
2019	6695.36	512.50	3741.77	2247.37	102.00	64.50

资料来源：根据《河南统计年鉴》（2001～2020）整理。

3. 经济作物产量大幅增长

随着市场经济的深入发展，经济作物产量快速增加，确保了主要大宗农产品的基本供给，满足了城乡居民日益增长的物质生活需要。2019 年，河南蔬菜及食用菌产量为 7368.74 万吨，是 2000 年的 1.85 倍；油料产量为 645.45 万吨，是 2000 年的 1.64 倍；瓜果产量为 1638.92 万吨，是 2000 年的 1.50 倍（见表 2-3）。

表 2-3　2000~2019 年河南省经济作物产量　　　　单位：万吨

年份	油料	棉花	麻类	糖料	烟叶	蔬菜及食用菌	瓜果
2000	392.55	70.38	3.64	32.57	27.60	3981.78	1093.55
2001	362.49	82.77	2.37	26.20	32.00	4310.90	1116.94
2002	420.68	76.49	5.36	27.91	27.49	4680.01	1246.95
2003	309.91	37.67	3.26	21.19	21.77	4510.43	888.13
2004	408.75	66.67	3.67	22.35	25.75	5237.52	1131.52
2005	449.60	67.70	3.76	25.20	28.84	5880.25	1286.47
2006	460.07	81.00	4.14	15.10	22.95	5760.00	1413.81
2007	483.98	75.00	4.75	16.60	23.94	6235.49	1425.11
2008	505.34	65.08	4.38	20.74	26.73	6394.31	1415.50
2009	532.98	51.75	4.62	28.27	29.73	6370.38	1472.19
2010	540.72	44.72	3.88	26.12	28.75	6624.26	1598.01
2011	532.36	38.24	4.35	26.69	29.25	6709.74	1580.54
2012	530.38	16.95	3.67	21.89	30.68	6839.94	1515.71
2013	542.13	11.68	3.65	22.28	34.65	6745.29	1534.13
2014	531.41	8.44	2.87	20.74	29.99	6848.11	1468.76
2015	538.99	6.77	2.87	17.88	28.85	6970.99	1519.94
2016	549.82	4.88	2.71	16.67	28.26	7238.18	1613.93
2017	586.95	4.40	2.24	16.24	26.70	7530.22	1670.46
2018	631.03	3.79	2.12	15.39	25.31	7260.67	1585.37
2019	645.45	2.71	1.94	11.93	22.76	7368.74	1638.92

资料来源：根据《河南统计年鉴》（2001~2020）整理。

（二）畜牧业

畜禽产品产量大幅增长。由自养役用向商品饲养转变，畜禽和水产养殖成为增加农民收入的重要途径。由中华人民共和国成立之初的一家一户散养，发展到先进的规模化、标准化、集约化饲养。2019 年河南肉类总产量为 560.06 万吨，比 2000 年增长了 58.06 万吨，其中以猪肉产量增长为主，牛肉与羊肉产量较 2000 年分别下降了 46.78 万吨、3.89 万吨；禽蛋产量为 442.42 万吨，是 2000 年的 1.64 倍；奶类产量自 2000 年后先升后降，2015 年达到最大值 342.20 万吨，2019 年为 208.55 万吨，是 2000 年的 12.95 倍（见表 2-4）。

表 2-4　2000~2019 年河南畜牧业产量　　　　　　　单位：万吨

年份	肉类	猪肉	牛肉	羊肉	奶类	禽蛋
2000	502.00	322.88	83.00	32.00	16.10	270.00
2001	537.93	343.77	89.23	34.51	27.00	286.00
2002	570.01	366.49	89.20	37.85	36.00	320.00
2003	603.55	386.00	93.00	42.00	49.60	326.20
2004	641.53	410.32	98.33	44.65	74.50	347.40
2005	685.95	440.83	100.78	46.66	104.00	375.30
2006	584.60	391.32	82.05	23.77	147.68	329.48
2007	542.92	338.98	82.11	25.30	215.61	336.72
2008	584.83	367.10	84.10	26.50	279.10	371.70
2009	615.01	389.59	83.97	25.89	281.89	382.85
2010	638.37	408.29	83.05	25.20	290.91	388.59
2011	641.65	406.40	82.00	24.80	306.60	390.50
2012	677.35	432.50	80.44	24.75	316.10	404.17
2013	699.05	454.13	80.56	24.76	316.42	410.23
2014	719.00	478.00	82.10	25.40	332.00	404.00
2015	711.07	467.96	82.60	25.90	342.20	410.00
2016	697.02	450.65	83.01	26.44	326.80	422.50
2017	655.84	466.90	35.04	26.10	202.86	401.18
2018	669.41	479.04	34.80	26.90	202.65	413.61
2019	560.06	344.43	36.22	28.11	208.55	442.42

资料来源：根据《河南统计年鉴》（2001~2020）整理。

三、农村社会经济发展概况

（一）收入与消费结构

农村居民人均纯收入稳步提升，由 2002 年的 2215 元增长至 2019 年的 15163 元，是 2002 年的 6.85 倍。其中，农村居民工资性收入由 567 元/人增长至 5867 元/人，是 2002 年的 10.35 倍；农村居民家庭经营性收入由 1548 元/人增长至 7693 元/人，是 2002 年的 4.97 倍；农村居民财产性收入由 32 元/人增长至 243 元/人，是 2002 年的 7.59 倍；农村居民转移性收入由 67 元/人增长至 4372 元/人，是 2002 年的 65.25 倍。2002 年工资性收入、经营性收入、财产性收入、转移性收入占比分别为 25.60%、69.89%、1.44%、3.02%，2019 年各项占比分别为 38.69%、50.74%、1.60%、28.83%；工资性收入占比增加 13.09%、经营性收入占比减少 19.15%、财产性收入占比增加 0.16%、转移性收入占比增加 25.81%（见表 2-5）。

表 2-5　2002~2019 年河南农村居民收入与消费支出

年份	城乡收入比	家庭消费支出元/人	食品消费支出元/人	人均纯收入（元）	工资性收入元/人	经营性收入元/人	财产性收入元/人	转移性收入元/人
2002	2.82	1451	697	2215	567	1548	32	67
2003	3.10	1508	726.6	2235	635	1487	38	73
2004	3.16	1664	808.3	2553	754	1716	28	54
2005	3.02	1891	859	2870	853	1913	35	67
2006	3.00	2229	911.5	3261	1022	2108	40	89
2007	2.98	2676	1017	3851	1267	2398	52	133
2008	2.97	3044	1165	4454	1499	2699	53	202
2009	2.99	3388	1220	4807	1621	2890	56	238
2010	2.88	3682	1371	5523	1943	3240	59	280
2011	2.76	4320	1559	6604	2523	3601	108	371
2012	2.72	5032	1701	7524	2989	3973	135	426
2013	2.64	6358	1942	8475	3582	4285	160	448

续表

年份	城乡收入比	家庭消费支出元/人	食品消费支出元/人	人均纯收入（元）	工资性收入元/人	经营性收入元/人	财产性收入元/人	转移性收入元/人
2014	2.38	7277	2153	9966	3260	6868	153	2457
2015	3.36	7887	2301	10852	3728	7083	161	2695
2016	2.33	8586	2447	11696	4228	7140	174	2842
2017	2.32	9211	2495	12719	4770	7409	205	3245
2018	2.30	10392	2778	13830	5336	7449	234	3827
2019	2.26	11545	2917	15163	5867	7693	243	4372

资料来源：根据《中国农村统计年鉴》（2003~2020）整理。

城乡收入比整体呈缩小趋势，由 2002 年的 2.82 缩小至 2019 年的 2.26。农村居民家庭消费支出逐渐增长，由 2002 年的 1451 元/人增长至 2019 年的 11545 元/人；食品消费支出占比逐渐缩小，2002 年食品消费支出占总消费支出的 48.04%，2019 年食品消费支出占总消费支出的 25.27%。

（二）就业结构

第一产业就业人员逐渐下降，第二、第三产业就业人员增加；2000 年，河南第一产业就业人员为 3564 万，占比为 63.96%；第二、第三产业就业人员分别为 977 万、1031 万，占比分别为 17.53%、18.50%。2019 年，第一产业就业人员降至 2277 万，占比为 34.70%；第二、第三产业就业人员逐步提升，达到 1919 万和 2365 万，占比分别为 29.25%、36.05%。随着新型城镇化的发展，第一产业就业人员占比将进一步减少，第二、第三产业就业人员占比将进一步增加。

第三章 河南农业农村现代化评价指标体系

　　农业农村现代化的评价是农业农村现代化理论研究和对策研究中的一项重要工作。各个国家和地区由于国情、区情不同，加上评价者的理解和视角不同，往往评价的目的、原则、方法不一，指标构成和评价结论也不尽相同。

　　农业现代化属于产业方面的现代化，是传统农业向现代农业转变的过程。农村现代化是相对城市现代化而言的，是区域发展方面的现代化，包括农村传统经济向现代经济、传统社会向现代社会、传统科技向现代科技、传统文化向现代文化、传统管理向现代管理、传统农民向现代农民等方面的转变过程。农业现代化与农村现代化既有区别又有联系。农业是农村发展的支柱，没有农业就没有农村，没有农业的现代化就谈不上农村的现代化。但是，农业仅仅是农村的一个产业，农业经济社会发展仅仅是农村经济社会发展中的一个方面，农村现代化比农业现代化范围广、内容多。我国是一个农业大国，农业文明历史悠久。20世纪80年代以前，无论是理论界还是实践界，谈论的几乎全是农业现代化，似乎没有涉及或上升到农村现代化这个层面。正如"农村就是农业"的思维理念，许多人把农业现代化视同为农村现代化，认为农业现代化了，农村也就现代化了。事实上，农业现代化虽然是农村现代化的重要内容，但是本质上与农村现代化还是有区别的，农业现代化了，农村不一定就实现了现代化。本书将农业现代化、农村现代化串在一起进行研究出于三点考量：一是在河南，农业在农村占有重要的位置，研究农业现代化必然牵涉农村现代化，研究农村现代化也不可忽视农业现代化，二者关系紧密。二是在过去的岁月里，农村现代化是以农业现代化为核心的。在研究农业现代化、农村现代化的历史进程中，涉及 20 世纪 80 年代以前农村现代化的参考文献和统计资料十分罕见，将农村现代化与农业现代化结合起来，有助于梳理农业现代化、农村现代化发展脉络，把握历史性和传承性。三是在现有的农业现代化、农村现代化发展评价指标上，指标体系是相联的，即评价农业现代化有农村发展方面的指标，评价农村现代化有农业现代化方面的指标。因此，本书在参照国家和地方权威机构或课题组研究成果的基础上，结合河南农业农村的发展特点，研究构建农业现代化和农村现代化评价指标体系，以提高评价指标体系的针对性和应用性。

第一节　我国农业农村现代化
评价研究的特点

在我国，农业农村现代化评价研究的成果很多，有学者对国内的农业现代化评价指标体系进行了归类：一是国家级或部级研究机构开展的、带有宏观指导性质的指标体系；二是地方政府根据当地实际情况制定的指导当地农业现代化建设的指标体系；三是国内的专家、学者依据自己对农业现代化的理解提出的指标体系，并认为现有评价指标体系存在体系不够完善、可比性较差、可操作性差等不足之处。[①] 尽管如此，政界和理论界仍会探讨农业农村现代化的评价问题，并提出富有见地的、新的评价指标体系，以丰富理论、指导实践。

从国内部分农业、农村现代化评价体系及其应用来看，近年来我国农业、农村现代化评价研究呈现出以下几个特点：

第一，参与者众多。对农业农村现代化的评价，既有政府牵头或参与提出的有宏观指导作用的指标体系，也有集多人智慧提出的有较大参考价值的指标体系和个人提出的有一定参考意义的指标体系。参与者既有政府部门的工作人员，也有各行业、各学科的专家学者和实践工作者。

第二，评价区域层次较全。农业或农村现代化评价区域多数以全国或省

---

① 谭爱花、李万明、谢芳：《我国农业现代化评价指标体系的设计》，《干旱区资源与环境》2011年第 10 期。

（市）级行政区为样本点，以县（市、区）级行政区为对象或跨行政区比较研究的也不少。全国性、地方性的农业农村现代化评价指标体系均有，区域层级比较全。

第三，评价原则众说纷纭。农业现代化评价指标的设计基本依据于农业现代化的内涵。农业农村现代化评价原则少者 3 个，多者达 10 个，一般为 4~5 个。多数学者认为，可比性、可操作性、综合性是设计农业农村现代化评价指标时应遵循的原则。

第四，评价指标设定不一。农业农村现代化评价指标体系一般分二级，一级指标体系少者框定 4 个方面，多者有 7 个方面；二级指标少者 10 个，多者近 30 个。少数分三级进行，也有不分层级，直接设定指标进行评价。有的学者仅从农业本身出发来设计农业现代化评价指标，也有学者将其延伸至农业相关的领域，甚至扩展到整个农村，类似或等同于农村现代化评价指标。

第五，评价方法以实用为主。农业农村现代化评价方法多种多样，但多数以简单、易行、实用为主，使用较多的方法有综合评估法、层次分析法、主成分分析法。

第二节　农业农村现代化评价指标的设计依据和原则

一、评价指标的设计依据

一是农业农村现代化的概念。这是农业农村现代化评价的根本。评价指标的构建要围绕农业农村现代化的内涵和实质来展开，游离于农业农村现代化内涵和本质之外的任何指标都是无意义的。农业农村现代化是一个相对的、动态的发展的概念。农业农村现代化是相对于传统的农业和农村而言的。随着历史的发展和进步，现代化建设会被赋予新的内容和新的使命。在不同的时期，农业现代化和农村现代化会有不同的内涵和范畴。尽管如此，在一定的时期内，其发展的总要求还是相对稳定的，其发展水平在总的方面和大的方面也是可以比较评析的。

二是国内外农业农村现代化发展的参照系。评价农业农村现代化的目的在于发现不足、找出差距、明晰目标、梳理重点、谋求对策、加速发展。这就要求有一定的参照物，否则属于无的放矢。在设计河南农业农村现代化评价指标时，不能就地区论地区，应当比照区外、国外农业农村现代化先行者的标杆进行拟定。

二、评价指标的设计原则

（一）可比性原则

反映河南农业农村现代化水平的指标应具有一定的可比性，既可以与过去比较，看其历史发展程度，又可应用于省、市、县分析，比较各地的发展水平，还可与其他省份和国外比较，看其在全国甚至在全世界所处的位置。

（二）代表性原则

农业农村现代化发展涉及方方面面，反映其水平的指标有很多，有主次之分、大小之分、宽窄之分。通常而言，看问题时要看实质、看主要方面。评价指标的设计不应"眉毛胡子一把抓"，应突出代表性。设计的指标具有典型作用，具有较强的说服力和可信性。

（三）可操作性原则

评价指标设计的目的在于应用。设计的农业农村现代化评价指标要通俗易懂、简明实用，便于操作，不繁杂、不偏僻。指标数据易获取、易计算。

（四）系统性原则

农业农村现代化发展是一个复杂的、综合的系统性工程。评价指标设计不能顾前不顾后，支离破碎，要系统、全面。

（五）客观性原则

设定的指标要客观、具体，要符合实际，能真实地反映农业和农村现代化的建设成就和发展水准。

第三节　河南农业农村现代化评价指标体系的构建

农业和农村是两个不同的概念，根据前面叙述的评价指标设计的依据和原则，分别构建农业现代化评价指标体系和农村现代化评价指标体系。

一、农业现代化评价指标体系

农业是一个产业。从本质上讲，农业现代化就是将传统农业改造和提升为现代农业。20世纪50~60年代，我国将农业现代化建设概括为农业机械化、电气化、水利化和化学化，经过60多年的演变，农业现代化的内容更加丰富和全面，表述上又有新的内涵。2021年中央一号文件对农业农村现代化进行了系统表述和高度概括，即提升粮食和重要农产品供给保障能力，强化现代农业科技和物质装备支撑，构建现代乡村产业体系，推进现代农业经营体系建设，强化农业农村优先发展投入保障。不难看出，早期提出的农业现代化主要是从物质装备来进行考量的，目前的农业现代化不仅强调硬件上的现代化，还要求软件上的现代化，要讲求效率，提升竞争能力。考虑到农业现代化的连贯性、延续性，以及农业现代化建设绩效和发展进程的比较分析，本书从投入（硬件和软件）、产出（效果和竞争力）两大方面来设计河南农业现代化评价指标体系。

（一）农业投入水平指标

农业投入水平指标包括农业发展的硬件投入指标和软件投入指标。

（1）农地投入。土地是农业生产发展最基本的生产资料。耕地、林地、草地和水面积的多少，在很大程度上反映了种植业、林业、畜牧业和渔业的生产规模和发展空间，体现了农业劳动力它的经营管理能力和水平。反映指标有土地数量、质量以及人均占有量等。

（2）机械设备投入。机械设备投入是减轻农业劳动负荷和提高劳动生产率的重要手段之一，体现农业生产工具的进步和发展，反映农业生产的机械化、设施化、电气化水平。反映指标有农业机械总动力、农田机耕率、农业用电量以及固定资产规模等。

（3）水利设施建设。水利是农业生产的命脉，而且水资源越来越紧缺，完备的、发达的、高效的、节水的水利装备是农业水利的发展方向。反映指标有有效灌溉率和旱涝保收率等。

（4）肥（饲）料投入。肥料是植物的粮食，饲（饵）料是动物的粮食。在增加肥料、饲（饵）料使用量的基础上，努力提高肥料、饲（饵）料的利用率和产出率是现代农业对农业肥料和饲料发展提出的基本要求。反映指标有化肥施用量和利用率、饲（饵）料用量和料肉比等。

（5）防灾减灾设施建设。农业生产是一个利用自然、改造自然、应对自然的过程。抵御自然灾害、减少灾害损失是现代农业发展不可或缺的内容。在现代农业发展过程中，防灾减灾方式越来越多样化，防灾减灾手段越来越先进。反映指标有农药农膜用量、防灾减灾率、水土流失治理面积等。

（6）交通信息发展。商品化、市场化是现代农业有别于传统农业的重要特征之一。农产品和生产资料进出的便捷性，信息的可靠性、时效性，对农产品商品率和市场竞争力的提高有重要影响。反映的指标主要有乡村公路里程和等级、通信工具数量和质量等。

2. 软件投入指标

（1）农业经济结构。根据资源禀赋状况和市场供求态势，调整农业经济结构是现代农业发展的客观要求。它有利于农业资源优化配置和开发利用，突出比较优势，提高资源产出率和市场竞争力，其中产业结构的优化和升级、产业组织的完善和改进尤其关键，是现代农业经济发展谋划和管理的重点。反映指标有优势产业产值比重、农业产业化组织数量等。扩大养殖产业和农产品加工保鲜产业的比重是世界各国农业产业结构调整的方向，低碳农业、循环农业越来越成为现代农业的发展重点。

（2）农业劳动力素质。劳动力是生产力发展中最活跃的要素。现代农业的发展越来越需要高素质的劳动力。反映指标有农业劳动力文化教育程度、操作技能、身体素质等。

（3）农业科技进步。科学技术是第一生产力。新技术、新方法、新工艺是实现传统农业改造的催化剂。反映指标有农业科技进步速度、农业科技贡献率等。

（二）农业产出水平指标

农业产出水平指标。包括农业产出效果和产品竞争力指标。

1. 产出效果指标

（1）土地产出率。土地产出率是传统农业改造好坏、强弱在单位土地面积上表现的综合反映。反映指标有单位面积产值、单位面积产量、单位面积承载量等。

（2）劳动生产率。劳动生产率是农业劳动力数量投入、质量提高和结构调整效果的综合反映。反映指标有单个劳动者创造的产值、单个劳动者生产提供的产量等。

（3）物质投入产出率。物质投入产出率是新物质装备替代旧物质装备利弊以及资本有机构成改变效果的综合反映。反映指标有单位产值物质消耗量、单位产量物质消耗量等。

（4）农民收益。人们改造传统农业，发展现代农业，目的不只是减轻劳动负荷，提高产品产量和质量，而且更在于获取收益，在扣除活劳动成本和物化劳动成本之后还能赚到多少钱，以便扩大生产、改善生活。换句话说，发展农业现代化能给农民带来什么好处，增加多少收益。反映指标有农民纯收入、农业劳动强度等。

2. 产品竞争力指标

（1）农业总产值。农业总产值是农业产品价值的综合表现，在很大程度上代表着区域内农业产出整体实力和农业生产综合竞争力。

（2）农产品竞争性。农产品竞争一靠数量，二靠品质。商品数量越多、品质越好、竞争性越强，意味着农业集约化、规模化、区域化、科技化水平越高。反映指标有农产品商品量、优质农产品比例、农产品品牌数量、农产品市场占有率等。

（3）农业外向程度。现代农业越来越开放，越来越外向化、全球化，参与国内、国际大循环。农业技术、产品、资金对外输出越多，意味着区域内农业技术研发越先进，农业产品生产越高效。反映指标有农业技术对外销售额、农产品对外销售量和销售额等。

综上所述，农业现代化水平评价指标体系由 2 个一级指标、4 个二级指标、16 个三级指标和一定数量的代表性指标组建而成（见表 3-1）。

表 3-1　农业现代化水平评价指标体系

一级指标	二级指标	三级指标	具体指标
农业投入水平	硬件投入	农地投入	土地数量和质量、人均占有量等
		机械设备投入	农业机械总动力、农田机耕率、农业用电量、固定资产规模等
		水利设施建设	有效灌溉率、旱涝保收率等
		肥（饲）料投入	化肥施用量和利用率、饲（饵）料用量和料肉比等
		防灾减灾设施建设	农药农膜用量、防灾减灾率、水土流失治理面积等
		交通信息发展	乡村公路里程和等级、通信工具数量和质量等
	软件投入	农业经济结构	优势产业产值比重、农业产业化组织数量等
		农业劳动力素质	农业劳动力文化程度、操作技能、身体素质等
		农业科技进步	农业科技进步速度、农业科技贡献率等
农业产出水平	产出效果	土地产出率	单位面积产值、单位面积产量、单位面积承载量等
		劳动生产率	单个劳动者创造的产值、单个劳动者生产提供的产量等
		物质投入产出率	单位产值物质消耗量、单位产量物质消耗量等
		农民收益	农民纯收入、农业劳动强度等
	产品竞争力	农业总产值	人均农业总产值、劳均农业总产值
		农产品竞争性	农产品商品量、优质农产品比例、农产品品牌数量、农产品市场占有率等
		农业外向程度	农业技术对外销售额、农产品对外销售量和销售额等

二、农村现代化水平评价指标体系

农村是一个区域性的概念，其现代化内容比农业现代化内容丰富得多。仅从产业角度来看，农村现代化除农业现代化外，还有工业现代化、商业现代化、交通运输业现代化、建筑产业现代化、信息服务行业现代化等。农村除产业现代化外，还有人的现代化、居民生活现代化、民主制度现代化和生产生存环境现代化等。简而言之，农村现代化既有经济方面的现代化，也有政治、文化、社会方面的现代化。农村现代化也是一个动态的、发展的过程。2021年中央一号文件提出了实施乡村振兴战略的意见，即"产业兴旺、生态宜居、乡风文明、治理有效、生活富裕"。这是新时期我国农村现代化建设的总要求，是农村经济社会发展文明进步程度的集中体现。农村现代化水平评价指标体系可以从以下五个方面进行构建：

（一）生产现代化水平

经济现代化是农村现代化的基础，而生产现代化又是经济现代化的核心。只有生产发展了，农村现代化建设才有经济基础和物质保障。生产现代化既有投入方面的，也有产出方面的。投入方面包括生产资料现代化水平、劳动力现代化水平等，产出方面包括效果、效率、效益及产品数量和质量等。主要有以下几种表现形式：

（1）生产工具。农村生产范围很广、内容丰富，第一、第二、第三产业齐全，涉的生产工具、物质装备、基础设施、生产对象等生产资料非常多。工具越先进、装备越精良，生产效率就越高。反映指标有固定资产、机器动力、资本有机构成等。

（2）生产结构。农业是农村生产发展的根本，没有农业就没有农村，但是农村又是多产业发展的区域，不同的产业对农村的资源利用不同。国内外农村生产现代化发展趋势表明，当农业生产达到一定水准，动植物初级产品呈过剩趋势时，农村生产发展的重心开始转向农产品加工专业化、储存保鲜业、信息技术服务业等第二、第三产业。换言之，现代化水平越高的农村，第二产业生产、第三产业发展越发达。反映指标有农业与非农产业投入比、农业与非农产业产值比、农产品加工转化率等。

（3）生产总量。先进的生产工具、精良的物质装备、发达的基础设施在农村生产发展中的应用和使用，关键要看效果，看其给社会创造多少产品、带来多少福利。农村生产总量是生产资料和劳动力投入农村中产出物质产品的综合反映，是新生产方式、新作业制度、新管理机制运用于农村生产发展中物化产品、凝结价值的综合反映，代表着农村生产发展的综合实力，在很大程度上也反映着农村生产发展的进步程度。反映指标有农村社会总产品、农村社会生产总值等。

（二）生活现代化水平

消费是生产的目的。发展农村经济是为了改善农村居民生活质量，提高农村居民生活水平。"楼上楼下、电灯电话"，曾经是农民梦寐以求的期望。尽管农民的这个希望在绝大多数地区已经实现，但是农民追求生活方式改变和生活质量提高的脚步永远不会停止。生活现代化是农村现代化建设的重要内容之一。主要有以下表现形式：

（1）居民收入。收入是发展生产、扩大生产、保障生活、改善生活的经济基础。收入越高，意味着财富就越多，现代生产、生活条件越扎实，越能提升生活水平和质量。反映指标有农民纯收入。

（2）消费水平。农村居民消费支出有多有少，支出越少，生活越不宽裕，支出越多，并不意味生活越富裕，关键要看比例、看结构。温饱年代，讲求的是吃饱和穿暖，这部分的消费支出占有很大比重；温饱问题解决后，人们追求的生活是吃好、穿好、住好，讲求更高的物质生活和更多的精神生活。反映指标有恩格尔系数、食物结构等。

（3）生活设备。生活设备是农村生活现代化发展的物质保障。起居、吃用、进出设施越完备、越先进，生活越便利、越现代。反映指标有家用电器、出行工具、住房等。

应当指出的是，生活现代化的一些基础设施，不仅作用于生活，也贡献于生产；同理，生产现代化中的一些物质装备，不仅有助于生产，也有利于生活。对生产和生活起共同作用的物质设施和其他因素，均列入农村环境现代化方面进行评述。

（三）环境现代化水平

环境的好坏对农村生产和生活进步产生重要的促抑作用，农村生产和生活现代化离不开环境的现代化。环境现代化主要包括以下几个方面的内容：

（1）基础设施现代化。交通四通八达、水资源达标、信息畅通快捷、能源供应无忧，是农村现代化建设所期待的。反映指标有农村公路覆盖率，自来水、通信网络覆盖面，电力供应量等。

（2）社会环境现代化。政治民主进步、社会治安稳定、劳动医疗有保障、文化进步、教育发达，则有助于农村生产发展和居民生活。反映指标有农民政治参与度、社会治安率、劳动保障程度、医疗卫生覆盖面、图书期刊种类和数量、教育机构和师资等。

（3）生态环境现代化。生态环境包括两个方面：一是没有被人类生产、生活改变的原生态环境；二是经人类生产、生活改变过的生态环境即人工环境。良好的生态环境是农村可持续发展的基石，生态改良和修复、资源再生和永续利用是农村现代化生产的必然要求，生态环境卫生、优美是农村现代化生活的必要内容。反映指标有森林覆盖率、水土流失治理率、土壤有机含量、"三废"处理率等。

（四）农民现代化水平

农民既是生产者又是消费者。现代农民应当是有文化、懂技术、会经营、善管理的农民，应当是身体健康、心理健康的农民，应当是能生产、懂生活的农民。农民的现代化主要体现在文化知识和思想观念两个方面。

（1）文化知识。文化水平高、技术知识丰富是现代农民应具备的基本素质。反映指标有文化程度、专业知识水平等。

（2）思想观念。与传统农民相比，现代农民思想观念新潮，接受新知识、新技术、新产品、新理念等新生事物快。反映指标有新生产资料应用率、新消费品普及率、新知识理念推广面等。

（五）农村城镇化水平

农村城镇化既是现代化国家和地区的真实写照，也是国内外农村发达地区追寻的目标和努力的方向。其展现的方面主要是农民非农化、农村工作生活城镇化。

（1）农民非农化。越来越多的农民进入城市，成为市民；进入厂房，成为非农产业劳动者，这是认定农村城镇化发展趋势和水平高低的普遍看法。反映指标有农村非农业人口比重、非农产业劳动力比重等。

（2）农村工作生活城镇化。农村不断拥有城市生产生活元素，农村人像城里人那样工作和生活，这也是农村城镇化的一个重要方面。反映指标有乡镇企业数、乡镇企业从业率、农村集镇数量、农村服务网点数量、农村现代建筑面积等。

综上所述，农村现代化水平评价指标体系由 5 个一级指标、13 个二级指标和一定数量的代表性指标组建而成（见表 3-2）。

表 3-2　农村现代化水平评价指标体系

一级指标	二级指标	具体指标
生产现代化	生产工具	固定资产、机器动力、资本有机构成等
	生产结构	农业与非农产业投入比、农业与非农产业产值比、农产品加工转化率等
	生产总量	农村社会总产品、农村社会生产总值等
生活现代化	居民收入	农民纯收入
	消费水平	恩格尔系数、食物结构等
	生活设备	家用电器、出行工具、住房等
环境现代化	基础设施	农村公路覆盖率，自来水、通信网络覆盖面，电力供应量等
	社会环境	农民政治参与度、社会治安率、劳动保障程度、医疗卫生覆盖面、图书期刊种类和数量、教育机构和师资等
	生态环境	森林覆盖率、水土流失治理率、土壤有机质含量、"三废"处理率等
农民现代化	文化知识	文化程度、专业知识水平等
	思想观念	新生产资料应用率、新消费品普及率、新知识理念推广面等
农村城镇化	农民非农化	农村非农业人口比重、非农产业劳动力比重等
	农村工作生活城镇化	乡镇企业数、乡镇企业从业率、农村集镇数量、农村服务网点数量、农村现代建筑面积等

第四章　河南农业农村现代化
水平评价

河南农业农村现代化当前处于一个什么样的水平，运用不同的参照系、不同的评价指标、不同的评价方法，结论不一。选择高度发达地区或基本发达地区、寥寥数个指标或繁杂众多指标、综合评估法或熵值法，评价结论均有所差异。鉴于此，本章根据前面提出的指标体系，遵循数据的可获性、历史的可比性、指标的代表性，参考有关资料确立的成熟现代化发展目标值，结合河南自然特点和客观条件，对河南农业农村现代化水平进行简便易行、科学具体的评析。

第一节　河南农业农村现代化指标的确立

一、农业现代化指标及目标值

农业现代化发展指标体系以表 4-1 为准，具体指标说明如下：

（1）农用地投入。用农业劳均耕地面积反映。

农业劳均耕地面积＝耕地面积÷农业劳动力

（2）机械设备投入。用农业劳均生产性固定资产、农业劳均农机总动力、农田机耕率反映。

表4-1 河南农业现代化发展水平及目标值

一级指标	二级指标	三级指标	具体指标	单位	基本现代化目标值*	2010年		2019年	
						实际值**	实现程度	实际值**	实现程度
农业投入水平	硬件投入	农用地投入	农业劳均耕地面积	公顷/人	≥0.63	0.40	63.5	0.44	69.8
		机械设备投入	农业劳均生产性固定资产	元/人	≥3000	2461.9	82.1	2683.5	89.5
			农业劳均农机总动力	千瓦/人	≥6	2.57	42.8	2.80	46.7
			农田机耕率	%	≥80	103.2	129	112.5	140.6
		水利设施建设	农田有效灌溉率	%	≥80	92.9	116.1	101.3	126.6
		肥（饲）料投入	农田化肥施用量	千克/公顷	≥750	551.3	73.5	600.9	80.1
		防灾减灾设施建设	农业成灾率	%	≤20	55.0	36.4	50.1	39.9
		交通信息发展	农村移动电话普及率	%	≥70	80.2	114.6	87.4	124.9
	软件投入	农业劳动力投入	农业从业人员比重	%	≤10	30.1	33.2	27.4	36.5
		农业劳动力素质	农村劳动力高中（中专）以上文化程度比重	%	≥60	15.4	25.7	16.8	28
		农业科技进步	农业科技进步贡献率	%	≥70	48.4	69.1	52.8	75.4
			农业科技人员比重	%	≥1	0.46	46.0	0.50	50.0
		农业经济结构调整	第一产业GDP比重	%	≤10	10.8	92.6	9.8	102.0
			养殖业产值比重	%	≥60	47.4	79	51.7	86.2

续表

一级指标	二级指标	三级指标	具体指标	单位	基本现代化目标值*	2010 年		2019 年	
						实际值**	实现程度	实际值**	实现程度
农业产出水平	产出效果	土地产出率	耕地单位面积农业总产值	万元/公顷	≥12	8.77	73.1	9.56	79.7
			粮食单产	千克/公顷	≥6000	6020.0	100.3	6561.8	109.4
		劳动生产率	单个农业劳动力创造的增加值	元/人	≥25000	20932.1	83.7	22816.0	91.3
			单个农业劳动力生产的粮食量	千克/人	≥5000	2706.7	54.1	2950.3	59.0
		物质投入产出率	单位化肥产出的谷物量	千克/公斤	≥17	14.97	88.1	16.32	96
		农民收益	农民人均年纯收入	元/人年	≥15000	9220.5	61.47	10050.3	67.0
	竞争能力	农民拥有的经济总量	农业劳均总产值	元/人	≥50000	32979.3	66.0	35947.4	71.9
		农产品竞争性	农产品商品率	%	≥80	76.8	96	83.7	104.6
		农业外向程度	农产品外贸额占农业 GDP 的比重	%	≥60	30.7	51.2	33.5	55.8

注：＊为农业基本现代化目标值，大部分依据国内一些机构和学者的观点（见本书附表1）综合而成，部分目标值根据我国农业农村新情况和河南自然客观条件做了一定的调整，少部分目标值参照农业现代化发达国家和地区的水平和客观要求加以设定；＊＊为实际值，根据《河南统计年鉴》和《中国农村统计年鉴》中的有关数据整理而成。

农业劳均生产性固定资产＝农业生产性固定资产原值÷农业劳动力

或每户农民家庭农业生产性固定资产原值÷每户整半劳动力

农业劳均农机总动力＝农业机械总动力÷农业劳动力

农田机耕率＝机耕面积÷耕地面积

（3）水利设施建设。用农田有效灌溉率反映。

农田有效灌溉率＝有效灌溉面积÷耕地面积

（4）肥（饲）料投入。用农田化肥施用量反映。

农田化肥施用量＝化肥施用量/耕地面积

（5）防灾减灾设施建设。用农业成灾率反映。

农业成灾率＝成灾面积÷受灾面积

（6）交通信息发展。用农村移动电话普及率反映。

农村移动电话普及率＝农村移动电话数÷农业劳动力总数

或每户农户家庭拥有移动电话数÷每户整半劳动力

（7）农业劳动力投入。用农业从业人员比重反映。

农业从业人员比重＝第一产业劳动力÷全社会从业人员

（8）农业劳动力素质。用农村劳动力高中（中专）以上文化程度比重反映。

农村劳动力高中（中专）以上文化程度比重＝农村高中（中专）以上文化程度劳动力人数÷农村劳动力总数

（9）农业科技进步。用农业科技进步贡献率和农业科技人员比重反映。

农业科技人员比重＝农业科技人员总数÷农业劳动力

（10）农业经济结构调整。用第一产业 GDP 比重和养殖业产值比重反映。

第一产业 GDP 比重＝第一产业 GDP÷全社会 GDP

养殖业产值比重＝养殖业产值÷农业总产值

（11）土地产出率。用耕地单位面积农业总产值和粮食单产反映。

耕地单位面积农业总产值＝农业总产值÷耕地面积

粮食单产＝粮食产量÷粮食播种面积

（12）劳动生产率。用单个农业劳动力创造的增加值和单个农业劳动力生产的粮食产量反映。

单个农业劳动力创造的增加值＝第一产业增加值÷第一产业从业者

单个农业劳动力生产的粮食产量＝粮食总产量÷第一产业从业者

（13）物质投入产出率。用单位化肥产出的谷物量反映。

单位化肥产出的谷物量＝谷物总产量÷化肥施用总量

（14）农民收益。用农民人均年纯收入反映。

（15）农民拥有的经济总量：用农业劳均总产值反映。

农业劳均总产值＝农业总产值÷第一产业从业者

（16）农产品竞争性。用农产品商品率反映。

（17）农业外向程度。用农产品外贸额占农业 GDP 的比重反映。

农产品外贸额占农业 GDP 的比重＝农产品进出口总额÷第一产业 GDP

二、农村现代化指标及目标值

河南农村现代化发展指标以表4-2为准，具体指标说明见表4-2。

表4-2　河南农村现代化发展水平及目标值

一级指标	二级指标	具体指标	单位	基本现代化目标值*	2010年		2019年	
					实际值**	实现程度	实际值**	实现程度
生产现代化	生产工具	农村户均生产性固定资产	万元/户	≥10	1.05	10.5	1.14	11.4
	生产结构	第一产业GDP比重	%	≤10	10.83	92.3	9.86	101.4
		农产品加工增值率	%	≥300	206.0	68.7	224.5	74.8
	生产总量	农村人均生产总值	元/人	≥50000	13082.0	26.2	14259.4	28.5
生活现代化	居民收入	农民纯收入	元/人年	≥15000	9220.5	61.5	10050.3	67.0
	消费水平	恩格尔系数	%	≤30	40.2	74.6	36.6	82.0
	生活设备	农户电视机普及率	台/百户	≥100	133.7	133.7	145.7	145.7
		农户洗衣机普及率	台/百户	≥100	128.6	128.6	135.0	135.0
		农户汽车摩托车普及率	辆/百户	≥100	82.6	82.6	90.0	90.0
环境现代化	基础设施	通汽车村委比重	%	=100	96.5	96.5	99.9	99.9
		通自来水村委比重	%	=100	58.6	58.6	93.9	93.9
		通广播村委比重	%	=100	89.9	89.9	98.0	98.0
	社会环境	农村社会养老保险参保率	%	=100	59.7	59.7	65.1	65.1
		农民拥有医生数	人/千人	≥3	1.80	60.0	1.96	65.3
	生态环境	森林覆盖率	%	≥50	59.9	119.8	65.3	130.6
农民现代化	文化知识	农村劳动力高中（中专）以上文化程度比重	%	≥60	15.5	25.8	16.9	28.2
	思想观念	农户计算机普及率	台/百户	=100	19.4	19.4	21.1	21.1
		农民自来水受益率	%	=100	76.1	76.1	92.9	92.9
		农村卫生厕所普及率	%	=100	91.3	91.3	99.5	99.5
		农村电视人口覆盖率	%	=100	98.2	98.2	100	100
		农村无线网络入户率	%	≥50	25.4	50.8	27.7	55.4

续表

一级指标	二级指标	具体指标	单位	基本现代化目标值*	2010 年		2019 年	
					实际值**	实现程度	实际值**	实现程度
农村城镇化	农民非农化	非农村人口比重	%	≥60	51.3	85.5	55.9	93.2
		非农业劳动力比重	%	≥90	71.7	80.0	78.2	86.9
	农村城镇化	乡镇拥有企业数	家/个	≥300	149.3	49.8	162.7	54.2
		乡镇企业从业率	%	≥50	20.8	41.6	22.7	45.4
		农村服务人员比重	%	≥35	27.6	78.9	30.1	86.0

注：*为农村基本现代化目标值，部分依据国内一些机构和学者的观点（见本书附表2）综合而成，部分目标值根据我国农业农村新情况和河南自然客观条件做了一定的调整，部分目标值参照农村现代化发达国家和地区的水平和客观要求加以设定；**为实际值，根据《河南统计年鉴》和《中国农村统计年鉴》中的有关数据整理而成。

（1）生产工具。用农村户均生产性固定资产反映。

农村户均生产性固定资产=农村生产性固定资产÷农村住户数

或每百户农民家庭生产性固定资产原值÷100

（2）生产结构。用第一产业 GDP 比重和农产品加工增值率反映。

第一产业 GDP 比重=第一产业 GDP÷国内生产总值

农产品加工增值率=农产品加工业总产值÷农业总产值

（农产品加工业总产值=以农产品为原料的轻工业总产值）

（3）生产总量。用农村人均生产总值反映。

农村人均生产总值=（第一产业生产总值+乡镇企业增加值）÷农村总人口

（4）居民收入。用农民纯收入反映。

（5）消费水平。用恩格尔系数反映。

恩格尔系数=农民家庭食品消费支出÷生活消费总支出

（6）生活设备。用农户电视机普及率、农户洗衣机普及率、农户汽车摩托车普及率反映。

农户电视机普及率=每百户农户拥有电视机数

农户洗衣机普及率＝每百户农户拥有洗衣机数

农户汽车摩托车普及率＝每百户农户拥有汽车摩托车数

（7）基础设施。用通汽车村委比重、通自来水村委比重、通广播村委比重反映。

通汽车村委比重＝通车村委数÷村委总数

通自来水村委比重＝通自来水村委数÷村委总数

通广播村委比重＝通广播村委数÷村委总数

（8）社会环境。用农村社会养老保险参保率、农民拥有医生数反映。

农村社会养老保险参保率＝农村社会养老保险参保人数÷农村总人口数

农民拥有医生数＝乡村医生数÷农业总人口

（9）生态环境。用森林覆盖率反映。

（10）文化知识。用农村劳动力高中（中专）以上文化程度比重反映。

农村劳动力高中（中专）以上文化程度比重＝农村高中（中专）以上文化劳动力人数÷农村劳动力总数

（11）思想观念。用农户计算机普及率、农民自来水受益率、农村卫生厕所普及率、农村电视人口覆盖率、农村无线网络入户率反映。

农户计算机普及率＝每百户农户拥有计算机数

农民自来水受益率＝农村自来水受益人口÷农村总人口

农村卫生厕所普及率＝农村使用卫生厕所户数÷农村总户数

（12）农民非农化。用非农村人口比重、非农业劳动力比重反映。

非农村人口比重＝非乡村人口÷社会总人口

非农业劳动力比重＝非农业劳动力数量÷社会从业人员总数

（13）农村城镇化。用乡镇拥有企业数、乡镇企业从业率和农村服务业人员比重反映。

乡镇拥有企业数＝乡镇企业数÷乡镇数

乡镇企业从业率＝乡镇企业从业人员÷农村就业人员总数

农村服务人员比重＝农村第三产业人员÷农村就业人员总数

第二节　河南农业现代化水平评价

农业农村现代化建设居于一个什么样的水准，或者说达到了一个什么样的程度，参照的目标不同，实现的程度也有很大差异。国内许多地区的机构和学者出于政策拟定或学术研究的目的，通常将农业农村现代化分为三个阶段，即起步阶段、发展阶段、成熟（发达）阶段，或称为初级现代化、基本现代化、全面现代化。我国沿海一些经济发达地区（如江苏、广东等）早在 20 世纪末就提出了到 2020 年基本实现农业现代化，并用一系列指标加以反映。河南作为内陆省份，与沿海经济发达省（市）相比，经济发展较为落后，农业农村现代化建设也相对滞后，可以以经济发达地区为标杆，比较、评析农业农村现代化建设水平，找出差距，奋力赶超。

为便于比较分析，在参照国内一些机构和学者提出的农业基本现代化目标值的基础上，结合我国农业农村发展新形势、新要求以及河南的实际情况和数据的可获得性，来拟定河南农业基本现代化发展的目标值（见表4-1）和河南农村基本现代化发展的目标值（见表4-2）。河南当前的农业农村现代化相应指标的计算值主要取自《河南统计年鉴》和《中国农村统计年鉴》，具体指标的实际值如表4-1和表4-2所示。

每个具体指标的完成程度(C_{3i})＝实际值(A_i)÷目标值(G_i)×100%

如果是逆向指标，则：

该指标的完成程度(C_{3i})＝目标值(G_i)÷实际值(A_i)×100%

二级指标的完成程度(C_{2i})＝$\sum(W_{3i} \times C_{3i}) \div \sum(W_{3i})$

一级指标的完成程度(C_{1i})＝$\sum(W_{2i} \times C_{2i}) \div \sum(W_{2i})$

现代化实现程度(C)＝$\sum(W_{1i} \times C_{1i}) \div \sum(W_{1i})$

W_{1i}、W_{2i}、W_{3i}为指标权重。此处将指标权重设定为1，即将每个指标视作同样的重要，之所以这么考量，是因为在任何一级指标体系中，如果有一个指标没有完成，那么意味着该级指标也没有完成。

一、农业现代化实现程度

表4-1数据显示，到目前为止，在具体指标上，完成最好的指标是农田机耕率、移动电话普及率，已经达到了基本现代化的水平；农田有效灌溉率、第一产业GDP比重、粮食单产、单位化肥产出的谷物量和农产品商品率也完成得比较好，均达到了基本现代化水平的96%以上。农业劳均农机总动力、农业从业人员比重、农村劳动力高中（中专）以上文化程度比重完成得比较差，尚不及基本现代化水平的一半。2010~2019年发展最快的是农田机耕率，由2010年的129%上升到2019年的140.6%，以年均增加1.16个百分点的速度朝目标推进；农田有效灌溉率、农村移动电话普及率发展得也很快，年均进度增加1个多百分点。而农业成灾率、农业从业人员比重、农村劳动力高中（中专）以上文化程度比重距目标值还有较大的差距。

从二级指标来看，2019年，河南农业硬件投入达到基本现代化的75.2%水平，年均增加1.6个百分点；软件投入为基本现代化水平的55.4%，年均增加1.1个百分点；产出效果为基本现代化水平的78.3%，年均增加1.9个百分点；竞争能力为基本现代化水平的71.1%，年均增加2.0个百分点（见表4-3）。在农业硬件投入方面，农田机械化、水利化和农业信息化建设得比较好；在农业软件投入方面，农业经济结构调整进展较快；在农业产出效果方面，土地产出和物质投入产出水平较高；在农业竞争能力方面，农产品出售水平相对较高。

表4-3　2010~2019年河南农业现代化实现程度　　单位：%

指标 \ 年份	2010	2011	2012	2013	2014	2015	2016	2017	2018	2019
整体水平	53.9	56.8	59.7	62.3	62.9	63.5	64.1	64.7	65.3	65.9
投入水平	52.2	52.7	56.5	58.0	58.6	59.2	59.8	60.4	61.0	61.7
硬件投入	59.7	61.3	67.2	66.8	68.1	69.5	70.9	72.3	73.7	75.2
软件投入	44.8	44.0	45.8	49.2	50.2	51.2	52.2	53.2	54.3	55.4

续表

指标＼年份	2010	2011	2012	2013	2014	2015	2016	2017	2018	2019
产出水平	55.6	57.7	63.0	66.8	68.1	69.5	70.9	72.3	73.7	75.2
产出效果	59.6	60.4	65.7	69.6	71.0	72.4	73.8	75.3	76.8	78.3
竞争能力	51.5	54.9	60.3	63.8	64.4	65.7	67.0	68.32	69.7	71.1

整体来看，河南农业现代化水平还不高，离基本现代化水平尚有 1/3 的差距，仅完成了基本现代化目标的 65.9%；以 2010～2019 年的发展速度推算，尚需 10 年才能基本实现农业现代化。

二、农业现代化主成分分析

农业现代化水平既表现在各个具体指标之中，又是各个具体指标的综合反映，同时又受到各种复杂因素的影响。此处，通过主成分分析，从众多的因素中遴选出影响河南农业现代化的主要因子，找出影响农业现代化发展的关键问题，为将来的发展指明主攻方向。

农业现代化建设受自然、政治、经济、社会、技术等因素的影响，其影响力的反映指标十分复杂繁多。为便于计量和分析，从指标值的可获得性、可比性和代表性出发，本书选定农业劳均耕地面积、农业劳均生产性固定资产、农业劳均农机总动力、农田机耕率、农田有效灌溉率、农田化肥施用量、农业成灾率、农村移动电话普及率、农业从业人员比重、农村劳动力高中（中专）以上文化程度比重、农业科技进步贡献率、农业科技人员比重、第一产业GDP 比重、养殖业产值比重、耕地单位面积农业总产值、粮食单产、谷物单产、单个农业劳动力创造的增加值、单个农业劳动力生产的粮食产量、单位化肥产出的谷物量、农民人均年纯收入、农业劳均总产值、农产品商品率、农产品外贸额占农业 GDP 的比重 24 个指标进行测算，其中第一产业 GDP 比重、农业从业人员比重、农业成灾率为逆向指标，其余为正向指标。数据直接或间接取自《河南统计年鉴》和《中国农村统计年鉴》，并以本阶段（2010 年之后）的农业现代化发展情况为取值范围。在运算过程中，对逆向指标值采用

"100-指标值"方式置换成正向指标值，利用 SPSS 软件，按特征值大于 1 的属性筛选主要因子。

表 4-4 显示，特征值大于 1 的因子有 3 个，其累计方差贡献率达 95.393%，有很强的代表性和显著的贡献率。旋转后因子 1 的方差为 49.011%，蕴含了最多的信息量，且在农田化肥施用量、农业劳均耕地面积、农田有效灌溉率、农民人均年纯收入、单个农业劳动力创造的增加值、农产品商品率、农产品外贸额占农业 GDP 比重、第一产业 GDP 比重、农村移动电话普及率、农业从业人员比重、农村劳动力高中（中专）以上文化程度比重、农业劳均生产性固定资产、农业劳均农机总动力、农业科技人员比重等方面有较大载荷（见表 4-5），主要表现为农业物质投入、劳动力投入、规模化生产和发展地位，可归为农业资源投入和规模经营因子；旋转后因子 2 的方差为 39.297%，也蕴含了较多的信息量，在农业减灾率、单位化肥产出的谷物数量、粮食单产、谷物单产、单个农业劳动力生产的粮食产量、耕地单位面积农业总产值、农田机耕率方面有较大的载荷，主要表现为农业产出水平和资源利用效果，命名为农业资源利用和产出效率因子；旋转后因子 3 的方差为 7.084%，包含了一定的信息量，在农业科技进步贡献率和养殖业产值比重方面有较大的载荷，主要反映农业技术进步和产业结构，可命名为技术支持和结构调整因子。

表 4-4 特征值及方差

	初始特征值及方差			旋转后特征值及方差		
	特征值	方差（%）	累计方差（%）	特征值	方差（%）	累计方差（%）
1	19.329	80.537	80.537	11.763	49.011	49.011
2	1.970	8.207	88.745	9.337	39.297	88.308
3	1.595	6.628	95.393	1.700	7.084	95.393

注：提取方法为主成分分析法。

表 4-5 旋转后的因子载荷矩阵

指标	变量	主成分		
		1	2	3
农田化肥施用量	var006	−0.954	0.108	0.149
农业劳均耕地面积	var001	0.921	0.395	−0.059

续表

指标	变量	主成分		
		1	2	3
农田有效灌溉率	var005	−0.897	−0.359	0.133
农民人均年纯收入	var021	0.821	0.542	0.084
单个农业劳动力创造的增加值	var018	0.814	0.564	0.067
农业劳均总产值	var022	0.814	0.571	0.064
农产品商品率	var023	0.812	0.464	0.074
农产品外贸额占农业 GDP 的比重	var024	0.810	0.470	0.110
第一产业 GDP 比重	var013	0.796	0.582	0.083
农村移动电话普及率	var008	0.793	0.600	0.076
农业从业人员比重	var009	0.743	0.652	0.063
农村劳动力高中（中专）以上文化程度比重	var010	0.742	0.600	0.038
农业劳均生产性固定资产	var002	0.740	0.551	0.145
农业劳均农机总动力	var003	0.719	0.440	0.032
农业科技人员比重	var012	−0.660	−0.565	−0.070
农业成灾率	var007	0.187	0.940	−0.021
单位化肥产出的谷物量	var020	0.246	0.900	−0.103
粮食单产	var016	0.494	0.866	0.014
谷物单产	var017	0.534	0.835	0.039
单个农业劳动力生产的粮食产量	var019	0.582	0.820	0.019
耕地单位面积农业总产值	var015	0.608	0.763	0.172
农田机耕率	var004	0.443	0.746	−0.324
农业科技进步贡献率	var011	0.273	0.215	0.899
养殖业产值比重	var014	0.275	0.446	−0.759

注：旋转法为最大方差法，5 次迭代后收敛。

从表 4-6 可知，2010～2019 年综合得分逐年递增，2019 年比 2010 年多 1.614 分，年均增加 0.161 分，说明河南的农业现代化是不断进步的，而且近年来更为迅猛；不过每个因子的贡献作用差异较明显。因子 1 的得分呈 "N" 态势，2018 年最高，为 1.216；2010 年最低，为−1.320，说明农业资源投入和经营规模波动性大，总趋势增加；因子 2 呈 "W" 态势，2019 年最多，为 0.889；2016 年最低，为-0.352，表明农业资源利用和产出效率稳定性差，但近年来在朝好的方面转变；因子 3 呈 "W" 态势，2013 年最高，为 2.118；2011 年最低，为-1.590，表明农业技术应用和农业结构调整，近年来虽然有些起色，但尚处于恢复性改观状态。

表 4-6　因子得分

年份	因子 1	因子 2	因子 3	综合得分
2010	-1.320	0.188	-0.574	-0.643
2011	-1.253	0.630	-1.590	-0.502
2012	-1.183	0.836	0.485	-0.227
2013	-0.909	0.554	2.118	-0.082
2014	0.242	0.065	-1.493	0.040
2015	0.419	0.218	0.430	0.337
2016	1.035	-0.352	-0.121	0.378
2017	1.097	0.382	-0.721	0.668
2018	1.216	0.595	0.613	0.915
2019	1.129	0.889	0.331	0.971

第三节　河南农村现代化水平评价

一、农村现代化实现程度

从具体的指标来看（见表 4-2），河南农村基本实现现代化的指标有第一产业 GDP 比重、农户电视机普及率、农户洗衣机普及率、森林覆盖率、农村电视人口覆盖率，它们均超过了基本现代化的目标，通汽车村委比重和农村卫生厕所普及率也很接近基本现代化目标，恩格尔系数、农户汽车摩托车普率、通自来水村委比重、通广播村委比重、农民自来水受益率、非农村人口比重、非农业劳动力比重、农村服务人员比重也完成得较好，均达到了80%以上的水平；而农村户均生产性固定资产则与基本现代化的目标相去甚远，不及目标的1/5。从2010~2019年的建设速度来看，通自来水村委比重推进最快，以年均增加3.5个百分点的速度向目标迈进；农民自来水受益率的推进速度也较快，年均分别增加了1.7个百分点；进展较慢的指标是农村户均生产性固定资产和农村人均生产总值，前者以年均增加0.09个百分点，后者以年均增加0.2个百分点的进度向目标靠近，推进非常缓慢。

从一级指标来看，2019年河南农村生产现代化实现了39.2%，年均推进2.4个百分点；农村生活现代化达到了72.8%，年均推进3.5个百分点；农村环境现代化达到了92.3%，年均推进2.3个百分点；农民现代化达到了46.9%，年均推进1.2个百分点；农村城镇化达到了67.9%，年均推进1.3个百分点（见表4-7）。完成较好的是农村环境现代化，较差的是生产现代化；推进较快的是生活现代化，较慢的是农村城镇化。

表4-7 2010~2019年河南农村现代化实现程度 单位：%

指标＼年份	2010	2011	2012	2013	2014	2015	2016	2017	2018	2019
整体水平	42.4	45.3	46.7	47.6	48.8	51.87	54.8	58.7	61.4	63.8
生产现代化	15.1	17.7	19.8	21.3	23.0	26.5	30.9	34.2	37.0	39.2
生活现代化	38.2	44.5	46.7	48.8	50.5	55.1	57.3	63.4	67.7	72.8
环境现代化	69.6	71.0	71.4	72.1	73.5	75.3	80.5	86.0	89.5	92.3
农民现代化	34.7	36.2	36.8	38.3	39.2	41.6	43.2	45.8	46.9	46.9
农村城镇化	54.6	56.7	58.9	56.9	57.8	61.0	62.4	64.1	66.2	67.9

综合而言，河南农村现代化程度也不高，比农业现代化水平还低，2019年仅达到基本现代化的63.8%；若按2010~2019年的进度测算，河南农村基本现代化尚需10年才能实现。

二、农村现代化主成分分析

影响农村现代化发展的因素也有很多，对应的指标也不少。按照数据的可获得性、可比性、代表性原则，选取农村户均生产性固定资产、第一产业GDP比重、农产品加工增值率、农村人均生产总值、农民纯收入、恩格尔系数、农户电视机普及率、农户洗衣机普及率、农户汽车摩托车普及率、通汽车村委比重、通自来水村委比重、通广播村委比重、农村社会养老保险参保率、农民拥有医生数、森林覆盖率、农村劳动力高中（中专）以上文化程度比重、农户计算机普及率、农民自来水受益率、农村卫生厕所普及率、农村电视人口覆盖率、农村无线网络入户率、非农村人口比重、非农业劳动力比重、乡镇拥有企业数、乡镇企业从业率、农村服务人员比重26个指标进行分析，其中第一产业GDP比重和恩格尔系数为逆向指标。数据来源和运算分析与前雷同。

特征值大于1的因子有3个（见表4-8），其累计方差贡献率为97.736%。旋转后的因子1，其方差为53.237%，含有最多的信息量；其中，农村社会养老保险参保率、农户计算机普及率、农户洗衣机普及率、农民拥有医生数、农村户均生产性固定资产、森林覆盖率、农民自来水受益率、农民纯收入、农产品加工增值率、恩格尔系数、农村卫生厕所普及率、农村人均生产总值、通自来水村委比重、通广播村委比重、非农村人口比重、农村无线网络入户率、第一产业GDP比重、农村电视人口覆盖率有较大的载荷（见表4-9），集中表现为农村作业条件、生产水平、农民生活环境、生活水平，可认定为农村生产发展和生活改善因子；因子2的方差为31.809%，包含的信息量也较多，其中，农村服务人员比重、通汽车村委比重、农户电视机普及率、农户汽车摩托车普及率、农村劳动力高中（中专）以上文化程度比重、非农业劳动力比重有较大载荷，主要反映农民的素质、生产生活理念、非农化水平，可命名为农民转移和提升因子；因子3的方差为12.689%，有一定的信息量，其中，乡镇企业从业率和乡镇拥有企业数主要反映农民离土不离乡状态和农村企业化、工厂化水平，可命名为农村企业发展因子。

表 4-8 特征值及方差

	初始特征值及方差			旋转后特征值及方差		
	特征值	方差率（%）	累计方差（%）	特征值	方差率（%）	累计方差（%）
1	22.369	86.037	86.037	13.842	53.237	53.237
2	1.870	7.191	93.228	8.270	31.809	85.046
3	1.172	4.508	97.736	3.299	12.689	97.736

注：提取方法为主成分分析法。

表 4-9 旋转后的因子载荷矩阵

指标	变量	主成分		
		1	2	3
农村社会养老保险参保率	var013	0.972	0.175	0.009
农户计算机普及率	var017	0.963	0.238	0.093
农户洗衣机普及率	var008	0.927	0.342	0.141
农户拥有医生数	var014	0.896	0.216	0.293
农村户均生产性固定资产	var001	0.856	0.478	0.822
森林覆盖率	var015	0.855	0.329	0.165
农民自来水受益率	var018	0.855	0.463	0.249
农民纯收入	var005	0.843	0.482	0.265
农产品加工增值率	var003	0.831	0.477	0.307
恩格尔系数	var006	0.813	0.390	0.252
农村卫生厕所普及率	var019	0.784	0.529	0.323
农村人均生产总值	var004	0.784	0.548	0.317
通自来水村委比重	var011	0.765	0.534	0.377
通广播村委比重	var012	0.764	0.589	0.232
非农村人口比重	var022	0.707	0.648	0.311
农村无线网络入户率	var021	0.698	0.644	0.342
第一产业 GDP 比重	var002	0.686	0.666	0.283
农村电视人口覆盖率	var020	0.666	0.657	0.378
农村服务人员比重	var026	-0.089	-0.995	-0.046
通汽车村委比重	var010	0.377	0.855	0.298
农户电视机普及率	var007	0.584	0.781	0.247

续表

指标	变量	主成分		
		1	2	3
农户汽车摩托车普及率	var009	0.667	0.715	0.241
农村劳动力高中（中专）以上文化程度比重	var016	0.552	0.698	0.383
非农业劳动力比重	var023	0.676	0.695	0.247
乡镇企业从业率	var025	−0.079	−0.158	−0.980
乡镇拥有企业数	var024	−0.433	−0.429	−0.803

注：旋转法为最大方差法，5 次迭代后收敛。

表 4-10 表明，2010 年以来河南农村现代化一直处于向前迈进的状态，年均增加 0.177 分。影响因子 1 的得分呈 "U" 形变化，2013 年后逐年增加，近期增加尤为明显，说明这些年来河南农村经济社会发展条件有了很大改善，农民生活水平和质量有了极大提高。因子 2 的得分呈倒 "U" 形，说明河南的农民转移和农村产业非农化进展明显，农民文化素质和消费观念也有很大的改观，近年来农村产业非农化和农民现代化稍有减弱。因子 3 的得分呈 "N" 形，2010~2012 年递减，2012~2014 年递增，随后再次递减，说明河南的乡镇企业发展和农村产业企业化经营波动性很大，疲软情形显现。

表 4-10　因子得分

年份	因子 1	因子 2	因子 3	综合得分
2010	−0.760	−0.280	−0.825	−0.612
2011	−0.558	0.282	−1.281	−0.378
2012	−0.628	0.994	−1.993	−0.275
2013	−0.991	0.612	0.658	−0.256
2014	−0.951	0.468	1.486	−0.173
2015	−0.471	0.576	1.109	0.075
2016	0.174	0.481	0.837	0.348
2017	0.965	0.407	0.331	0.701
2018	1.521	0.308	0.074	0.938
2019	2.102	0.179	−0.323	1.162

第五章　河南农业农村现代化发展面临的问题

现代化是一个历史过程。在不同的历史阶段，农业、农村现代化发展水平不同，遇到的问题也不同，既有历史的、惯性的问题，也有现实的、突发的问题；既有有利的一面，也有不利的一面。目前，在新时代发展背景下，我国经济社会发展达到了一定的水平，具备工业反哺农业、城市支持农村的能力和条件，农业农村现代化迎来了一个千载难逢的发展良机，农业农村现代化发展的能量和动力必将得到更广泛、更全面的补给，农业农村现代化发展的速度和效率将比以往更快、更高。河南工业化起步较晚，经济实力相对较弱，正在着力推进新型工业化、新型城镇化建设，农业要获得工业、农村要获得城市的支持还不容易，农业农村现代化建设主要依靠内生力量，应对好粮食生产和农业增效两大使命，解决好建设中遇到的农业劳力过剩、可用资源趋紧和区际发展不均衡等关键性。

第一节　现代化建设中粮食安全与农业效率

农业现代化促进了粮食和农业发展、提高了农业生产效率、丰富了农副产品、保障了粮食安全和其他农产品的有效供给。但是，效率优先的经济现代化减弱了粮食和农业发展关注度，粮食安全和农业效率不甚乐观。粮食生产的欠稳定和农业生产比较效益的不高，对河南农业农村现代化发展产生了重要的影响。

一、粮食安全问题

民以食为天。我国是一个拥有 14 亿多人口的泱泱大国，吃饭问题始终是我国政治、经济、社会生活中的头等大事。我国的粮食安全保障主要是自力更生，通过本国的粮食生产来解决和满足本国的粮食消费需求，实现总量基本平衡，少部分通过外贸来调剂余缺。我国的粮食生产，重任在河南。河南肩负着国家粮食安全的重大使命，河南的农业和农村发展任何时候都离不开"粮食"两个字，农业农村现代化建设要以发展粮食生产、促进粮食生产为宗旨。在粮食紧缺的年代，河南的农业农村现代化建设要以增粮为目标，围绕解决温饱问题设计农业农村现代化建设路线图；在粮食富足的年代，河南的农业农村现代化建设要以保粮、稳粮为根本目标，以提高粮食的综合生产能力为首选目标，否则河南的粮食发展难保，国家的粮食安全难保。

河南是我国传统的粮食主产区，具有粮食发展比较优势，对保障国家的粮食安全有不可替代的责任。事实也确实如此，长期以来，河南都没有忘记这一重大使命，自始至终将粮食生产作为农业和农村发展的重心，源源不断地产出粮食，成为至今少有的粮食净调出省份之一，为国家的粮食安全做出了重要贡献。

应当承认，在过去的 70 多年里，农业农村现代化建设对河南的粮食综合生产能力的提高提供了难得的支撑力，产生了重要的推动作用，尤其是农业机械化、水利化、化学化、良种化的大力推进，为数众多的现代物质装备和科学技术在粮食生产中的广泛使用，改善了河南粮食生产发展的条件，促使粮食产量一个一个台阶地向上攀升，近年来，粮食发展综合能力更加显著，粮食总产量在较高的基础上，仍能持续保持增长势头，这在过去的粮食发展史上是少有的。如表 5-1 所示，河南粮食生产与农业机械化、化学化、水利化呈正相关，说明农业现代化对粮食生产有促进作用。

表 5-1　河南粮食生产与农业机械化、化学化、水利化

年份	粮食播种面积 （千公顷）	粮食单产 （千克/公顷）	粮食总产 （万吨）	农机总动力 （万千瓦特）	化学肥料 （万吨）	灌溉面积 （千公顷）
1978	9123	2299	2097	974	52.54	3723
1984	8997	3217	2894	1507	140.16	3279
1996	8965	4416	3840	4256	345.33	4191
2008	9747	5546	5406	9429	601.68	4989
2019	10735	6237	6695	10357	666.72	5453

资料来源：根据历年《河南统计年鉴》有关数据计算而成。

　　然而，河南作为我国的粮食主产区，在将粮食生产作为农业农村工作重心的同时，将粮食发展现代化作为农业农村现代化建设重点的时候，虽然技术装备水平提高了很多，但是由于长期以来粮食生产效益低下，农业农村经济发展不快，致使农业农村现代化发展的经济基础较差，农业农村现代化步伐较慢。如何在发展粮食生产、完成国家粮食安全使命的同时实现农业农村现代化快速发展，是河南农业农村现代化建设必须面对和妥善处理的现实且久远的问题。

二、农业效率问题

　　1949 年以来，作为粮食主产区，河南的农业生产效率有了很大的提高，这与农业农村现代化的大力发展不无关系。1978~2019 年，河南着力追求农业生产机械化，农业机械总动力增长了 10.63 倍，减轻了农业生产者的负荷，提高了农业劳动生产率，农业劳动生产率由 1978 年的 534 元/人提高到了 2019 年的 32979 元/人。化学肥料的广泛使用提高了农作物单产和土地产出率，1978~2019 年，河南化肥用量增加了 614.18 万吨，耕地产出率提高了 34.80 倍（见表 5-2）。农业农村现代化发展有利于农业效率的提高，是毋庸置疑的客观事实。然而，相对于其他行业来讲，农业劳动生产率还很低，不及第二、第三产业的一半（见表 5-3）。相对于现代化水平较高的其他省份来讲，河南农业劳动生产率和农地产出率也较低（见表 5-4、表 5-5）。低下的农业效率

意味着农业投入产出率也较低，意味着农业现代化成本高、难度大，牵制着农业农村现代化的快速发展。

表5-2 河南农业现代化对农业效率的影响

年份	农机总动力（万千瓦）	化学肥料（万吨）	耕地有效灌溉面积（千公顷）	耕地产出率（元/公顷）	农业劳动生产率（元/人）	农民人均年纯收入（元）
1978	974	52.54	3723	2156	534	104.71
1984	1507	140.16	3279	10318	2032	301.17
1996	4256	345.33	4191	11404	2246	1579.19
2008	9429	601.68	4989	39480	8621	4454.24
2019	10357	666.72	5453	75029	32979	15163.74

资料来源：根据历年《河南统计年鉴》有关数据计算而成。

表5-3 河南各行业劳动力创造GDP对比　　　　单位：万元/人

年份	第一产业	第二产业	其中		第三产业	其中		
			工业	建筑业		交通运输邮电业	批发、零售贸易、餐饮业	金融保险业
2000	0.53	1.87	1.69	2.58	1.34	3.26	0.67	10.28
2005	1.16	6.56	7.37	4.21	3.41	5.00	1.62	20.67
2010	1.22	6.89	7.74	4.42	3.58	5.25	1.70	21.70
2013	2.01	9.40	10.86	5.53	5.38	8.30	2.51	40.97
2019	2.19	10.25	11.40	6.03	5.86	9.05	2.74	44.66

资料来源：根据历年《河南统计年鉴》有关数据计算而成。

表5-4 河南与沿海发达省份农业劳动生产率的对比

单位：万元/人

年份	河南	山东	江苏	上海	浙江	福建	广东
2000	0.77	0.93	1.24	2.46	1.04	1.33	1.03
2005	1.18	1.92	2.39	3.82	1.81	1.98	1.58
2010	2.19	3.32	4.86	7.91	3.43	3.62	2.53
2013	2.30	3.49	5.10	8.31	3.60	3.80	2.66
2019	2.51	3.80	5.56	9.06	3.92	4.14	2.90

资料来源：根据历年《中国统计年鉴》有关数据计算而成。

表5-5 河南与沿海发达省份农地产出率的对比

单位：万元/公顷

年份	河南	山东	江苏	上海	浙江	福建	广东
2000	2.57	2.98	3.69	6.877	5.00	7.23	5.01
2005	3.86	5.13	5.09	7.41	6.72	9.71	7.48
2010	6.79	8.85	9.02	11.76	11.31	17.35	13.26
2013	9.21	11.64	12.93	13.26	14.77	24.67	17.48
2019	10.04	12.69	14.09	14.49	16.10	26.89	19.05

资料来源：根据历年《中国统计年鉴》有关数据计算而成。

第二节 现代化建设中农村城镇化及农民市民化

农业现代化是一个以工业物质技术武装农业的过程。先进的工业物质技术广泛应用于农业，提高了农业劳动生产率，节省了活劳动成本，与此同时，也不断地释放农业劳动者，产生剩余农业劳动力。无论是先发型还是后发型农业现代化发达国家，绝大多数允许农业劳动者自由流动。鼓励工业吸收农业剩余劳动力，鼓励城市吸纳农民，让农民成为产业工人、商人和服务人员，让农民成为城市居民；将工业元素和城市元素导入农业、农村，改造农业、农村，促进农业、农村发展，化解工业化、城镇化和农业现代化建设中引发的农民问题和农村问题，实现农业、农村、农民的现代化。

城乡结构二元化使乡村通往城市的通道壁垒重重，致使由工业化带来的大量农村剩余劳动力并没有随着工业化推进和城镇化建设而转移，继续滞留于农业，滞留于农村，加上农业农村现代化建设日复一日地偏重于农业物质装备技术，农村城镇化和农民市民化建设常常被边缘化而滞后于农业物质装备技术现代化，进而影响农业农村现代化整体水平。

纵向而言，河南农村城镇化和农民市民化水平有一定的提高，但是农村城镇化主要是城郊农村城镇化，绝大多数边远农村并没有城镇化；农民市民化也仅仅是农民工市民化，农民身份并没有市民化，进城工作的农民并没有享受到城市福利，因此反向概率大、比例高。例如，1978~2008年，河南农机总动力在迅猛增加，而农业劳动力却没有减少，农村人口反而在增加，没有随着现代化水平的提高而得到相应的转移。2008年以后，虽然农业劳动力有所减少，但减少的幅度不及农机总动力的增幅（见表5-6）。2019年，河南城镇人口比重为53.21%，江苏、浙江分别为70.61%、70.00%。[①] 与发达地区相比，河南农业劳动力非农转移的速度不快，农村城镇化和农民市民化的进程较慢，成为农业农村现代化建设的软肋。

表5-6　河南农机动力与从业者变动情况

年份	农机总动力（万千瓦）	耕地面积（千公顷）	农业劳动力（万人）	农村人口（万人）
1978	974	7157	2262	6104
1984	1507	7079	2578	6600
1996	4256	6786	2822	7485
2008	9429	7202	2847	6345
2019	10357	8158	2277	5124

资料来源：根据历年《河南统计年鉴》有关数据计算而成。

第三节　现代化建设中农村资源禀赋与流转

一、土地

农业是以土地为基本生产资料的作业活动。传统农业是小农经济农业，土地"大而化小"，分散化经营。现代农业则相反，是商品经济农业，土地使用

---

①　国家统计局：《中国统计年鉴2020》，中国统计出版社2020年版。

集聚，讲求规模效应。我国土地经营经历了从"耕者有其田"到集体合作再到家庭联产承包的过程，调动了农业劳动者的积极性，提高了土地产出率。不过，这些土地经营变革的效果是建立在自给自足和生产力水平还不高的基础之上的。当生产力发展达到一个较高的水准时，土地分散经营是不合时宜的。目前，河南农地呈现以下两大趋势：

一是农地总量减少，非农化现象突出，农业劳均耕地少。土地资源丰富、人口密度较小的美国，按农业经济活动人口计算，2008 年人均为 62.76 公顷，土地资源紧缺、人口密度极大的日本人均为 2.64 公顷；① 同年河南农业劳均耕地 0.29 公顷，中国为 0.44 公顷。② 河南农业劳均耕地不仅明显少于农业发达国家，而且也低于全国平均水平。

二是土地经营分散，流转不畅，条块现象和撂荒现象突出。土地在家庭联产承包责任制的过程中，各地基本采取了好、中、差搭配的承包办法，农户家庭拥有的土地不集中、不连片。农民拥有的农地不但量少而且插花现象明显，给农户应用先进设备和技术带来不便，制约着农业劳动生产率的提高。土地经营不经济、农业生产收益不高，导致许多青壮年农民选择了外出务工、创业的发展道路，留下和空出了不少经营地。这些空置地由于转包存在权利和义务不对等等方面的障碍，难以流转给专职务农者经营而荒芜。务农农民要扩大土地经营规模，获取规模收益步履维艰。

农业劳均耕地的减少和土地的分散经营不利于规模农业的发展和农业商品率的提高，适应不了现代农业的规模化和商品化发展趋势。

二、资金

资金是促进农业农村现代化建设的关键手段。农业农村现代化发展资金来源主要有三个：一是农业农村积累资金。这部分资金是农业农村现代化建设最主要的原始积累资金，但是积累艰难。原因在于：一方面，农业生产率不高，收益偏低，农业农村经济发展缓慢，经济基础薄弱；另一方面，近半个世纪以

---

① 国家统计局：《中国农村统计年鉴 2012》，中国统计出版社 2012 年版。
② 国家统计局：《中国统计年鉴 2009》，中国统计出版社 2009 年版。

来，我国现代化建设施行一贯的工业优先、城市优先方略，大量农业资金通过税收、价格"剪刀差"等方式转移到工业发展和城市建设中，农业剩余不断非农化，农业付出多积累少。近年来，尽管国家对农业进行了免税，实行了工业反哺农业、城市支持农村政策，但是农用生产资料价格涨幅大，"剪刀差"依然明显，甚至呈扩大之势，加大了农业生产成本，农业收益增长明显滞后，支出多积累少。二是公共财政支农资金。20世纪八九十年代河南财政用于农业的支出，20年中增加了10倍，但比重减少了近1/4。21世纪以来，国家加大了支农助农力度，财政支农资金见涨。河南财政用于农林水事务支出由2006年的76.01亿元，增加到2019年的1059.7亿元，增长了13.9倍。三是农业农村信贷资金。金融资本是讲市场、讲风险、讲收益的，其投资方向一般为低风险产业、高回报产业。这些年来，虽然河南农业和农村经济有了长足的发展，农民收入增加较多，农民存款增幅较大，但是农民存款用于农业的并不多，大部分用在了资金周转快、投资风险小的非农业产业上。2000~2019年，河南农业存款增长了59.7倍，而农业贷款仅增长了16.3倍，贷款增长水平明显低于存款增长水平，农业存款的积极性高于农业贷款的积极性。

三、技术

现代技术的应用是现代农业发展的重要标志，可是河南的农业科技贡献率还比较低，目前仅有60.7%，而欧美等发达国家在20世纪80年代就达到了70%~80%，相差10~20个百分点，与国内的江苏、广东等经济发达省份相比也有不小差距。河南的农业科技水平还是比较落后的。从研发后劲来看，河南农业科技也不十分理想，2019年，地方企事业单位农林牧渔业就业人员2277.42万人，与2003年比，不但没有增加反而减少了1054.44万人，减幅达31.65%，非常令人担忧。

总之，河南的农业可用土地、资金、技术与农业劳动力数量配置存在明显的缺位现象，一方面，耕地减少、资金紧缺、技术落后；另一方面，农业劳动力很多却难以转移，既不利于农业规模化生产，也不利于农业的资金密集型生产和技术密集型生产。

第四节　现代化建设中农村生态环境

一、原生态退化，后备资源减少

农业生产是一项开垦性作业。为了获得充足的农产品，人类不断地开垦土地，向原生态进军，导致原生态空间渐渐变小变窄。尽管在开发过程中原生态受到了一定的保护修复，但是这边修复、那边破坏的现象时有发生，原生态资源或自然资源越来越少，越来越不利于农业发展。有数据显示，河南水土流失严重，土地流失面积 2.21 万平方千米，占全省国土总面积的 13.2%。农业可垦的耕地，可用的林地、草地和水面并不充分，后备资源十分匮乏。通过外延式扩大生产来提高农业产量、增加农民收入的道路变得越来越窄。

二、污染源增多，生态环境堪忧

农业和农村生态环境既受农业和农村自身的生产生活活动的影响，又受农业、农村以外的生态环境因素的影响。当前，无论是自身环境建设还是外界环境建设都不容乐观。农业、工业污染不断显现，城乡生产生活垃圾随处可见，既危害了农业农村生态环境，又加大了农业农村现代化建设难度。过去，农业现代化建设为了解决农产品不足的问题，不断追求农产品产量，走了一条"石油农业"的道路，化肥、农药、农膜用量不断增加，实现了土地产出率日益提高的目的。随着石油产品的充填，尤其是化学肥料、化学药物、塑料薄膜的滥用和有害物质的累积，农业农村生态受到的破坏越来越严重，土壤板结、腐殖质减少，土地退化明显。不仅如此，工业废水、废气、废渣，城市生活垃圾和白色污染物不断流入农村，使脆弱的农业农村生态环境雪上加霜。

第五节 现代化建设中农村区域发展不平衡

一、省际差别影响

河南周边的几个省份与河南一样，都是结合本省的实际发展经济，建设现代化。有的省虽然原有的基础跟河南差不多，甚至不如河南，但是通过若干年的发展，已超过了河南，农业农村现代化建设实力明显增强；有的省原有的基础比河南好，但是发展速度比河南快，成为全国的经济发达省，农业农村现代化建设也走在了全国前列，河南与它们的差距越拉越大。这些省份的发展经验都对河南有很好的参考价值和引导作用。不过，这些省份的经济比河南发达，有很强的集聚力，在一定程度上会吸引河南的优质资源，对河南的农业农村现代化建设造成不利影响，如近年来河南高素质农业劳动力外流便是见证之一。

二、省内差别影响

河南有 18 个地市，各市之间的经济发展和现代化水平较为不平衡，2019年人均生产总值中，最多的郑州市达 106611 元，最少的周口市仅有 33771 元，相差 3.16 倍；农民人均可支配纯收入中，最高的郑州市为 23536 元，最低的濮阳市 9799 元，也相差 2.40 倍；城镇化水平，郑州市最高，为 74.58%，周口市最低，仅为 44.36%，二者悬殊。地市之间的差异在一定程度上也影响着河南农业农村现代化建设。一方面，先进地市有较好的经济发展基础和工业化、城市化建设条件，对本地市的农业农村现代化建设有较强的支持力，对其他落后地市的农业农村现代化建设也有一定的鞭策和引领作用，从而提高全省农业农村现代化整体水平；另一方面，由于经济薄弱，落后地市支农助农能力较差，农业农村现代化发展速度缓慢，对全省农业农村现代化建设资源的有效调配产生不利影响，加大了全省农业农村现代化建设难度。

第六章　国内外农业农村现代化 发展的道路与启示

近年来，河南省经过不断的探索与实践，农业农村现代化发展取得了显著成效，但同时也存在服务业技术水平低、结构性矛盾严重、产业组织方式有待改进、政府监管方式亟须完善等问题。他山之石，可以攻玉。通过挖掘国外农业农村现代化发展的成功经验，可以取长补短、相互借鉴，从而为河南推进农业农村现代化发展提供参考借鉴。

第一节　国外农业农村现代化发展的 基础与途径

现代化建设是一个世界性的命题，无论是发达国家和地区还是发展中国家和地区，都要推进现代化建设，也都会推进现代化建设。各个国家和地区只是资源禀赋不同、制度不同、经济社会技术条件不同，所选择的现代化发展模式、路径不同，发展步骤、发展重点不同，所遇到的难点、制约因素和存在的问题不同而已。

我国是发展中国家，20 世纪五六十年代，基于国内外的政治、经济、军事形势，选择了一条工业优先、城市优先的现代化发展道路，以重工业为核心的工业体系很快建立起来，以大中城市为中心的城市建设发生了很大改观。改革开放以后，国家对工业和区域发展重点进行了较大的调整，轻工业和沿海地区发展得到了较大的关注和支持，以效率优先兼顾公平的现代化建设方略得到了广泛的落实和推行。

世界上国家和地区很多，所走过的农业农村现代化道路也千差万别，在此，根据既有的资料，列述几个有一定代表性的国家和地区的农业农村现代化发展基础和路径，以从中总结农业农村现代化发展规律和经验，来指导河南农业农村现代化建设。

一、美国农业农村现代化

美国是世界经济、技术强国，也是农业现代化发展水平名列世界前茅的国家。美国地域辽阔，农田面积多，是我国人均量的 9 倍，加上最早形成了世界上最大的专业化农业带和较早建立并完善了农产品市场体系，以及巨大的经济实力都对农业发展提供强大的支持，形成了农业自然资源丰富多样、现代物资投入量大、科技含量高、市场化程度高、以劳动生产率为主和以土地生产率为辅的农业现代化路子。[①] 美国从独立到 20 世纪 20 年代农业发展还较为缓慢，骡马仍是田间的主要动力，化肥用量少，农作物产量低，小麦单产 2000 千克/公顷左右，每个农民供养人口 8 人，100 年增加 1 倍。20 世纪 20~70 年代，农业机械化、化肥和科技得到了广泛应用。50 年代机器基本替代了畜力，60 年代数量达到饱和，小麦单产由于品种改良、病虫防治、化肥增施等举措在1930~1970 年提高了 1 倍，1972 年每个农民供养人口达 52 人，是 1920 年的6.5 倍，每 10 年增加 1 倍。70 年代后，农业机械向大功率、多功能、自动化方向发展，液体混合肥、干燥颗粒肥、浓缩混合肥等新品种不断出现，各种新型高效低毒的杀虫剂、杀菌剂、除草剂广泛使用，电子计算机在农业上的应用日益广泛。农作物尤其是家畜育种取得重大进步，奶牛年产量在 1977 年达 5083 千克/只，比 1950 年的 2400 千克/只增长 1 倍多。农民素质也得到了提高，1984年，农场主中高中与大学毕业生占 60%。80 年代后，有的农场广泛使用计算

---

① 邓德胜、祝海波、杨丽华：《国外农村现代化模式对我国实现农村全面小康的启示》，《经济问题》2007 年第 2 期。

机进行财务、物资管理，土壤肥料测试，气象与农作物生长分析；生物技术、基因工程广泛应用于农业；农业服务行业高度发达，机耕播种、施肥、治虫、收获等许多作业都由专业服务公司完成；农产品的产、供、销一体化发展快速，一些农工商大型企业经营着生产、分配、运输、销售的全套业务，形成与工业企业完全类似的经济实体。① 经过 50～80 年代中期的农政调整，美国实现了农业现代化。②

二、英国农业农村现代化

英国在推动农业农村现代化实践中，主要奉行"规划先行、法制管理"的核心理念，通过中央政府部门的顶层设计为农业农村现代化提供了制度保障。20 世纪初以来，数十部乡村建设法案的颁布，有效地推进了农业农村现代化的发展。一是政策游说、技术下乡。发展新兴的乡村创意产业在英国被视为重塑乡村经济和文化生活的关键。在实践中，创意产业的"最佳例子"大多来自都市中心，如何将城市创意产业与乡村"生活质量"或"服务质量"关联，并吸引有创造力的人才支持乡村建设是其中的核心。通常乡村创意产品的市场定位主要依靠地方节日的再包装促进农村一二三产业协调发展。近年来，在乡村艺术团体的游说下，城市技术下乡与乡村创意产业的联合发展政策被进一步推出，艺术文化在乡村旅游、农场多样化、手工艺和食品销售等方面新的融合效用明显加强，为英国乡村现代服务业发展和农业生产体系建立发挥了重要作用。③ 二是生态修复、绿色发展。生态保护自始至终是英国乡村发展的重要原则之一，要求在开发与促进乡村经济社会发展的同时，势必要保存地方特色与乡村环境免遭侵蚀，生态环境与社区质量平衡发展。20 世纪 30 年代，英国提出了"保护性治理"的乡村发展理念，之后通过设置"国家公园""乡村公园"和划定"自然美景区"等机制，严格保护乡村土地、林地、公园、湖泊等乡村自然资源。另外，英国还特别注重对历史建筑的保护以及对生

---

① 高亮之：《农业系统学基础》，江苏科学技术出版社 1993 年版。
② 李典军：《美国农政道路研究》，中国农业出版社 2004 年版。
③ 郭爱民：《从英国农业现代化的历程看中国入世后农村土地问题的走向》，《安徽史学》2003 年第 6 期。

活垃圾的分类处置，一方面，明确规定在开发过程中反对破坏与拆除乡土文化特征建筑，通过精心的修缮提高其保存质量和文化价值；另一方面，通过立法来规范垃圾分类处理，形成干净、整洁、宜居的乡村居住地。[①] 三是发展农业、保护耕地。在推进农业农村现代化发展的过程中，英国主要通过建立"绿化带"机制保护耕地和发展农业，严格规定在绿化带内建设新的开发项目，以保护现有乡村特征不受侵蚀，如设定"环境敏感区"与《树篱管理细则》以保护乡村生态。在耕地保护的机制下，二战后英国农产品服务业和畜牧业得到了快速发展，牧场占地接近英国土地面积的一半，农产品服务业产值占农业总产值的50%以上；同时，信息技术与农场规模化的发展也推进了农业生产服务的精准化与智能化。由于英国政府对农业和耕地的保护与管理，英国的乡村特色得到了完好保存，牧场、草地、树篱、乡村道路等带着浓厚的乡土性，营造出宜人的乡村现代服务业特点。[②] 四是生活本位、政策支持。在一系列农业农村政策的支持下，英国城市与城乡呈现出经济社会一体化的特性。一方面，形成了稳定的增收机制，通过与城市的产业联动，农业农村现代化水平不断提升；另一方面，由于长期支援乡村政策的实施，投资主体大量进入乡村并有效带动服务业市场，乡村呈现出多样化的发展分布。此外，在基础设施上，英国政府通过住宅、水、电、气、公交等控制措施以及"农村宽带计划"，缩小了城乡软硬件差距；在公共服务上，通过补贴职业教育、设立乡村治安基金、处理与回收垃圾、建立一体化金融服务计划等方案，有效提升了农业农村现代化的发展质量与科学程度。

三、法国农业农村现代化

法国农业农村以自然、古朴、干净著称，原汁原味的古典田园风光与完善的现代化基础设施，成为人们心中向往的乡村生活，给人留下了"法国乡村生活最舒服""法国最美的地方在乡村"的印象。法国在推动农业农村现代化发展过程中，形成了以合理的乡村整治规划为先导、活态化保护乡村古镇为文

---

①②　武小龙：《英国乡村振兴的政策框架与实践逻辑》，《华南农业大学学报（社会科学版）》2020年第6期。

化底蕴的发展模式。一是合理的乡村整治规划。20世纪70年代，法国政府对乡村复兴实施了强干预政策，通过《乡村整治规划》《地区发展契约》等一系列法令进行乡村整治与规划，涵盖物质空间、农业、经济、生态、文化等多方面，其中也包括对乡村环境的保护。[①] 1982年，法国政府颁布了《关于市镇、省、大区的权利与自由法》，开启了法国地方分权改革，国家向地方下放权力，保证了地方政府作为乡村规划编制和实施主体。1983年，法国又颁布了《市镇联合发展与规划宪章》，取代了之前的《乡村整治规划》，成为法国乡村发展规划的综合性文件。2005年，在国家顶层设计与市镇联合体方案策划相结合下，法国政府又实施了"卓越乡村"项目。在乡村规划中包含乡村交通、水利、电力、教育等常规性基础设施，以及通信网络、乡村医疗、文化服务等建设内容，有力地提升了农业农村现代化发展的质量。二是活态化保护乡村古镇。在快速城镇化和现代化发展背景下，为吸引人口回流、保护乡村传统文化，法国政府实施了《传统村落保护与复兴计划》，坚持民居古村落的活态化保护，使带有地方特色的传统文化得以传承。1985年出台了多个部门共同制定的保护传统村落政策，通过遵循活态化保护观念，原汁原味地还原传统村落的面貌。制定严格的法律制度，为最大限度地修复古村落提供制度保障。对"什么可以动，什么不能动"有明确的制度规定，禁止在村庄内私搭乱建，如果确有需要进行改造的，必须通过政府严格的审批过程。另外，在市镇政府的主导下，成立"建筑、城市与景观遗产保护区"，使乡村历史文化遗产保护制度与地方城市规划的编制有效衔接。此外，政府提供高额补贴，为古村落的保护提供资金保障。为吸引专业建设人才，法国中央政府与地方政府共同出资建立了乡村基础建设资金，以更高的报酬和施工补贴鼓励专业人才参与乡村建设。这一措施吸引了大批回乡支援的"新乡贤"，以他们的知识、技艺、资金、文化参与传统村落的保护。同时，鼓励民间社会组织积极参与乡村活态化保护，即将原来荒废的建筑经过修复或改造后兼具传统与现代风格，不仅保存了古建筑的外在整体风貌，还保证了内部使用的便利性。

---

① 陈文滨：《浅谈法国农业现代化及其对江西农业发展的启示》，《农业考古》2006年第3期。

四、意大利农业农村现代化

意大利最先成立了"农业农村现代化全国协会"，积极宣传推广农业农村现代化方式，通过发挥中介组织和合作社联社组织的作用，将欧盟政策、国家政策、大学科研机构与市场有机连接，促进农业农村现代化发展。一是统一在欧盟的规划下促进农业农村现代化发展。欧盟从成立伊始就奉行欧洲一体化发展的理念，希望通过统一的政策规划促进一体化发展。例如，在欧盟委员会（2014—2020）规划中有普遍性的支持项目和特定性的支持项目。在特定性支持项目中，也有专项的支持乡村发展计划，意大利国家和各大区政府及时将信息宣传到基层，通过一些大学和科研机构联合申请项目，具体实施欧盟政策，尽量用足支持政策。农户在"欧洲农业基金—乡村发展"项目下可得到与需求额度匹配的资金支持，重点用于发展小型农场、支持新农户、促进乡村地区商业活动，包括对远离城市的区域发展农业的支持、特色产品培育和针对不同人群的新技术的培训等。[①] 二是中介机构承接部分政府职能支持农业农村现代化发展。意大利的中介机构在政府与市场之间起着非常重要的媒介作用，一些机构可以受大区政府的授权，由政府委任负责人，按照公司化运作的方式，承接政府委托的一些项目落地实施。一方面可以直接落实政府支持农业农村现代化的政策；另一方面以公司运作的方式直接以市场化的手段投融资，形成对农户和农业企业的联合与引导，实现多元主体的利益最大化目标。例如，意大利的农业食品市场服务研究所是由意大利国家农业林业部指定企业领导人、按照政府的要求通过公司化运作的一家机构，主要负责全国农业土地的数据统计、信息发布、交易促进和监督，拥有较完整的土地数据库，据此可以做土地租赁融资担保等新兴业务，既促进了土地交易的达成，也监督和确保了土地用途在法定的范围内，有利于农业资源的高效配置；既可避免土地闲置，也可促进在乡村的创业人士获取土地资源，开展有效的创新活动。三是发挥各层次农业科技研究机构在创新技术推广和应用中的作用。意大利国家研究委员会下属多家研究机构，涉及多个领域。与农业领域相关的研究机构重点开展精细农业、数

---

① 徐美银：《乡村振兴的国际经验与中国道路》，《农业经济》2020 年第 12 期。

字农业等方面研究，针对意大利最主要的农作物小麦、葡萄、橄榄等品种，开展精细化、智能化的研究运用，以提升产品数量和质量，提高农业农村现代化的生产力和竞争力，缩小城乡在新技术应用方面的差距。

五、日本农业农村现代化

为推动农业农村现代化发展，日本始终从国家战略的高度重视农业农村的发展，走出了一条具有日本特色的农业农村发展道路，实现了从传统农村向现代化农村发展转变。1967～1979 年第二次新农村建设期间，日本政府通过加大对乡村的财政投入，积极实施"补助金农政"。1979 年开始推行"一村一品"运动，以"立足本地、放眼世界""独立自主、锐意创新""培养人才、面向未来"为基本理念，引导乡村充分利用本地资源，开发生产具有本地特色、令人感到自豪的产品，并使这些农产品走向国内外市场，形成品牌产品和优势产业，推动了农业农村现代化的发展，以及农民收入的提高、和谐乡村社会的构建。[①] 20 世纪 90 年代，日本农业农村的重心逐步转移到强调人与自然和谐相处、促进乡村可持续发展，通过培养地域复兴专业人才、重新构筑社会意识体系，积极守护优秀农耕文明价值观，激发民众文化自觉性，形成良好的乡村文化环境，为农业农村现代化发展奠定了基础。2010 年，日本颁布了《六次产业化·地产地销法》来实现以现代产业化改造传统农业农村的目标，迄今为止，日本政府批准的产业化支持项目已将近 2600 件。尤其是 2013 年 12 月"和食"被正式列入世界非物质文化遗产名录后，日本以此为契机，提出了农产品"出口倍增"计划，并为此出台了一系列极具特色的具体措施，形成了一条适用全球市场的日本食文化与食产品供应链，推进了农业农村现代化走出国门面向世界。近年来，日本开始关注把人工智能以及物联网技术导入农业农村现代化发展中，兴起了"乡村科技"的热潮。在政府及政策的激励下，一大批农业机械化厂商、食品企业、IT 科创企业以及机器人风投企业等正在纷纷加入乡村改造大潮中，各种创新也在不断地付诸实践。如农机公司久保田，是一家将 IoT 技术导入农业农村的典型企业，它所生产的联合收割机装备了

---

① 徐梅：《日本农业现代化再探讨及启示》，《日本学刊》2018 年第 5 期。

IoT 传感器，可以实时测定所要收割稻米的蛋白质及水分含量。该公司将这些数据收集形成大数据技术，集成为名叫"KSAS"的服务系统。不仅实现了一边收割、一边收集关乎味道口感的稻米蛋白质含量等数据，而且这些数据应用于干燥作业程序便能更好地控制干燥机，分类干燥既能使生产的大米口感更佳，也能缩短加工作业时间并大大降低成本。① 同时，日本政府除了直接以政策手段进行调控之外，还注重依靠市场机制并激发市场活力，也就是推动企业参与农业农村现代化，并将先进技术导入农业农村现代化领域，推进农业农村全面进步。如冷冻技术，不仅在农产品及零售、餐饮等领域迅速得到了普及，甚至迈出国门走向海外市场，形成了跨国的冷链物流体系。

六、韩国农业农村现代化

20 世纪 70 年代，韩国的经济得到了迅速发展，城乡差距迅速扩大，农业农村发展落后的现象成为一大挑战。在这一背景下，韩国政府实施了农民基本生活条件改善政策、居住环境改善政策和产业优化布局政策等，依托水泥钢材等生产资料的免费供应有效调动了农民对农业农村生产生活环境改善的积极性。在政府投融资方面，韩国政府给农业农村投入了大量资金。② 1971～1978年，韩国政府在农业农村的财政投入增长了 7 倍，从中央到地方，其财政投入总额增长了 82 倍。1970～1980 年，韩国政府财政投资合计达到了 27571 亿韩元。大量的资金投入为韩国的农业农村提供了稳定的资金流。在改善乡村生产设施方面，为了能够推进乡村机械化生产，韩国政府优先选择了改善乡村道路的基础设施建设项目。此外，韩国通过村公路和架设桥梁的建设，实现了村村通车；改善了农民住房、饮水、电气化设施等乡村基础设施，大大提高了乡村的生产服务效率；通过动力机械推广节省了劳动力，提高了农民的物质生活质量，有效扭转了韩国乡村基础设施服务薄弱的情况。在发挥组织对农业农村现代化发展方面，韩国政府对农协作了适当的调整和完善。从 1957 年具有中央会、郡农协、单位农协的三级农协，到 1981 年调整为具有中央会、单位组合

---

① 潘虹：《社会结构与现代化型塑——近现代中日农村现代化比较研究》，《前沿》2010 年第 14 期。
② 杨承刚：《中韩农业现代化异同比较分析》，《合肥学院学报（综合版）》2019 年第 4 期。

两级的农协，形成了一个相对完善的农民组织体系。农协通过金融服务，帮助农民打通生产性渠道，通过相互综合性金融业务为农民提供信用保证业务，使农民获取所需的生产服务信息、经验和信贷，从而助力农业农村现代化发展。在乡村治理方面，韩国还推进了村会堂建设，实行韩国村民自治。村会堂的广泛建立，为韩国农民发挥村民自主合作的精神、集中探讨实际问题或者开展村民大会活动提供了场所。① 作为召开各种村民会议、举办各种农业生产技术性服务培训的场地，乡村民会馆不仅可以用来开展数据研讨、农产品新品种传播、集体学习、娱乐休憩、商讨村庄各项事宜、展示乡村发展计划和蓝图，而且还可以用来开展乡村现代服务业讲座、举行农机培训等。在政策扶持方面，2009 年，韩国农林畜产食品部制定并实施了"归农归村综合对策"，主要包括归农归村扶持体系构建、线上线下教育、创业咨询与资金扶持、乡村定居扶持等内容。② 2013 年，韩国农村振兴厅颁布实施了《第一个农村振兴基本计划（2013-2017 年）》，包括引导人才、资金流入乡村，着重培育农业农村现代化等内容。2018 年，韩国农村振兴厅颁布的《第二个农村振兴基本计划（2018-2022 年）》指出，要重点推进乡村生活性服务业。为此，将投入 810亿韩元构建 31 个相关网络，每年推动 360 个示范项目，培育引领现代农业农村发展方向、传承乡土文化以及促进可持续发展。③

七、以色列农业农村现代化

以色列是一个缺水的国家，土地资源稀缺，可耕地少，降水量小，且分布不均，在发展农业农村现代化过程中，调整农业结构，创新技术，节约水资源，实现沙漠变绿洲；建立三位一体的农业科研推广体系，加强义务教育和技术培训，培育高知识、高技能和高素质农民；推行农村建设与农业组织合二为一的合作化道路，发展多元化的农民组织，为农民建设安居乐业的家园。"乡

---

① 杨承刚：《中韩农业现代化异同比较分析》，《合肥学院学报（综合版）》2019 年第 4 期。
② 曾福生：《日本、韩国及我国台湾地区农业现代化与湖南之比较研究》，《湖南农业大学学报（社会科学版）》2020 年第 2 期。
③ 韩秀兰、阚先学：《韩国新农村什么样？——韩国农村现代化的路径及启示》，《中国农村科技》2011 年第 11 期。

村综合发展方法"的实施，成效显著，在新中国成立后不到 10 年的时间，就解决了主要农产品的自给问题。20 世纪 80 年代以后，以色列大力发展高质量花卉、畜牧业、蔬菜水果等出口创汇的农产品和技术，用高科技、现代管理不断提高农业效益，建立符合国情的节水灌溉、农业科技和工厂现代化现代管理体系，形成高投入、高科技、高效益、高产出的现代农业，因每年的冬天都有大量的蔬菜、水果出口到欧洲，而被誉为欧洲的"冬季厨房"。①

八、印度农业农村现代化

印度是仅次于我国的人口大国，农业、农村、农民问题较为突出。1949 年，印度独立并实行土地制度改革，废除了柴明达尔制，进行租佃改革，实行土地最高持有额度，推行合作化运动，解放了农业劳动生产力。20 世纪 60 年代中期开始实行标志着印度农业发展转折的"绿色革命"（农业）和农业结构性提升的"白色革命"（畜牧业）、"蓝色革命"（渔业），70 年代末提出发展"持续农业"，把农业的未来放在了生物技术的应用上，推进了农业现代化进程。与此同时，推行乡村发展计划，发展乡村工业，推广农业科技研究和普及，普及初等教育，建立多种形式的服务与救助体系，完善乡村基层自治体制，提升农村社会综合管理能力，推动农村现代化发展。高产品种播种面积从 1966～1967 年的 189 万公顷扩大到 1997～1998 年的 7600 万公顷；灌溉面积从 1965～1966 年的 3090 万公顷扩大到 1999～2000 年的 8470 万公顷，化肥施用量从 78.5 万吨增加到 1810 万吨；1966～1967 年到 1990～1991 年，农用拖拉机从 5.4 万台增加到 100 万台，农用排灌动力机械从 55.8 万台增加到 750.8 万台，农业用电量从 37.1 亿度增加到 712 亿度。1950～1951 年到 2000～2001 年，每公顷谷物产量增加了 383%，稻谷产量增加了 186%，小麦产量增加了 318%，玉米产量增加了 236%。②

---

① 冯贞柏、李众敏：《以色列农村现代化及对我国和谐乡村建设的启示》，《山西农经》2008 年第 6 期。
② 何一峰、杨张桥、张叶、沈毅：《印度农村现代化进程及对浙江的启示》，《浙江学刊》2007 年第 3 期。

第二节　国内发达地区农业农村现代化发展的基础与途径

近年来，我国上海、浙江、四川、海南、台湾、江苏等发达地区农业农村现代化发展成效显著，涌现出了一批值得借鉴和推广的经验做法。其中，在乡村建设规划、人才引进、政策扶持、技术创新等方面积累了丰富的经验，为今后河南推进强农、兴农、助农、富农提供了方向。

一、台湾农业农村现代化

台湾农业农村现代化发展与当地提供的保障措施密切相关，目前已形成了比较完整的保障体系。一是发展休闲农业。从 20 世纪 60 年代起，台湾农业开始式微，迫使农业部门积极主动调整农业产业结构，寻求新的农业经营方式，传统的农业生产性服务方式逐渐转向精致化、科技化、休闲化、创意化。1969 年，台湾制定了工业农业协调发展的经济政策；1970 年和 1972 年相继出台了"现阶段农村经济建设纲领"和"加速农村建设重要措施"。在一系列经济政策的引导规范下，台湾农业农村现代化开始有计划、有针对性地推进。① 观光农园应运而生，成为休闲农业萌发的表现。20 世纪 80 年代起，由于居民对高品质生活的追求，农业农村现代化逐渐向为多元精致的休闲农场发展。2001 年，台湾"农委会"制定了"休闲农业区规划"，力推休闲农业建设，旨在对原有分散、凌乱的休闲农场进行区域整合、资源共享与系统管理。既满足了游客的休闲需求，又避免了农产品同质化造成的无序竞争，提升了农业农村现代化的经济价值。二是建设富丽农村。为解决城乡矛盾，1991 年，台湾开展了以"发展农业、照顾农民、建设农村"为宗旨的"富丽农村"运动。强调以

---

① 李鸿阶、苏美祥：《台湾农村发展路径及其对福建乡村振兴的借鉴思考》，《台湾经济》2019 年第 5 期。

基层行政辖区为单位，综合考虑自然、人文等发展基础与资源，以此规划乡村发展的方向与重点。2001 年，台湾又制定了"农业中程施政计划"，把"富丽农村"建设目标进一步定位为"建设农村新生活圈、塑造农村新风貌"，倡导"以民为主，以农为本"理念，构建"与农共生"的乡村生产生活环境。① 在推进农业农村现代化发展方面，依照永续发展理念，在坚持原汁原味、原生态的基础上，适度开发具有自然资源特色的乡村，探索建设乡村生态休闲旅游区。在提升人居环境层面，注重传统与现代的融合，在保存、延续和修复具有地方人文特色的历史建筑和传统民居的基础上，增加现代化生活设施的渗透点缀，凸显整体乡村服务业的宜居宜游特性。三是推行乡村再生计划。2004 年，台湾开始推行"培根计划"，希望通过人力培育增进乡村社区居民对生产服务业政策的了解，参与到农业农村现代化事务。2008 年，提出了"推动农村再生计划，建立富丽新农村"的政策新主张，在"培根计划"的基础上，扩大对乡村社区居民的培训，期望激发出各社区的新思维，促进乡村服务业发展共识与良性竞争。2010 年，"农村再生条例"出台，成为专用于乡村整体规划与发展的重要规定，明确提出了"美化农村景观，维护农村生态及产业文化，提升农村居住及人文质量，恢复农村居民居住尊严，以达成系农村总体建设，农村生命力之再现"的发展目标。2017 年，积极推动实施"农村再生 2.0"，通过扩大多元参与、强调创新合作、推动友善农业及加强城乡合作等方式，将乡村建设成既有地方特色又具有整体风貌的富丽新农村。2018 年，提出推进"地方创生"，并确定 2019 年为"地方创生"元年，目的在于帮助乡村发挥优势特色，吸引产业进驻及人口回流，从而促进农业农村现代化发展。②

二、上海农业农村现代化

上海市在推进农业农村现代化发展中，形成了以"农业科技示范基地+农户"、"院区科技合作+合作社"、专家工作站为引领的全产业链技术攻关模式。在"农业科技示范基地+农户"模式中，以科技示范基地建设为抓手带动农

---

①② 祖群英：《台湾地区乡村建设：政策演进、实践探索与现实镜鉴》，《闽台关系研究》2020 年第 3 期。

户，进而促进农业农村现代化发展。如浦东新区的东滩现代农业综合开发示范基地、孙桥种源农业老港示范基地、浦东滨海农耕文化旅游体验示范基地、曹路设施菜田循环农业示范基地、祝桥名特优农产品示范基地等。这些基地被打造成都市现代农业生产的样板区、农业科技成果的展示区、产业功能不断拓展的先行区，通过推广应用新品种、新技术，开展科技培训、适用技术交流研讨，规范生产程序，统一品牌经营等，在农业科技示范、引领带动方面发挥了重要作用，加快了上海市农业科技推广应用的步伐，有效提升了上海都市现代绿色农业的科技水平，为农业农村现代化的发展提供了重要的科技支撑。[①] 在"院区科技合作+合作社"模式中，通过科技项目和示范基地建设、科技培训及农业专家科技入户工程等，实现科技对接，对先进适用的农业技术和科技成果在合作社进行推广示范，从而加速农业科技成果的转化和运用。目前，上海市农业科学院、上海交通大学农业与生物学院等均通过院区科技合作战略，以"科技示范基地+合作社"的模式，开展技术服务。例如，助推金山区创建全国农产品安全和国家有机产品示范区，积极参与崇明区生态农业科创中心建设，开展各类瓜果、蔬菜、稻米等优质农产品的展示和品鉴活动等。通过院区科技合作，带动了合作社和周边农户的发展，提升了上海市农业农村现代化的科技支撑力。[②] 在专家工作站模式中，作为农业科技支撑平台，在上海市农业科技推广和示范中搭起了桥梁，建立了沟通渠道，成为农业科技与农业经营主体对接和相互联系的纽带。同时，作为公益性社会服务的主要平台，专家工作站通过积极参与和服务上海市农业农村现代化发展，成为科研院所和高校与涉农区科技结对活动的重要载体，在上海市农业农村现代化发展过程中农业科技全方位服务发挥着重要作用。例如，上海交通大学农业与生物学院在浦东新区、崇明区分别建立了专家工作站，把高效的科研新成果、新技术、新产品进行了转化、示范和推广。

---

①② 方志权、张晨、楼建丽：《关于上海农业农村现代化若干问题的思考》，《科学发展》2020 年第 9 期。

三、浙江农业农村现代化

浙江省通过实施"科技、资金进乡村，青年、乡贤回乡村"行动，促进各类要素更多向乡村流动，为推进农业农村现代化发展创造了有利条件。一是建立产学研用协同创新机制，组织科技人才深入一线。通过健全科研院所技术团队联系县（市、区）、乡镇（街道）和科技示范基地制度。推广"1个专家团队+1个地方服务小组+N个省级科技引领示范村（镇）"模式。全面推进创新驱动农业农村现代化发展，落实农业农村重大技术协同推广计划试点项目70余项，累计创建高品质绿色科技示范基地350余个，省级农业科技园区40余家。① 同时，以创新公益性农技推广服务方式，组织"希望之光"服务乡村、专家博士生科技服务团进乡村、实用技术对接、科普大讲堂等活动。支持科技人员以专利许可、转让和技术入股等方式转化科技成果，建立健全科研人员校企、院企共建双聘机制，实行股权分红等激励措施。选派各级科技特派员下基层，充分发挥团队、法人科技特派员的作用。二是加大财政支农力度，拓宽金融支农渠道。浙江省把农业农村作为财政优先保障领域，推动公共财政更大力度向"三农"倾斜，促使财政投入与农业农村现代化发展的目标任务相适应。深入推进"大专项+任务清单"改革，整合设立乡村农技推广服务提升奖补政策资金100亿元。制定了《浙江省乡村振兴投资基金管理办法》，土地增减挂钩节余指标交易收益优先用于乡村发展。此外，还通过大力发展普惠金融、绿色金融，加大对乡村现代服务业领域信贷投放力度。浙江省政府先后与中国农业银行浙江省分公司等三家金融机构签订战略合作协议，签约授信额度8000亿元，金融助力乡村现代服务业框架初步构建。以省农业信贷担保公司为龙头、涉农担保公司为支撑、村级互助担保组织为补充的农信担保体系不断完善，涉农担保在保余额超百亿元。三是支持青年回乡发展，参与乡村振兴。浙江省通过支持返乡青年竞聘乡村职业经理人，推动村庄经营和村集体经济发展。完善"青创农场"培养体系，为入驻者提供项目管理、技术指导、品牌

---

① 李宝值、张世云、黄河啸、章伟江、朱奇彪：《强化乡村振兴要素支撑的浙江实践与经验启示》，《浙江农业科学》2020年第12期。

培育、渠道推广等定制化服务。推动创业担保贷款增量扩面，拓宽乡村创业青年融资渠道。全面实施农创客培育计划和"3030"新农人项目。鼓励开展高校毕业生乡村创业创新活动。2019年，浙江省培育青年"农创客"2800余名、省级示范性"青创农场"100家，12人被评为全国乡村青年致富带头人。此外，还通过实施"青春助力乡村振兴"专项行动，创建共青团助力乡村振兴重点村。① 广泛动员青年志愿者、青年突击队深入乡村开展植树种草、污染治理、水资源保护等生态环保实践，建设青年助力生态环保标杆村。推广中国美术学院的"千村千生"做法，组织大学生回乡参与村庄规划设计、特色景观制作和人文风貌引导。组织青年法律、科技、科普、文艺等领域的工作者利用文化礼堂等乡村阵地，开展农技服务宣教活动。

四、江苏农业农村现代化

江苏省在推进农业农村现代化发展中，通过以人才建设为抓手，引导更多生产资源要素向农业农村流动，形成了农村一二三产业融合发展的产业体系。一是科技人才驱动模式。江苏省通过发挥科技人才创新驱动发展的核心要素作用，把人才、科技与经济紧密结合起来，在实践中初步摸索出了一个乡村科技人才创新驱动发展的新模式。② 如句容市大力培养农业科技人才、技艺技能人才，通过农民实用技术培训、特色科普知识培训、走出国门培训等形式，让一大批农民学到了增收致富的一技之长，并涌现出了一批科技能手和致富带头人。二是农民企业家引领模式。江苏省坚持把农业科技企业作为农业农村现代化发展的新品种、新技术、新工艺、新模式的提供者，有效带动了周边农户提升生产服务效益，发挥了农业科技企业连接农产品供给和市场需求两端的优势，探索了农民企业家引领乡村现代服务业发展的新模式。③ 如连云港市西棘荡村在农民企业家的带领下，从1999年建起村里第一个尼龙颗粒加工厂，到

---

① 李宝值、张世云、黄河啸、章伟江、朱奇彪：《强化乡村振兴要素支撑的浙江实践与经验启示》，《浙江农业科学》2020年第12期。

② 苗成斌、沙勇、李义良、赵杨波、彭大松、刘晓峰：《"十四五"江苏乡村人才振兴战略研究》，《江苏海洋大学学报（人文社会科学版）》2020年第6期。

③ 周旅梅：《江苏农村服务业发展水平的空间测度》，《江西农业学报》2017年第8期。

2017 年村里投资 1.2 亿元建起西棘荡农民创业园，人均年收入达到了 3.01 万元。三是农业智慧型人才融合模式。通过运用"互联网+"思维和大数据、物联网、人工智能等技术，提高农业农村现代化装备水平，拓展依托互联网的农产品营销渠道，建设"智慧型"农业产业链、人才链。[①] 如泰州市由市供销社牵头推进农村电商平台建设，与"供销 e 家"、淘宝、京东等第三方平台合作，2018 年实现了农村电商交易 50 亿元。四是农业园区人才集聚模式。利用丰富农业资源，建设农业科技园区，把涉农高校与科研院所、农业科技创业载体、农业科技企业和农业科技人才集聚起来，打造区域农业科技产业发展高地。如常熟市利用农业人才优势发展现代农业，形成了以国家农业科技园区为示范引领，以粮食、蔬菜、水产三大主导产业为主线，各类特色园区协同发展的"一核三带多园区"的格局。五是特色融合发展模式。在推进农业农村现代化发展过程中，江苏省因地制宜打造"一村一品"，形成了各有特色的融合发展模式。其中，在第一产业发展方面，如南通顾庄的盆景、常州梅林村与镇江西冯村的草坪、镇江句容唐陵村的苗木等，从不起眼的农产品入手，做成了兴农富农的大产业；在第二产业发展方面，如常州殷村以家具制造为起点，逐步发展为集 23 家民营企业、实现工业总产值 15.6 亿元的富民工业园，并进一步以职教特色小镇建设推动"职教+"的复合型产业体系；在第三产业发展方面，如泰州小杨村、常州仙姑村等依托田园风光和丰厚文化底蕴，有效带动乡村旅游业的发展。

五、四川农业农村现代化

四川作为农业大省，经过不断的探索与实践，形成了农业观光、农事体验、主题公园、乡村休闲、传统村落、特色村寨等多元化的农业农村现代化发展体系。一是实施"旅游+"融合发展战略，培育农业农村现代化发展新业态。四川围绕"旅游+"融合发展战略，把农业农村现代化发展与新型城镇化、幸福美丽新村、农业产业基地、农村文化、扶贫开发、灾后重建等紧密结合，通过整合资源及生产要素，在延伸产业链、拓宽产业面、集聚产业群上下

---

①　姚於康：《江苏农村现代服务业发展现状和道路模式探讨》，《江西农业学报》2008 年第 11 期。

功夫，催生了一批成规模、有特色的农村现代服务业新业态。二是优化发展模式，推进农业农村现代化发展规模化发展。四川通过培育现代农业产业基地，推进休闲农业与乡村现代服务业从一家一户分散经营模式向连片化、板块化、集群化发展。如成都的"五朵金花"、郫县的农科村、西昌的"乡村八景"、武胜县的白坪——飞龙度假区等，通过产业集聚程度的不断提升，其产业规模化效益日趋明显。① 三是结合当地特色，实现农业农村现代化发展多样化。四川省各地政府积极引导乡村旅游经营主体充分利用其特有的自然环境、人文环境以及产业资源，遵循"科学规划、合理布局、注重特色、差异发展"的原则，打造了多种类型的农家乐产品，减小相邻、相近地区的同质化竞争。如宜宾市长宁县依托蜀南竹海，以绿色健康为经营理念，从事健康休闲的养生山庄；眉山市洪雅县通过采用不同品种的水稻秧苗栽插，设计形成巨幅稻田艺术画，成为网红打卡圣地；甘孜州丹巴县依托自然风光，以藏区文化为经营理念，发展藏区特色民俗。四是创新发展模式，增强农业农村现代化发展动力。四川省积极引导鼓励各地基层政府探索创新农业农村现代化发展模式，如宜宾市筠连县春风村创新"景区管委会+公司+农户"发展模式，与陕西翰阳实业集团共同打造国家 AAAA 级乡村旅游景区，由景区管委会负责统一管理，陕西翰阳国际旅行社负责引入客源，联合打造"中国云上石漠·花海春风"品牌，带动当地农户通过房屋出租或入股、参与公司劳务、自营等方式多元化增收。五是挖掘文化内涵，打造农业农村现代化品牌，扩大市场影响力。依托地方产业基础，深挖当地乡风民俗，利用花木、果木生长期，顺应节假日调整，整合资源，打造品牌。② 从 2008 年开始，每年以"四川乡村文化旅游节"和"四川花卉生态旅游节"为主线，按照"主会场+分会场"方式，开展以"春赏花、夏避暑、秋采摘、冬年庆"为主题的形式多样、特色鲜明的乡村现代服务业活动。每年全省各地共举办各类节庆活动 30 余个，吸引了大批省内外游客。

---

① 马蕾：《借鉴四川经验 推进甘肃乡村旅游发展》，《今日财富（中国知识产权）》2020 年第 7 期。
② 史婕：《四川、甘肃乡村振兴经验及对山西的启示》，《经济师》2020 年第 3 期。

六、海南农业农村现代化

海南作为我国唯一的热带省份，是我国热带特色现代农业发展最主要地区。近年来，随着海南逐步探索、稳步推进中国特色自由贸易港建设，使农业农村现代化发展优势明显、潜力巨大，产生了一定的经济基础、政策基础和产业基础，形成了独具特色的海南农业农村现代化发展新模式。一是强化规划引领，搭建开放性孵化平台。在土地利用层面，海南省以全域土地综合整治和农房整治为抓手，通过统一规划，着力破解农田碎片化、村庄无序化等问题，进一步促进耕地集中连片、质量提升，为农业农村现代化规模化、标准化、现代化发展提供充足空间。在产业布局层面，根据每个区域实际，通过科学规划，充分发现和挖掘乡村的潜在资源和价值，明确产业定位和功能布局。① 在政府投资层面，将每年政府计划的涉农资金，如涉农补贴、基础设施建设方面的经费进行统筹整合，围绕所规划的产业进行统筹整合，让社会各方能够共享并参与交流。二是突出产业先行，组建全产业链的企业联盟。海南省围绕农业产业，以精细化、标准化、品牌化等思路来增加农业的附加值，打牢农业产业根基，保证农业的可持续发展。此外，通过已入驻海南的中央企业（如本土的海垦集团、罗牛山集团等核心成员）来牵头组建农业产业发展的全产业链企业联盟。通过孵化平台，由核心企业发起策划案，来策划、开发、运营海南的农业市场，打造新型的农业农村现代化发展模式。三是优化资源配置，探索性地采用工程总承包加运营的农业产业开发模式。通过孵化平台的整合，将产业布局、农村产业实际以及政府计划投资资金将涉农资金打包整合，将这些资金作为企业联盟运作的原始资本。企业联盟围绕当地村落集群的产业实际，进行总承包式的施工，再进行后续的运营，政府只需做好资金的跟踪审计和过程管理。②

---

① 徐追：《共享经济下海南省乡村旅游发展模式研究》，海南热带海洋学院硕士学位论文，2019 年。
② 汤俊：《海南省特色现代农业发展的现状、问题与对策》，《贵州农业科学》2020 年第 6 期。

第三节　国外农业农村现代化发展的
类型与特征

综观世界农业农村现代化发展历程和水平，因各个国家和地区农业农村现代化因发展的基础不同，所走的道路和表现的特点也不同，但是也有一定的规律和共性。

一、农业农村现代化发展的类型

从动因来看，有内发型农业农村现代化和外援型农业农村现代化两种（也有学者在总结西方发达国家经济现代化过程时称之为内源型和外导型）。内发型农业农村现代化主要依靠本国、本地区的力量推进农业农村现代化建设，美国、日本、以色列基本属于此类。美国是在本国工业化影响的带动下，实现传统农业、近代农业向现代农业转变的。以色列和日本是科教立国的国家，通过技术创新和精细化方式来改造传统农业，发展现代农业。外援型农业农村现代化主要是在外部力量的作用和引导下，借助外界的援助，启动农业农村现代化建设，走上农业农村现代化发展之路的，韩国基本属于此类型。韩国农业农村现代化启动的基础和力量主要源自日本和美国。殖民时期，日本在占领与掠夺韩国农业资源的同时，也在韩国成立了近代农业教育、科研机构，以改善农业经营方式，推广西方农业科技，发展近现代农业。大韩民国成立后，韩国在美国的援助下，按照美国人设计的路线图进行土地改革，使地主阶级逐步转变为新兴的工商资本家，为韩国工业发展与 20 世纪 70 年代开展的新村运动奠定了基础。[①] 当然，外援型农业农村现代化并不是说任何时候都是在外部的援助和作用下实现的，只是说，它启动的基础和力量主要是外界的，是在外界的帮助和引导下实行传统农业改造和现代农业发展的。农业和农村能否实现

[①]　强百发：《韩国农业现代化进程研究》，西北农林科技大学博士学位论文，2010 年。

现代化，关键还要依靠内部的创造力和能量。

从起源来看，有先发型农业农村现代化和后发型农业农村现代化。先发型（也称早期型、原发型）农业农村现代化主要发生在欧美。英国、美国等西方国家，工业化起步早，经济、技术发展水平高，20世纪前半叶，借助工业力量武装农业，推行农业机械化、化学化、技术化，加速传统农业改造，最早实现农业农村现代化。后发型农业农村现代化主要发生在新型工业化国家，如日本、韩国。这些国家和地区的农业农村现代化起步晚，但发展快，在较短的时间内赶上了欧洲和北美国家的农业农村现代化水平，成为后发型农业农村现代化国家。

从资源禀赋来看，有资源优势型农业农村现代化和资源贫乏型农业农村现代化。[①] 资源优势型农业农村现代化发展模式，主要代表有美国、加拿大、澳大利亚和俄罗斯等国家。这些国家地广人稀、自然资源丰富、经济技术优越，广泛推广应用农业机械和技术，实现农业发展的快速增长和农村面貌的巨大改变。资源贫乏型农业农村现代化，主要代表有日本、韩国和以色列。这些国家人多耕地少、农业自然资源稀缺，非常注重资源的利用率和产出率，充分利用先进的科学技术、管理理念和物质装备，发展集约化、精细化、工厂化、设施化、高效化、优质化农业，推动现代农业发展和新农村建设。

从技术装备来看，有机械技术型农业农村现代化、生物技术型农业农村现代化、生物机械技术型农业农村现代化。机械技术型农业农村现代化主要以美国、加拿大、澳大利亚等为代表，这些国家一方面工业化水平较高，物质技术装备农业能力强；另一方面人少地多，城市化率高，农业劳动力十分缺乏，活劳动成本高，迫切需要而且有条件用机械技术替代农业劳动力。生物技术型农业农村现代化则以日本、荷兰、以色列等为主要代表。这些国家人多地少，劳动力相对充足，经济实力雄厚，需要而且可以采取高密度的物质投入和生物技术发展农业，提高现代化水平。生物机械技术型农业农村现代化主要以英国、法国、德国为代表。这类国家具有传统的小农经济结构，人地矛盾不十分突出，选择了"机械技术+生物技术"的方式发展农业农村现代化。

---

① 赖红兵、鲁杏：《国外农业现代化和农村水利建设经验对我国的启示》，《中国农业资源与区划》2019年第11期。

从基础阶段来看，有发达型和滞后型农业农村现代化或成熟型农业农村现代化、成长型农业农村现代化、起步型农业农村现代化。各个国家和地区因国情、区情不一，农业农村现代化发展水平也不同，有的国家和地区的农业农村现代化进入了成熟阶段，实现了发达的农业农村现代化；有的仍然处于成长阶段甚至刚刚起步，属于滞后的农业农村现代化。不仅如此，无论是农业现代化还是农村现代化，涉及的方面比较多，有些方面发展快，进入了发达的现代化行列，有些方面与现代化水平差距较大，处于滞后的境地。

从主观能动性来看，有主动型（或追赶型）农业农村现代化和被动型农业农村现代化。主动型农业农村现代化意指一个国家或地区顺应或紧跟世界农业农村现代化发展潮流，创造条件，创新机制，积极、主动地改造传统农业，发展现代农业，建设新农村。被动型农业农村现代化意指封闭性国家或地区在外界力量的迫使下发展现代农业，革新农村面貌，加快政治民主和现代文明进程，走上了农业农村现代化之路。

二、农业农村现代化特征

（一）区域性

每个国家和地区的历史、文化、经济、技术不同，发展农业农村现代化的方式、手段、目标、道路也不同，不会用一个模式，也不可能照搬一个模式，表现出显著的差异性和区域性。每个国家和地区都会依据本国的国情、区情来选择农业农村现代化发展道路，调整农业农村现代化发展的方向、目标和重点。

（二）多样性

目前，全世界各个国家和地区所走的农业农村现代化发展道路各有特色，可谓异彩纷呈。即使在同一个行政区内，由于农业农村现代化牵涉面广，在不同的方面也会以不同的方式加以推进。

（三）兼容性

国家之间、地区之间的农业农村现代化建设共存共生，相互包容；农业农村现代化在不同领域之间的发展也互不兼并、互不排斥。

（四）层次性

在发展建设过程中，农业农村现代化的各个方面总是有难有易、有快有慢、有先有后，表现出很强的层次性、时序性。

（五）互助性

国与国之间、地区与地区之间的农业农村现代化发展经验可以相互借鉴，发展教训可以相互警示，取长补短，共同奋进。农业农村现代化的各个方面之间也有相互依赖、相互支持、相互影响、相互作用、相互促进、相互制约的关系，互助性很强。

第四节　国内外农业农村现代化发展对河南的启示

一、国内外农业农村现代化发展的经验

（一）农业农村现代化、生活现代化是政府和农民持续追求的目标

农业农村现代化是国家现代化的重要组成部分。无论是发达国家还是发展中国家，无论是农业资源丰富国家、农业生产大国，还是农业资源贫乏国家、农业生产小国，均非常重视农业农村现代化建设，即使是美国、英国、日本、以色列等农业现代化水平极高的国家，仍然在广度和深度上持续推进农业和农村进步。美国尽管在20世纪40年代基本实现了农业机械化，60年代全面实现了农业机械化，但对农业机械的开发与应用没有止步，继续朝数字化、多功能化前进；农业虽然机械化了，但在良种化、生态化等方面继续在做努力。农业农村现代化永远没有终点，只有好了再好、高了再高。

（二）政府支持和调控是农业农村现代化的关键

在现代化建设过程中，世界各国基本经历了一个先有工业化后有农业现代

化、先有城镇化后有农村现代化的过程。工业靠农业积累得以发展壮大，又通过自己的产品和技术装备农业、武装农业，使农业走上现代化之路。在一定程度上，工业化、城镇化既是"三农"问题形成的过程，也是"三农"问题解决的过程。没有工业提供的机械、电力、化肥，就没有农业的机械化、电气化、化学化；农业劳动生产率、农业资源产出率的极大提高，农业劳动力的大量转移和城镇化，是在工业的快速发展下实现的。农业现代化国家无论是先发型还是后发型，都是建立在工业化基础之上的。在工业反哺农业、城市支持农村的进程中，政府的作用十分关键。没有政府强有力的支持，农业和农村的现代化就难有作为。"日本、韩国等国家在迅速实现工业化、城镇化过程中，也出现过由于过分剥夺而导致农业萎缩的情况，但均在工业化达到一定水平后，分别与 60 年代中期和 70 年代初期实行了对农业的反哺和保护政策，从而使农业迅速强大起来。没有对农业的全方位保护，日本、韩国的农业不可能在这么短的时间内达到世界先进水平"①。美国实现农业现代化后，仍然在计划、信贷、法律等方面实施了一系列调控措施，以维护农业的基础地位，保证国民经济均衡协调发展。②

（三）生产现代化和经济现代化是其他领域现代化的基础和核心

发展生产，丰衣足食。没有物质财富的保障，任何现代化的建设都会成为无源之水。世界各国都以生产现代化、经济现代化为先导和主阵地，以提高劳动生产率和资源产出率为出发点和落脚点。美国、以色列等国家的农业农村现代化是从改善生产条件着手的。日本、韩国等国家的农业农村现代化是以发展经济为切入点的。当然，生产和经济现代化了，并不意味着政治领域、社会领域也能实现现代化。在重视生产现代化的同时，要兼顾生活的现代化；在重视经济现代化的同时，要兼顾政治领域、社会领域现代化的建设，毕竟生活的现代化对生产现代化，政治领域、社会领域现代化对经济现代化有促进作用。

（四）技术革新是农业农村现代化的不竭动力

科学技术是第一生产力。技术革新是农业农村现代化建设中起决定性作用

---

① 孔祥智、付景元、张丽君、马荣：《若干国家农业现代化的经验教训与发展趋势》，《山东省农业管理干部学院学报》2000 年第 4 期。

② 徐美银：《乡村振兴的国际经验与中国道路》，《农业经济》2020 年第 12 期。

的主导因素和力量源泉。美国、加拿大、日本、以色列等国家的农业机械化、电气化、化学化、良种化是在技术革新中发展的，农业农村数字化、生态化等也是在技术革新中产生和发展的。后发农业现代化国家和地区为了赶上先发农业现代化国家，差不多都会引进别国的先进技术、设备、管理方法发展农业农村现代化，与此同时，不断开发技术、革新技术，创造新的生产要素，培育新的增长点和动力源，促进农业农村现代化快速发展。通过技术革新来加快农业农村现代化建设，既是各个后发现代化国家和地区的共同法宝，也是每个后发现代化国家和地区实现跨越的最佳捷径。

（五）农业农村现代化发展道路没有统一的范式

每个国家和地区都是从本国、本地区的自然条件、经济社会发展水平出发来选择农业农村现代化发展道路的。后发现代化国家和地区在建设农业农村现代化过程中尽管会参照先发现代化国家和地区的发展方式，但也会根据本国的国情和区情加以取舍，推行符合国情和区情的农业农村现代化发展道路。美国、加拿大人少地多，从而选择机械技术型农业发展道路，日本、以色列人多地少，从而选择生物技术型农业发展道路。不同国家和地区的现代化有不同的发展模式、不同的发展序列，同一个国家或地区不同领域的现代化发展模式、发展重点也不同。农业农村现代化发展模式，在一个国家或地区是否适宜，衡量的标准不仅要看农业生产条件是否得到改善、农业生产效率是否得到提高、农村经济实力是否得到壮大，更要看农村社会发展是否和谐、人与环境是否协调。

二、国内外农业农村现代化建设对河南的启示

（一）加强对外合作，参与国际大循环，不断吸纳和补充农业农村现代化发展的有益元素

参与国际或国内循环，可以互通有无，扬长避短，节省成本，减少损失，找出捷径，加快发展。美国起初是一个靠出口原材料的农业国，但十分注重出口贸易，积极参与国际循环，在开拓国际市场、增加外贸出口的同时，换取别国的资金、技术，既发展了本国的农业，也发展了本国的其他产业，最终成为

世界头号经济大国和现代化强国。河南虽然经济、技术不够发达，但自然资源和农产品相对丰富，可以扩大对外贸易和技术合作，以余补缺，引进外资，引进先进技术和设备，改造传统农业，发展现代农业。

（二）切实抓好创新工作，激活农业农村生产要素，努力向农业农村现代化建设输送新生力量

创新包括技术创新和制度创新，技术创新包括自然科学技术创新和社会科学技术创新。国内外农业农村现代化建设实践证明，创新能够加快农业农村现代化进程。河南工业和经济不强，在农业农村现代化建设过程中要特别讲求边际效益，突出发展重点，以最少的投入产出最大的效果；要提倡创新风气，加强农业机械技术、农业生物技术、农业管理技术、农村政治制度、农村经济制度、农村社会制度等方面的创新，从而加速现代农业发展和新农村建设。

（三）抓住机遇，积极谋划，充分发挥以工补农、以城带乡的作用

国外的实践表明，在农业农村现代化建设过程中，工业的支持、城市的帮助是不可低估的。我国已经进入工业化中期阶段，城市化水平达到了一个较高层次，工业反哺农业、城市支持农村的时机和条件已经具备，国家也正在着力推行这方面的工作，实施这方面的政策。河南是我国粮食和主要农产品的重点产区，在国家"工业反哺农业、城市支持农村"的战略布局中，有相当多的优越性，应当充分抓住机遇，广泛争取国家支持，用好用足国家支农惠农政策，加快农业、农村发展，提高农业农村现代化水平。

第七章　河南农业农村现代化
发展案例分析

近年来，河南省农业农村现代化蓬勃发展，新业态、新模式方兴未艾，有力地引领和助推了乡村全面振兴。经过梳理，本书从农村电商、批发市场、乡村旅游、休闲康养等方面筛选了四个典型案例，对其探索实践、进展成效、典型意义和启示等进行剖析。

第一节　以信息化赋能农业农村现代化
建链强链的临颖模式

近年来，临颖县立足农业大县、食品产业强县实际，强化信息化赋能农业农村现代化发展，依托农业资源、产业基础和信息化优势，积极调整优化农业产业结构，引进农业产业化龙头企业，通过加强农产品种植基地，打造集农业科技研发、休闲观光、农业生产于一体的农业科技示范园区，强力推动产业链、价值链、供应链"三链同构"，深入推进标准化、精细化、信息化"三化同步"，促进一二三产业融合发展，成功走出了一条信息化赋能农业农村现代化建链强链的平原农区乡村产业高质量发展的路子。

一、主要做法

临颖县位于河南省中部，全县辖10镇4乡2个街道，总人口76万，总面积 821 平方千米，耕地面积 88 万亩，是典型的农业县。近年来，临颍县认真贯彻落实中央和省委决策部署，坚持"夯实农业、依农兴工、以城带乡、以乡养农、三产融合、城乡贯通"的发展思路，加快补齐"三农"领域短板，着力构建工农互促、城乡互补、全面融合、共同繁荣的新型工农城乡体系。2020 年 4 月，被河南省委、省政府确定为河南省第一批践行县域治理"三起来"示范县。先后荣获全国粮食生产先进县、全国农业产业化示范基地、全国农业标准化示范县、国家级无公害农产品示范基地县、全国食品加工强县、国家火炬农产品精深加工特色产业基地、全国生猪调出大县、中国肉类食品配料产业基地、中国食品饮料包装基地等国家级、省级荣誉 50 余项。

（一）构建标准化"完整产业链"

临颍县围绕"一颗小麦"的种植、加工及综合利用做文章，形成了从粮食种植到小麦深加工、饲料生产，再到生猪养殖、肉类加工以及综合利用的标准化循环经济产业链条。一是引导标准化种植。针对"地块碎、劳力弱、缺投入、缺服务"等要素制约，创新成立河南省首家"土地银行"，引导土地承包经营权加快流转入市。全县流转土地 53 万亩，流转率达 60%。财政涉农资金向农田水利、机耕道路、优质良种选用等方面倾斜，全力建设高标准粮田。2019 年，全县建设高标准粮田 50 余万亩，优质小麦面积占粮食总面积的 87% 以上。二是发展深度加工。培育南街村集团、北徐集团、龙云集团、金龙面业等一批重点龙头粮食加工转化企业，生产等级面粉、专用面粉、食疗面粉等食品加工企业所需原材。年加工转化小麦 150 万吨、玉米 50 万吨，主要农产品就地加工转化率突破 80%，带动农产品加工业产值与农业总产值比达到 3.8∶1，远高于全国、全省水平。依托优质原料和加工优势，先后吸引盼盼食品、亲亲食品、联泰食品等知名食品企业投资临颍，形成了拥有各类规模以上食品企业 100 多家、产值 500 亿元的食品产业。三是贯彻绿色理念。坚持以习近平关于绿色发展理念的重要指示精神为指导，改变了传统的"资源—产品—废物"的单线性经济流动模式，形成"资源—产品—再生资源"的物质闭环流动型增长模式。把小麦加工面粉剩下的麸皮做成动物饲料，再利用麸皮、豆粕制成的健康饲料建成养猪场、养鸡场，以生猪粪便为主要原料，建设沼气发电厂，利用沼气发电后产生的沼渣、沼液，建起了有机蔬菜种植基地，实现了产业链的延伸和循环。

（二）构建精细化"价值链"

在品牌建设方面，临颍县不断加大科技投入，进一步完善产业集群，持续提高产品附加值，食品产业层次得到了跨越式提升。一是注重科技引领。通过政府搭台，健全完善"产学研"合作体系，促成企业与中国食品工业协会、中国食品添加剂和配料协会、中国糖果协会等"国字号"食品专业协会和江南大学食品学院、北京工商大学、河南工业大学、河南农业大学等30多家知名食品专业院校、科研院所建立良好的合作关系。并积极探索出"以研促产，产学合作"的模式，建设全省唯一的膨化食品质量监督检验中心、国家级质检研发中心及南街村集团、中大生物2个院士工作站，建成植物色素提取、糖尿病功能食品研发、五谷食品研发等省级工程技术研究中心和企业技术中心26个，200多项科技成果在临颍食品企业中直接转化。二是发挥品牌效应。全县每年投入资金超300万元，大力支持企业品牌建设，先后培育了南街村集团、联泰食品、中大恒源等中国驰名商标企业17家、省级著名商标企业33家，产品涵盖6大类276个品种。通过围绕优质小麦、小辣椒、大蒜等特色优势产业，实施"休闲食品名城·绿色临农"农业品牌行动，创立区域农产品公共品牌，打造农产品优质品牌，累计培育农业"三品一标"品牌32个，其中无公害食品23个、绿色食品7个、有机食品2个，"临颍大蒜"获得了国家农产品地理标志登记保护，"三只狐狸"葡萄品牌入选河南特色农产品品牌。三是扩大集群优势。引导组建粮油、小辣椒、小麦等七大产业联盟，拥有省级农业产业化示范联合体5个、市级以上农业产业化重点龙头企业47家、特色农业园区54家、农民专业合作社1106家、家庭农场627家，直接吸纳农民就业3.5万人，带动12万农户增收致富，农村居民人均可支配收入达16175元，高出河南省人均可支配收入2344元。

（三）构建信息化"供应链"

临颍县在保证产品质量的前提下，紧盯市场需求，优化供销渠道，实现农产品及其制成品快速销售，帮助农户实现节本增收、增效增收。一是以市场需求为导向优化产业结构。在坚决保障粮食产量的前提下，围绕市场需求调整优化产业结构，大力发展"红"（小辣椒）、"黄"（烟叶）、"白"（大蒜）、

"绿"（蔬菜）"四彩"农业，全县小辣椒种植面积保持在 30 万亩以上，烟叶、大蒜种植面积均稳定在 4 万亩左右，绿色无公害蔬菜种植面积稳定在 10 万亩以上。此外，临颍县依托国道、省道及主干道两侧发展花卉苗木 14 万亩，形成了"东有辣椒、西有烟叶、南有大蒜、北有蔬菜、花卉苗木沿路围城"的 60 万亩高效农业发展格局。二是以"互联网+"为载体拓展市场渠道。依托全国电子商务进农村试点县优势，搭建"一云、两中心、三平台、N 个系统"为重点的临颍智慧农业服务平台和电商物流公共服务平台，推动特色农产品上行，拓展对外销售渠道。全县 283 家"益农信息社"通过"政府+服务商"开展公益性、便民化信息服务，把信息服务的终端延伸到农村一线，实现消费需求与生产供给的精准对接，推动了休闲食品、小辣椒、大蒜、红薯粉条、手工丸子、石磨豆腐等一批"颍字号"产品插上"网络"的"翅膀"飞往全国。三是以质量回溯为保障筑牢安全关。临颍县通过立足"舌尖上的安全"，实施农业标准化战略，以"农"字号标准化生产，构筑"源头"安全关；实行全链条信息化质量监管，搭建信息追溯平台，以"工"字号质量监控体系，构筑"加工"安全关；构建以"质量检验检测中心"为核心"1+N"监管体系，严控加工环节质量安全，实现来源可查、去向可追、责任可究。全县无公害生产标准化覆盖率达 95% 以上，农产品抽样品合格率达 98% 以上，食品企业全部通过 QS 或 SC 认证；40 多家企业成功申报"省长质量奖""市长质量奖"或"县长质量奖"，主导产品合格率连年保持 100%。

二、主要成效

近年来，临颍县依托农产品资源优势，着力发展食品产业，把食品作为标志性主导产业精心打造，培育形成了规模较大、种类齐全、名企荟萃、链条完整的食品产业。

（一）财政收入显著提升

近年来，临颍县休闲食品产业整体保持 20% 以上的增速，食品产值占全县工业总量近 70%，成为县域经济快速发展的重要支撑。2019 年，税收超 3 亿元企业 1 家，超 5000 万元企业 6 家，超 1000 万元企业家 26 家，超 100 万元企业家 134 家，带动一般公共预算收入达到 16.7 亿元，在河南省排名由 2012 年的第 62 位上升到第 37 位。带动 10 多万名农民就地转移为产业工人或从事关联产业，全县农民人均收入高出河南省平均水平 2502 元，城乡居民收入差距比为 1.6：1。

（二）带动效应更加凸显

临颍县高标准建设占地 23 平方千米，以休闲食品产业为主的产业集聚区先后引进培育养元、雅客、亲亲、盼盼、奥瑞金、加多宝、上好佳等规模以上休闲食品企业 100 多家，拥有中国驰名商标 17 个、省级著名商标 33 个，河南省名牌产品 11 个，省级以上农业产业化龙头企业 17 家，从原料种植、面粉加工、食品生产、色素配料到研发设计、检验检测、各类包装、电商物流，构建了龙头带动、集群发展、链条完善、配套齐全的粮食深加工产业体系，实现了一二三产业融合发展，成为中部地区食品企业名牌集聚最多的产业基地。

（三）产业集群不断壮大

临颍县立足小麦、小辣椒、生猪等高效种植养殖业资源优势，紧盯绿色化、高附加、功能化发展方向，带动形成了"六大集群"：以南街村集团、北徐集团、龙云集团等为代表的面制品产业集群，以盼盼食品、亲亲、香当当等为代表的烘焙膨化食品产业集群，以中大恒源、上海玛士撒拉等为代表的大健康产业集群，以海底捞、南德调味品、彰盛味业等为代表的调味品产业集群，以六个核桃、华润怡宝、嘉美制罐、台湾宏全等为代表的饮料包装及饮料灌装产业集群，以雨润北徐、御江食品、誉香客食品等为代表的肉制品产业集群，推动以粮食深加工为主的休闲食品产业向绿色化、高端化、功能化方向加快迈进。

（四）三产融合快速发展

临颍县坚持"粮头食尾""农头工尾"，推动农产品精深加工产业前延后伸，带动一二三产业融合发展。通过引导南街村集团、联泰食品等企业把农田作为"第一车间"，自建联建基地 10 万亩，带动全县发展高品质原料基地 50 万亩，发展小辣椒等"四彩"高效农业 50 万亩，认定"三品一标"生产基地 30 万亩、全国绿色食品原料基地 5.2 万亩、省市农业标准化示范基地 14 个。同时，依托农业产业优势，培育首批省级农业产业化联合体 5 家、省级农业产业集群 6 家；在全县范围内拥有 47 家市级以上农业产业化重点龙头企业，其中国家级 4 家。年加工粮食 240 万吨，是全县粮食产量的 4 倍；年屠宰加工肉类 20 万吨；年加工转化小辣椒 3 万吨、鸡蛋 5 万吨，小麦、辣椒、肉类、蛋禽等从田间地头到厨房餐桌全产业链形成闭环。2020 年，全县农产品加工业与农业总产值之比达到 3.8∶1，远高于全国和河南省平均水平。

三、经验与启示

（一）必须以三产融合引领农业农村现代化发展

临颍县在坚持"粮头食尾""农头工尾"的基础上，推动了农产品精深加工产业前延后伸，带动了一二三产业融合发展。通过临颍发展模式可见：一是要以三产融合为引领，推进农业农村现代化发展，要在城乡一体、产业融合的规划引领下，做大第一产业，做强第二产业，做优第三产业。二是要加强培养建立紧密利益联结机制，将有效的利益联结机制与政策支持相挂钩，激活发展动力。通过多渠道优化发展环境，用优势资源、优惠政策、优良环境、优厚回报吸引工商资本、社会资本投入开发特色农业，引导资金、技术、人才等要素与农业农村现代化发展相融合，形成发展合力。

（二）必须以"三链同构"推动农业农村现代化转型升级

近年来，临颍县以"三链同构"为核心，上项目、提品质、延链条，培育发展新动能，打造产业升级版，为临颍农产品品牌建设助力，具备了一定的自我发展能力。因此，各地在推动农业农村现代化转型升级过程中，要着力延伸产业、提升价值链、打造供应链。依托农产品精深加工园，引荐培育食品加工企业，实施农产品产业链延伸；以延链增值、绿色发展、品牌培育、质量标准为重点延伸产业链、提升价值链、打造供应链，不断提高农业发展的质量效益和竞争力，实现农业农村现代化转型、升级、提质。

（三）必须以科技创新推动农业农村现代化高质量发展

通过分析临颍县近年来夯实农业基础、发展壮大乡村产业的经验可知，推动农业农村现代化高质量发展、实现产业兴旺，关键要通过技术创新、产品创新的科技力量突破发展瓶颈，提升农业发展的质量效益和竞争力，实现农业农村可持续发展。临颍县的实践表明，发展乡村产业、推进农业农村高质量发展要强化农业科技创新能力，通过体制机制创新激发融合新动能，围绕实施乡村振兴战略和加快推进农业农村现代化要求，发展现代农业科技的亮点与趋势，结合基础研究和农业技术创新的长期性等特征，系统化部署科技创新任务。同时，要推动科技与农业利益联结和分配机制创新，树立"双赢"的互惠互利、共同致富的价值取向，真正把科技与农业的融合变成主体的自觉行为，使各项改革朝着推动农业与科技深度融合、各方利益合理共享聚焦发力。

第二节 以乡村产业全链条服务创新的柘城模式

柘城县地处国家大别山片区，村集体经济收入"空壳"现象普遍存在。柘城县立足辣椒产业优势，坚持政府推动和市场驱动双向发力，积极创新辣椒产业链服务，推动全县域布局、全链条提升、全方位发展，有力地推动了农业农村现代化发展。

一、主要做法

柘城县位于河南省东部，惠济河中下游，全县辖 2 个办事处 10 个镇 10 个乡，总面积 1048 平方千米，总人口 104.4 万。近年来，柘城县以习近平关于县域治理"三起来"重要指示精神为引领，以深化农业供给侧结构性改革为主线，坚持党建促脱贫、助发展的全局性发展理念。柘城县依托地方特色资源和传统种椒技术优势，把辣椒产业作为脱贫致富奔小康的主导产业来抓，坚持政府推动和市场驱动双向发力，引导群众与公司签订种植协议，全县域布局、全链条提升、全方位发展，形成了集新品种研发、规模种植、精深加工、仓储贸易、会展经济为一体的全链条产业格局。

（一）构建规模化生产服务体系

柘城县依托 50 多年的种椒传统优势，坚持把发展辣椒产业与推进脱贫攻坚和乡村振兴有机融合，着力推进辣椒种植规模化，打造全国辣椒绿色种植基地。通过实施财政补贴等政策措施，大力实施辣椒种植"百千万"工程。全县打造 100 个百万亩、50 个千万亩、10 个万亩乡，辣椒种植面积稳定在 40 万亩，年产干椒 12 万吨。培育种椒专业村 106 个、千亩良种繁育基地 8 个、万亩辣椒生态示范园区 15 个；其中，25 万亩被国家质量检验检疫局授予"国家级出口食品质量安全示范区"。全县培育北科种业、传奇种业、奥农种业等良种繁育龙头企业 16 家，研发培育优良品种 800 多个，拥有亚东农民专业合作社、跃国农民专业合作社等省市级合作社 35 家，发展春海辣椒公司、白师傅清真食品、辣德鲜食品公司等省市级农业产业化龙头企业 26 家，建立了 30 家冷藏企业，年加工能力 10 万吨以上。柘城县主要在三个方面推进辣椒产业规模化种植：一是采取多种形式，加快土地流转。建立了覆盖县、乡、村三级的土地流转综合服务平台，采取土地流转、土地托管和土地入股等利用模式，积极稳妥推进农村土地有序流转，发展 500 亩以上的种椒基地超过 160 个。二是完善利益联结，提升种椒积极性。通过不断创新并推行"辣椒股份"模式、"协会+冷库+订单"模式、"企业+扶贫车间+贫困户"模式，形成并建立起了从种植到加工再到销售的稳定利益联结机制，组织企业与农户常年签订辣椒订单 30 万亩，带动 1.9 万人稳定增收。三是提升专业化配套服务水平，降低辣椒种植风险。建立了"专家团队+农技指导员+科技示范户"的农技推广机制，开展"千名科技人员帮百村万户"活动，重点推广壮苗培育、配方施肥等技术，有效提升了辣椒种植效益。

（二）构建品牌服务体系

一个产业品牌的打造，必须以品质提升为基础，以科技创新为核心，以加强推介为动力。为此，柘城县以区域品牌和企业品牌"双品牌"打造为目标，以快速推进现代农业建设为重点，实施科技强县发展战略，培育龙头企业，对"柘城辣椒"品牌打造进行顶层设计，制定了产业发展五年规划。一是强化品质提升。推行辣椒本地专家培育、杂交改良和工厂化、基地化育苗，使辣椒品种、产量、品质和效益达到最大化。2019 年，柘城县发展辣椒种植新型经营主体 488 家，在全国 6 大辣椒主产区推广种植 300 万亩，"柘城辣椒"成为业内最具影响力的生态产品品牌。成立了河南省辣椒及制品检验检测中心，发布了全国首个《三樱椒生产种植技术标准化体系》，成功创建了国家级出口农产品质量安全示范区，已成为目前全国最大的绿色无公害辣椒生产基地。二是强化科技创新。总投资 40 亿元，启动建设辣椒小镇规划面积 3.6 平方千米，以"椒展、椒研、椒节、椒宴、椒游"为主题，以育龙头、强配套、铸链条、建集群为抓手，高标准打造集科技研发、精深加工、会展中心、交易中心、辣椒文化、休闲旅游于一体的融合发展样板区。并与中国农业科学院、湖南大学等科研院所和高校开展了一系列产学研合作，建成了河南省辣椒新品种研发院士工作站、全国特色蔬菜技术体系综合试验站、全国辣椒生产与加工技术交流中心和朝天椒创新基地，有力地支撑了柘城辣椒品牌的打造。三是强化宣传推介。围绕扩大柘城辣椒品牌的知名度和影响力，坚持政府和企业联动、政府"有形之手"和市场"无形之手"相握，打出了一套组合拳。通过引进贵州旭阳集团、重庆红日子集团、玉源辣椒食品、简厨食品加工等 10 多家辣椒深加工企业，并积极对接，联合德庄火锅、上海张氏记等国内外知名企业，辣椒年加工能力超过 30 万吨，产品共有 8 大系列、26 个品种。连续多年举办全国辣椒产业大会，加强对上申报和与媒体合作，先后获得百强农产品区域公用品牌、中国"质量之光"年度十大魅力品牌、国家地理标志证明商标等众多荣誉，"北科""吨椒"等被评为河南省著名商标，"红满天 9 号"辣椒登陆中央电视台。在上海举行的 2019 中国品牌价值评价地理标志区域品牌发布会上，柘城辣椒位居百强榜第 65 位，品牌价值 43.37 亿元。四是打造柘城辣椒产业指数。2020 年 9 月 19 日，"中国农民丰收节"河南商丘主会场暨第十五届全国辣椒产业大会在柘城县举行，在"以椒为媒同奔小康"的高峰论坛上，正式发布了"中国柘城辣椒产业指数"，该指数由"产业发展指数""产品价格指数""产品出口指数""产业影响力指数"四大体系构成，结合辣椒产业特点，在对产品进行科学分类的基础上，科学确定类别权重，是全国首个辣椒产业指数，有利于提升柘城辣椒产业在抢占辣椒市场价格话语权、提升产业效益、扩大品牌知名度，在完善产业链建设、服务政府决策等方面发挥积极作用，树立柘城在全国辣椒产业的引领地位，进一步提升了"柘城辣椒"在全国的影响力。

（三）构建流通服务体系

多年来，柘城县坚持以工匠精神打造辣椒产业。一是大力建市场，坚持以江北最大的辣椒大市场为龙头，以冷链储藏为支撑，建立了16个重点椒乡镇交易中心，形成了"1+16"城乡市场体系，累计投资5.6亿元，建成了全国最大的干椒交易市场。在此基础上，与河南万邦物流集团合作，投资15亿元，再建1个占地800亩的现代化辣椒交易市场，市场辐射全国20个省（市、自治区）。二是积极开拓市场。柘城县共有15万椒农从事辣椒种植、加工、冷藏、物流、营销，约有2万名辣椒经纪人活跃在全国各地，年交易量突破70万吨、交易额超过100亿元，并出口到美国、加拿大、韩国等20多个国家和地区，年出口创汇2亿余元。24家辣椒企业先后在中原股权交易中心集中挂牌，大连商品交易所已将柘城三樱椒作为基准交割品，中华人民共和国农业农村部把柘城辣椒大市场列入全国农产品价格指数监测网点，成为全国重要的辣椒交易集散地、加工基地、出口基地和价格形成中心。三是畅通渠道。大力发展农村电商，建立健全了县乡村三级物流体系，建成了4个电商扶贫示范点，柘城辣椒等90多种土特农产品畅销全国，并被纳入省直采中心目录。柘城县被评为"国家级电子商务进农村示范县"，大仵乡王茜作为全国唯一的农村淘宝合伙人代表、农村电商创业典型，在联合国贸易和发展大会上发言，并荣获河南省脱贫攻坚创新奖。四是促融合。以全国农村一二三产业融合发展先导区建设、河南省现代农业产业园建设为依托，县委、县政府积极与大连商品交易所合作，以柘城三樱椒为基准交割品、以河南为基准交割区域，打造全国辣椒期货交割中心，实现种植、加工、贸易、科研、电商等融合发展。

二、主要成效

截至2019年，柘城县有20余万人聚集在辣椒产业链上，辣椒产业发展进一步推进了农业农村现代化高质量发展。柘城县先后被评为全国农村一二三产业融合发展先导区、国家农村创新创业园区、省级现代农业产业园，荣获全国辣椒产业化发展示范县等荣誉，实现了由"中国三樱椒之乡"向"中国辣椒之都"的精彩蜕变。

（一）形成脱贫致富大产业

柘城县地处沃野千里的豫东平原腹地，气候适宜，自20世纪70年代引种三樱椒至今已有半个多世纪的种植栽培历史，盛产的辣椒以色泽鲜红、辣度适中、香味浓郁而享誉海内外，被授予"中国气候生态优品"称号。为进一步推动柘城县辣椒产业规模化种植、标准化生产、产业化经营，采取多项措施，制定出台鼓励扶持政策，发展农业适度规模经营，实现了"一业带动，万人脱贫"的发家致富之路。

（二）形成产业融合大格局

柘城县始终坚持全产业链、三产融合发展，从良种繁育、冷链运输、精深加工、跨境电商等环节全面发力，研发培育优良品种126个，培育发展辣椒种植专业合作社320家，其中亚东专业合作社、山里红专业合作社等市级以上示范社35家。通过不断做大做强支柱产业和融合发展各类经营主体，2018年柘城县被农业农村部认定为全国农村一二三产业融合发展先导区，以辣椒种植为主体的现代农业产业园获批省级现代农业产业园区。

（三）形成绿色生态大品牌

柘城县坚持政府推动和市场驱动双向发力，全线布局、全链条提升、全方位发展，走出了一条"质量兴椒、科技兴椒、品牌兴椒"的特色农业发展道路。柘城县投资3000多万元，建成了全国第三个、河南省首个辣椒及制品质量检验检测中心，制定发布了全国首个《三樱椒生产种植技术标准化体系》。通过加强与中国农业科学院、吉林大学、河南农业科学院等研究机构和高校的产学研合作，建成了河南省辣椒新品种研发院土工作站、全国特色蔬菜技术体系综合试验站、全国辣椒生产与加工技术交流中心和朝天椒创新基地，推动了特色农产品科技成果转化，促进了农业产业快速、绿色、协调发展。

（四）形成享誉全球大市场

柘城县以辣椒大市场为龙头，形成了一张上通全国各地、下连千村万户的市场交易网络。辣椒年交易量突破70万吨、交易额100亿元，辐射全国26个省（市、自治区），出口20多个国家和地区，"全国辣椒进柘城，柘城辣椒卖全球"双循环发展格局逐渐形成。柘城县投资20亿元，占地53.33公顷，集现货交易、仓储物流、电子商务于一体的现代化辣椒市场物流园区正在建设，建成后将进一步巩固雄踞中原、辐射全国、面向世界的柘城辣椒交易枢纽。

三、经验与启示

柘城县通过对三樱椒培育种植的不断探索，现已成为全县农业的优势产业、朝阳产业。围绕做大做强这一主导产业，大力发展辣椒产业和"辣椒经济"，着力叫响"中国辣椒之乡"品牌，辣椒产业已经成为柘城县的支柱产业、农民增收的主要渠道，对大力发展农业农村现代化具有重要的借鉴价值和启示意义。

（一）必须立足本地实际培育特色产业

柘城县以推进农业供给侧结构性改革为主线，以优化农业产能和增加农民收入为目标，立足本地实际，狠抓规模种植和产业融合，着力做大做强辣椒产业，实现了一业带动万人脱贫的奋斗目标，为县域经济发展奠定了基础。柘城县的实践充分证明，要想推动农业农村现代化高质量发展，首先必须有一个产业，需要精心呵护和培育，只有在经过培育达到一定规模后，才能起到带动农业农村发展的效果。短短几年，柘城县域经济综合排序大幅提升，就是做大做强产业、引领农业农村现代化蓬勃发展的具体体现。

（二）必须围绕乡村主导产业布局乡村服务业

乡村主导产业确定后，能否实现农业农村现代化发展，在很大程度上取决于是否围绕乡村主导产业来谋划布局乡村服务业尤其是乡村现代服务业。围绕辣椒主导产业发展，柘城县把发展农村电商作为扩大农村就业、增加农民收入、推进乡村振兴的有效举措来抓，高标准建成了"一园两中心"（县电商产业园和县电商大数据中心、县电子商务运营服务中心），落地电商企业87家，实现了农村电商服务站全覆盖，2万多名农民实现了在家门口就业。截至2020年11月，当年新增网店130个，累计2878个；当年培训人员947人，累计培训37155人；新增农村电商就业人员190人，累计达7473人；当年电子商务交易额24.94亿元，累计交易额87.72亿元。

（三）必须创新连接模式增强带动能力

特色产业培育起来之后，能不能起到联结带动效果是一个至关重要的问题。柘城县不断创新模式，推行"辣椒股份"模式、"协会+冷库+订单"模式、"企业+扶贫车间+贫困户"模式、"支部+合作社+农户"模式等，通过教育培训、结对帮带等方式进行"扶智"，将辣椒产业与贫困户脱贫致富紧紧绑定在一起，产生了巨大的扶贫带贫效应。鉴于此，在巩固拓展脱贫攻坚成果同乡村振兴的有效衔接中，应转变思想观念，充分发挥扶贫模式的互助传统，通过组建规范运行的农民合作社，推动农业农村优化升级，建立规范稳定的利益联结机制，推动农业农村可持续发展。

（四）必须提升产品质量打造知名品牌

特色产业发展起来后会产生一定的联结带动效果，如果不能持续，就会增加脱贫不稳定户、边缘易致贫户的返贫致贫风险，以及造成农业农村发展速度下降。目前，柘城县以品牌建设和市场建设为抓手，依靠科技创新提升产品质量，做到了品牌兴、市场旺、腰包鼓，为全县人民持续增收、连年致富奠定了坚实的基础，有效推动了脱贫攻坚和乡村振兴，有效提高了人民群众的幸福感、获得感。因此，在推进农业农村现代化发展的过程中，要在打造知名品牌、擦亮金字招牌上下功夫，才能使一项产业长盛不衰，从而实现产业富民强县、群众增收致富的成效。

第三节 以休闲康养助推普惠养老的
鄢陵模式

随着我国人口老龄化程度的不断加快，加快养老事业和养老产业协同发展，探索培育养老服务消费新业态，构建居家社区机构相协调、医养康养相结合的养老服务体系，受到了社会各界的广泛关注。河南省鄢陵县将康养服务业纳入全县经济和社会发展的总体规划，以开发优势生态资源培育特色主导产业为依托，以建立健全城乡基本公共服务普惠共享的体制机制为突破口，以构建医养结合为重点，积极推进全县养老服务体系建设，初步建成了以居家养老为基础、社区养老为依托、机构养老为补充、医疗养老相结合的养老服务体系，探索出了康养产业发展的"鄢陵模式"。

一、主要做法

鄢陵县地处中原腹地，是"南花北移、北花南迁"得天独厚的驯化基地，花木种植始于唐、兴于宋、盛于明清，素有花都、花乡之美称，被命名为"中国蜡梅文化之乡"，享有"鄢陵蜡梅冠天下"之盛誉。目前，鄢陵县花木种植面积70万亩，相继建成了花博园等4家"国家AAAA级景区"和五彩大地、鹤鸣湖省级水利风景区等20多个特色景区景点。70万亩的"平原林海"造就了良好的生态环境、形成了独特的"天然氧吧"，花木主产区空气中的负氧离子含量超过世界卫生组织界定的清新空气标准近10倍，年均空气质量优良天数300天以上，被誉为"中原之肺"，被授予了"中国长寿之乡"和"中国健康城乡创建示范县"等多项称号。

（一）科学编制发展规划

鄢陵县以创建国家级"健康养老示范区"为载体，成立了高规格的健康养老产业领导小组，由县委书记、县长、常务副县长分别任第一指挥长、指挥长、常务副指挥长，发改委、卫健委、民政局、财政局、自然资源局等部门为成员单位，专题、专人、专班、专案强力推进国家级健康养老示范区建设。此外，通过建立专家委员会，聘请知名专家学者为顾问，负责对健康养老示范区战略定位、空间规划、产业布局、竞争招商等重大问题提供咨询指导。在康养产业发展规划上，编制完成了示范区总体策划、产业规划，并由英国阿特金斯规划设计院编制完成示范区概念性总体规划，确定了规划总面积约66平方千米的"国家健康养老示范区"。同时，还制定了《鄢陵县推进与德国交流合作工作实施方案》，加强与国外健康专业机构和知名企业的合作。

（二）擦亮鄢陵康养品牌

在康养产业发展的实践中，鄢陵县充分利用国经中心、德国鲁道夫·沙尔平战略咨询公司、国际健康峰会等高端平台，持续推进康养项目密切合作，取得了一系列丰硕成果。2019年，鄢陵县全面启动了国家全域旅游示范区和国家级旅游度假区创建工作，率先启动鹤鸣湖核心区建设，谋划实施了花都颐庭、碧桂园十里花海、建业生态养老新城、峰会中心、三甲医院等19个产业项目，康养产业项目建设持续加快。与此同时，鄢陵县紧紧抓住全国普惠养老城企联动专项行动试点机遇，加强扶持、加快建设，着力打造普惠养老鄢陵样板。

（三）积极优化康养产业高质量发展环境

高质量发展康养产业，必须以国家、省、市相关优惠政策作为支撑，建立健全政策支撑体系，吸引更多的社会资本、社会企业参与其中。鄢陵县在推动康养产业发展方面，上级政府给予了大力支持，河南省政府办公厅下发了《关于支持许昌健康养老示范区建设的通知》，明确了在财税医保、投资、产业发展、土地、行政审批、人才科技等方面支持许昌鄢陵创建具有示范意义的国家级"健康养老示范区"的优惠政策；许昌市政府明确了"一极两区四基地"的发展定位，其中"四基地"之一就是要打造"生态健康养生基地"，为鄢陵发展健康养老、创建"健康养老示范区"创造了最优政策环境、最佳投资环境。在此期间，鄢陵县先后制定出台了《关于大力发展健康养生养老产业的意见》《关于加快全域养老建设三年行动计划（2018～2020年）》《关于加快推进医疗卫生与养老服务相结合的实施方案》《支持康养示范区"三个一"项目建设若干政策的意见》等政策文件，明确了支持政策，形成了国家、省、市、县互相衔接、互相配套的政策支撑体系。着重从财政奖补、税费优惠、金融支持、用地保障等方面对示范区养老企业、养老项目进行奖补和支持，吸引更多养老企业入驻示范区，形成政府鼓励引导，多元主体共同负担的责任机制，为健康养老产业发展提供强力支持。在大力发展康养产业同时，鄢陵县严格控制生态红线，守护好天蓝、地绿、水净的生态环境，为打造出"有产业、有税收、有就业、可持续"的全域康养新鄢陵奠定良好生态基础。

二、主要成效

（一）推动了"康养+"产业融合发展

在资源配置方面，作为现代服务业和幸福产业的重要组成部分，鄢陵通过康养产业，借助"文旅+""生态+"等产业力量走进人们生活，打通了医疗、养生、养老、文化、旅游、体育等业态，形成了"康养+农业""康养+旅游""康养+文化"等特色产业和康养产业融合互动局面，赋予康养产业更多文化内涵和趣味，同时还与康养相关的有机农业、中草药、养生运动等传统产业注入新的生机。例如，在"食、住、行、游、购、娱"六大旅游要素基础上，鄢陵县把康养产业作为新兴旅游要素，在此基础上形成了以旅游本身所包含的行业为基础，关联康养农业、康养制造业及康养服务业等相关行业的泛旅游产业结构，进而实现了旅游相关配套产业与农业、文化、运动等非配套性产业之间的深度融合发展，形成了以康养为核心的新兴旅游，实现了农业农村产业链和价值链的延伸。

（二）促进了城乡融合发展

在城乡康养产业发展方面，鄢陵县在康养资源和环境方面有得天独厚的优势，具有花木、温泉、农产品和中草药等自然资源，打造了优质的康养基地和康养小镇。推动了以健康、养生、养老为目的的流动，推动了城乡居民消费双向流动，即城市居民康养度假消费流向乡村，农村居民医疗治疗消费流向城市。鄢陵县在预防为主、防治结合的康养理念下，推进城乡康养优势资源双向互补与共享，从供给侧方面提升康养产业的品质，打造出康养全景产业链，同时吸纳数量更多的就业人口进入农村，推动了农业农村升级发展。

（三）推进了区域协调发展

在国家顶层设计的指导下，康养产业进入快速发展的阶段，鄢陵县结合自身区域特征和经济发展优势，积极探索区域内部融合式的发展模式。根据河南省康养产业发展布局，构建以高端康养服务为引领，以社区居家养老服务为基础，以综合型养老服务为支撑的多层次、立体式康养产业体系。同时，结合产业特色和地域特点，形成了由点及面的全域康养产业发展态势。此外，在省内进行优势产业分工与互补，有效地将食品、医药、生物等上游研发产业链与健康、养老、医疗等中游服务消费产业链和文化、艺术等下游产业链紧密结合起来，有力地推动了区域康养产业融合发展。

三、经验与启示

（一）必须发挥市场与政府的双重作用

鄢陵县发展康养产业具有良好的先天条件、政策环境和市场基础。在康养产业发展的不同阶段，政府和市场"两只手"优势互补、有机结合、相辅相成、相得益彰，"两只手"各负其责、各司其职，相互补位而不越位，激发了基层政府、企业、社会的活力，构建了政府、市场、社会三者相互协调、良性互动的格局。借鉴鄢陵县的经验，各地在发展康养产业时，要在政府宏观管理、制度供给的良好政策环境下充分发挥市场资源高效配置的机制作用，从而扶持和推动农业农村现代化快速发展。

（二）必须完善产业生态体系

鄢陵县结合县域发展实际，通过延伸产业链条，实现融合供应，进一步促进了康养产业生态系统的形成。一是要以纵向延伸和多元化延伸为重点，形成康养产业多要素集聚，多模式发展，核心产业与衍生产业相互制成的康养旅游产业体系。二是要以"康养+"为方式推进产业融合发展，实现产业间的资源共享和功能互补综合效应，最终形成康养产业系统性大格局。三是要以基础设施建设为保障，良好的康养产业离不开基础设施的支撑，通过建设公共设施、旅游基础设施、专业人才教育培训等方式，为康养产业发展提供良好的硬件，以此保障康养产业深度挖掘与开发，实现康养产业的规模经济效应。

（三）必须因地制宜探索发展模式

鄢陵县依托自身的资源优势和产业发展优势，因地制宜地开发了不同的康养发展模式，形成了具有自身特色和亮点的发展道路。因此，在借鉴鄢陵县康养产业发展的模式上，要结合自身资源禀赋优势，创新开发各具特色多样化的康养模式。可依托资本、文化、地域、环境等多方面因素，从而有效地与康养产业进行嫁接整合，实现康养产业借势创新发展，探索出众多具有活力和特色的地方产业发展道路。

第四节 以"互联网＋医疗健康"增进惠民济民的郏县模式

近年来，加快发展健康产业，正成为全面推进健康中国建设的重要内容。

尤其是《健康中国 2030 规划纲要》把医疗健康提升到了国家战略层面，并提出了"健康中国 2020"和"健康中国 2030"战略规划，专门出台文件鼓励"互联网+医疗健康"的发展模式。河南省郏县紧抓国家政策的良好机遇，以深化医药卫生体制改革为契机，紧紧围绕"以人民健康为中心"的理念，大力实施城乡卫生健康信息化工程，实现了"村头接诊、'云端'看病"，打通了看病就医"痛点"，打造出了模式更易复制、服务更真实、标准更明确的"互联网+医疗健康"郏县新模式，有效提升了居民生活品质。目前，郏县已构建上联省、市，覆盖乡、村的智能分级诊疗保障平台，形成了以县级医院为龙头、乡镇卫生院为枢纽、村卫生室为基础的"互联网+医疗健康"发展模式，通过搭建智能平台、打造六大中心、串通公卫服务，下沉优质医疗资源，融合医卫防治结合，为人民群众构筑起了一道牢固的健康防线。

一、主要做法

（一）搭建医疗健康信息互联互通平台

郏县通过"健康信息采集网"对县、乡、村三级医疗机构信息管理系统、电子病历系统、检验影像和病案管理系统升级改造，实现了县、乡、村三级医疗信息互联互通。在推广"居民健康卡"应用中，实现了居民身份识别、基础健康信息、诊疗信息等存储及调阅、跨地区和跨机构就医与结算。以贯通市、县、乡、村四级医疗机构的智能分级诊疗为平台，向上可连接全国 3200 多家医院和 30 多万名医生、向下与乡镇卫生院和村卫生室相连，形成上下贯通的互联网医联体，将农村患者与县市医院的专家通过互联网连在一起，实现了基层医生与上级医疗机构专家共同诊疗，为群众提供体质辨识、中医健康指导等服务，打通了群众就医、问诊不便的"最后一公里"。同时，郏县为各乡镇卫生院配置了集检查、化验、服务、宣传为一体的"健康云巡诊车"，配备了全自动生化分析仪、B超、心电图机、健康一体机等基本医疗设备，定期入村为群众提供在线健康咨询服务。

（二）完善医疗健康配套服务

郏县在全县所有乡镇卫生院和村卫生室免费投放了远程心电图机，建设了远程心电诊断中心，诊断医师 24 小时值班，保证 3 分钟内将诊断结果反馈到乡镇，提高了诊断的准确率。一是通过构建区域影像中心，建立远程影像协作机制，帮助乡镇卫生院提升影像诊断能力，为患者争取救治时间，确保患者生命安全。在县级三家公立医院，郏县建立了远程视频会诊中心，为所有乡镇卫生院和村卫生室免费投放了电脑、一体机、话筒、摄像头等设备，开展远程问诊、会诊、转诊，初步形成了上下联动、分级诊疗的协作模式。二是通过建立标准化实验室，实现了县域内临床检验的集中供应，通过网络回传检验结果，提升了乡镇卫生院检验诊断服务水平。三是建立消毒供应中心和后勤保障集约化服务平台，与县域内医疗机构签署消毒供应服务协议，既保证消毒质量，又降低了乡镇卫生院的运营成本。四是积极探索建立院前急救系统，以 120 急救指挥中心为核心，接到电话后进入救援状态，真正实现了 1 分钟内完成就近网络医院派车指令，医生护士司机立即出诊，实行现场抢救、远程视频指导、移动监护全面融合等院前急救工作，维护了病人的生命安全，减少了院前病人的致残率和死亡率。

（三）创新医疗健康服务模式

为扎实推进家庭医生签约服务，最大限度惠及人民群众，郏县开发出了家庭医生签约服务数据管控平台。平台详细记录医生为群众实施医疗卫生服务清单，群众和服务医师可通过手机 App 查询各自的服务项目和情况，实现了服务的公开透明，解决了签而不约、约而不实的问题，保证了签约服务效率和质量，提升了群众的满意度和签约积极性。2019 年，郏县选派 91 名县级医院专家，融入家庭医生团队，人工与智能相匹配，做实签约服务，力求为群众治好"病根"、拔除"穷根"。同时，郏县利用健康"云巡诊"车服务，做到 7 大项 49 小项健康检测，各乡镇卫生院根据年初公共卫生服务计划安排，定期把车开到村头田间，让群众足不出村就能享受到一流的医疗卫生保健服务。对于行动不便的老年人、残疾人等，家庭医生可带上健康一体机上门签约、上门服务。居民的健康体检信息、辅助检查、化验结果通过云端可适时上传至省基本公共卫生服务平台，实现了居民健康档案信息与移动 App 客户端互动和行政管理一键同步。郏县通过创新"互联网+医疗健康"全科智能辅助诊疗系统，输入了超过 500 万份文献、千万份病历的医疗卫生健康档案，档案覆盖 2000

多个病种、5000 多个症状；基层医生只要在这个系统中输入患者的基本症状、病史等，就能得到患者的初步诊断和治疗方法，提醒基层医生及时排除疑似危重病人，为挽救病人生命争得宝贵时间。

二、主要成效

（一）推动分级诊疗有效落地

郏县"互联网+医疗健康"模式的推行，夯实了"基层首诊、双向转诊、上下联动、急慢分治"的指导方针，打通了上转下接的医疗资源"通道"，实现了基层群众小病不出村、大病不出县，有效推动了分级诊疗的落地。通过结合家庭医生签约服务，借助智能云巡诊车，定期为老年人、儿童、孕产妇等重点人群提供健康体检服务，大大提升了 65 岁以上老年人患者管理率。

（二）提升惠民济民和健康扶贫水平

"互联网+医疗健康"模式的推行让郏县更多的农村群众通过视频就能与县级专家"面对面"就诊，在方便看病的同时也节省了交通、住宿、饮食等支出，切实减轻了经济负担。郏县还推出了家庭医生"一对一"、公共卫生全覆盖，把健康体检车开到了群众家门口，为低收入群众进行免费体检，有效遏制了因病致贫、因病返贫现象的发生。通过建立低收入群众看病就医"兜底救助六道保障线"，实现了建档立卡人口县内住院合规费用"零花费"、慢病门诊"全报销"、家庭医生"一对一"、公共卫生全覆盖。推进了精准目标识别、精准措施到位、精准跟踪服务、精准责任到人、精准成效评估、精准资金使用等"六大精准"成效。

（三）促进医疗健康服务现代化

郏县通过建立临床检验中心、消毒供应中心等平台，避免了医疗卫生基础设施重复建设问题，实现了医疗资源经济效益和社会效益的最大化发挥。通过实施"基层检查、上级诊断"的医疗服务新模式，实现了区域资源共享、信息互联互通，减少了患者急诊等待时间，提升了现代医疗卫生服务水平。围绕分级诊疗制度建设，以县域医共体为抓手，依托互联网医院，建立了上下联通的"健康枢纽"，推动优质资源向基层下沉。县域内就诊率达到 90%，基层医疗卫生机构占域内总诊疗人次的66.7%，门诊量、住院量较2018年同期增长了5.3%和52%。

（四）增强基层医疗健康服务能力

郏县通过县级以上公立医院医务工作者对乡村基层医生的临床带教、业务指导，让基层医务工作者学到了先进的诊断技术和经验。同时，也使县级以上公立医院优质医疗资源得到了充分发挥和应用，有效提升了基层医疗机构的服务水平，做强了基层服务能力。此外，通过"基层检查、上级诊断"的模式，大大提升了基层医疗卫生机构和医生的服务能力。2019年，累计实现远程问诊6万余人次、远程会诊1.7万余人次，真正实现了"让信息多跑路，让群众少跑腿"。

三、经验与启示

（一）坚持以顶层设计为导向

郏县在推进"互联网+医疗健康"发展中，通过强化党组织领导力，加强综合协调指导和督察问效，突出顶层设计，建立部门、乡镇、村联动工作机制，形成了推进医药卫生体制改革的强大合力，确保医药卫生体制改革落实落地并取得了实效。实践充分证明，深化医药卫生体制改革，各级党组织主要负责人要承担起第一责任人的责任，精心组织，靠前指挥；分管领导要扑下身子，严格落实工作责任制，深入分析研究工作的难点问题，拿出解决问题的办法和措施，细化目标分解，狠抓落实；各职能部门要各司其职，相互支持、密切配合，从而形成强有力组织领导机制，确保重点工作任务落实。

（二）坚持以人民切身利益为中心

郏县在推进"互联网+医疗健康"发展中，把建立和完善便捷、智慧、高效、便民服务体系作为推进医药卫生体制改革的根本目标和中心任务，为全县广大人民群众提供了全方位、全周期的健康服务，真正打通了医疗卫生服务群众的"最后一公里"，让广大人民群众分享了互联网的便利，增强了幸福感和获得感。实践充分证明，要始终把人民利益摆在至高无上的地位，坚持从实际出发，立足新起点，把握新要求，以满足"人民群众对美好生活的向往"为目标，紧扣民生需要，瞄准民生短板，从老百姓最关心、最直接、最迫切需要解决的民生问题入手，将有限的人力、物力、财力优先投入民生发展领域，一件事情接着一件事情办，一年接着一年干，让人民群众实实在在地享受到发展的丰硕成果。

（三）坚持以改革创新为根本

郏县坚持把建立和完善分级诊疗制度作为深化医药卫生体制改革的核心任务，狠抓落实。按照国家建立分级诊疗制度的政策要求，建立多种形式的医疗联合体，构建基层首诊、双向转诊、急慢分诊、上下联动的分级诊疗模式，实现了"小病不出村、常见病不出乡、大病不出县"的目标，减少或避免了群众因看病而要支付的交通、食宿等附加费用，群众就医看病成本大幅降低，体现了医药卫生体制改革的内在要求，达到了发展的预期目标。实践充分证明，深化医药卫生体制改革，要聚焦重点领域关键环节、加强科学谋划、加强组织领导、强化协同配合、加快推进节奏、加大落实力度，推动重点领域和关键环节实现新突破。

（四）坚持以信息化为手段

郏县通过利用信息化手段，建立和完善了医药卫生服务体制机制，解决了群众就医的困难和问题，提高了全民健康水平，确保了医药卫生体制改革取得明显成效。实践充分证明，互联网为深化医药卫生事业改革注入了新活力。因此，要借鉴郏县"互联网+医疗健康"模式的成功经验，通过聘请专家"把脉"，引进互联网专业人才设计，引导社会力量广泛参与，争取互联网领域知名企业的支持等有效措施，针对重点领域发展的关键环节和核心任务，借助互联网信息化手段，搭建信息化服务平台，促进重点领域信息、资源等互联互通，全面提高信息化服务水平，增强发展的实效性。

第八章　河南农业农村现代化发展的路径选择

第一节　河南农业农村现代化发展模式的选择原则

农业农村现代化发展有一定的规律性。河南在选择农业农村现代化发展模式和道路时，应注意以下几个问题：

一是地域差异性。无论是以行政区为单元的区域，还是以跨行政区为单元的区域，均拥有一定的自然资源、社会资源、经济资源，均有一定的社会、经济、文化、技术发展历史和基础条件，而且不同的区域，其发展起点、发展过程、发展基础均有一定的差异性，其资源的组合和分配也有很大的差别。就农业农村现代化而言，其发展需要一定的人文社会氛围和物质基础条件，社会氛围、经济基础不同，农业农村现代化发展形势和进展也不同。因此，不同的区域在选择农业农村现代化发展道路时，必须注意地域的特殊性和差异性，选择与之发展基础和条件相匹配的农业农村现代化发展道路。例如，平原地区的地势平坦，道路坡度小，交通四通八达，宜于大型交通工具的进出，有利于大型、多功能型农机具作业；丘陵山区的地势落差大，道路曲折、陡坡多，田块平坦连片少，大型农机具尤其是特大型农机具较难派上用场，而中小型农机具能进出自如，较适宜中小型农业机械化的发展。河南省的平原盆地、山地丘陵分别占总面积 16.7 平方千米的 55.7%、44.3%，自然环境条件差异性很大，可用的农业农村现代化发展方式、手段也必然不同；同样，河南有 18 个地市，各地市的经济技术不一，农业农村现代化的发展步伐、发展模式也不应强求一致。

二是延续前瞻性。任何事物的发展都是一个从过去到现在再到将来的过程，农业农村现代化的发展也不例外。河南农业农村现代化在选择具体的发展道路时，一方面要注意农业农村现代化发展的传承性、延续性，认真总结过去的发展经验与教训，兼顾过去农业农村现代化发展脉络，摒弃过时的、失效的农业农村现代化发展方式、手段，进一步推广实施中成效显见的现代化发展模式，增强其影响力，充分施展其贡献作用；要积极发现实践中所呈现的新亮点、新气象，不断塑造农业农村现代化新模式。另一方面要注意农业农村现代化的前沿性、前瞻性，善于借鉴、吸收国内外农业农村现代化发展的好思路、好做法，不断丰富、充实既有的农业农村现代化建设内容，改良、改造既有的农业农村现代化发展模式；要根据现有的发展理念、技术知识，探索新方法、新手段，努力培植农业农村现代化新模式，开创农业农村现代化发展新道路。应当注意的一点是，强调选择现代化发展道路时要有前瞻性，但并不意味着选择那些脱离实际的所谓的超前性发展道路。在选择具体的农业农村现代化发展道路时，应当兼顾河南省的实情，从河南现有的特点、优劣势出发，选择与河南农业、农村发展脉络相称的现代化道路，理性地选用超前性的现代化发展模式，使选择出来的农业农村现代化道路具有一定的可持续性发展潜能。

三是融合多样性。农业农村现代化发展模式很多，单就农业而言，我国现代农业的驱动模式有龙头企业带动型、创汇农业带动型、"猪—沼—果"生态农业型、科技园区带动型、农业高新技术走廊带动型、都市现代农业带动型、农户公司带动型、"公司+协会+农户"带动型、"国有大型龙头企业集团"带动型、校地合作带动型等。[①] 转型运行模式有精准农业、都市农业、蓝色农业、白色农业、质量农业、观光农业、高科技农业、生态农业、设施农业、有

---

① 蒋和平、辛岭：《建设中国现代农业的思路与实践》，中国农业出版社 2009 年版。

机农业、绿色农业、可持续发展农业等。① 这些模式内涵不一、发展条件不一、操作规程不一，有的具有明显的独立性、不可兼容性，有的则具有包容性、互助互动性。在选择农业农村现代化发展模式时，应注意模式的特性，视地域的特点、行业的特点加以遴选。对于面积相对较大的区域而言，由于空间范围较大，资源种类、产业门类较多，其农业农村现代化建设内容也较为丰富，发展模式的可选余地较大，因此，河南省在选择农业农村现代化发展道路时，要有融合多样性理念，既突出重点，抓大放小，又多方顾及，拾遗补阙，在突出主体性、主导性发展模式的基础上，尽量多选用具有辅助性、弥补性功能的发展模式。

四是辐射功能性。无论是何种农业农村现代化发展模式，在不同的区域运作实施时，其实施空间和产生的效果都是不同的；同样，无论是哪个区域的农业农村现代化发展，选择不同的发展模式，就会有不同的影响作用，会给区域带来不同的经济效益、社会效益、生态效益。因此，不管什么样的农业农村现代化发展地区，在挑选农业农村现代化发展模式的过程中，都应该对该模式进行事前、事中、事后功效评价分析，并与其他模式进行比较，进而选择影响面大、扩散功能强、社会经济生态效益显著的现代化发展模式，以达到事半功倍之功效。

第二节　河南农业农村现代化发展道路的优化

如前所述，国内外农业农村现代化发展道路形式多样，每个国家和地区由于发展历史和资源环境不同，其所采取和走过的道路也有较大的差异。河南作为传统的农业大省，应当结合自身条件选择高效的、适宜的农业农村现代化发展道路。

---

① 孙瑞玲：《现代农业建设的路径与模式研究》，中国时代经济出版社 2008 年版。

一、农业农村现代化发展的方向

农业农村现代化涉及面广、内容丰富。在未来的一段时期内，河南农业农村现代化发展应主要朝以下几个方面迈进：一是土地经营规模化，资源利用集约化、精准化；二是产业发展区域化、集群化、专业化，产品生产优质化、产业化；三是劳作方式机械化、数控化、智能化，操作规程标准化、数字化；四是农业生产良种化、生物化、工厂化、企业化；五是农村经济社会发展知识化、技术化、信息化；六是农民从业职业化；七是农业农村服务社会化；八是农村生产生活环境园林化、生态化；九是乡村发展城镇化，乡村管理高效化。

二、农业农村现代化发展的目标

河南农业农村现代化发展应以提高农业农村生产力水平、改善农民生产生活质量为根本目的，促使河南农业农村作业工具日益先进，生产设施日益齐全，土地产出率、资源转化率、劳动生产率日益提高，农村产业和产品竞争力日益增强，农民收入和农村财富日益增多，农民素质和生活质量日益提升，农村生产生活环境日益改善，力求河南农业农村发展时时处处呈现兴盛、繁荣景象，力争河南农业发展尽快赶上全国和世界先进水平，河南乡村发展尽早跨入全国和世界发达行列。

三、农业农村现代化发展的重点

农业农村现代化建设中的薄弱环节、关键领域是农业农村现代化发展的"牛鼻子"，也是未来一段时间内农业农村现代化发展应当重点突破的地方。河南农业农村现代化建设应当围绕农业农村现代化建设中的薄弱环节、关键领域和投入少见效快领域，并结合国内外农业农村现代化发展趋势以及自身的经济技术能力，明确优先点和着力点，逐个突破，并由此带动和影响其他领域的现代化发展，整体推进农业农村现代化发展。

（一）着力推进产业生产机械化

生产机械化是农业农村现代化的重要标志，也是减轻农村劳动力作业负荷的重要手段，提高农业农村劳动生产率的重要途径。几十年来，河南农业农村积极倡导和力求机械化，取得了可喜的成绩，但与发达地区相比，机械化水平还不高。当前乃至将来一段相当长的时间内，河南都应继续将农业农村生产机械化建设摆在重要的位置，尽力增加农业农村固定资产投资，充实、改良农业农村生产机器设备，促使农业农村机械化建设有较大的进展。

（二）着力提高农业农村技术化水平

科学技术是第一生产力，是提高资源利用率、产出率，实现产业升级、产品升级的强有力的助力器、催化剂。河南应当高度重视农业农村科学技术的发展，优先引进、推广、研制新技术、新工艺，促使农业农村科学技术发展有更大的进步，促使科技对农业农村经济社会的发展有更大的贡献。

（三）着力培育、发展现代产业、新型产业

现代产业、新型产业是未来农业农村经济发展的主战场。河南应当加快传统农业产品、传统农村产业的改造升级步伐，努力挖掘、培植新产品、新产业，大力发展现代产业、新型产业，持续提高产品档次，增强产业竞争力。

（四）着力推进农民职业化建设

现代农业社会、现代农村社会，专业分工越来越细，作业要求越来越高，从业人员职业化现象越来越明显。第一，发展现代农业，建设现代农村，迫切需要一大批职业化从业者；第二，随着城市的大发展、工业的大发展，大量农民进城务工经商已成不可阻挡之势，农村农业从业人员越来越少，需要农民分工合作；第三，不离土离乡的农民应提高素质，增强技能，干一行、爱一行、钻一行，走职业化道路，才能适应农村社会日益专业分工态势，承担专业工作职责。河南应当将农民的职业化建设作为农业农村现代化的重要内容，大力培育"有文化、懂技术、会管理、善经营"的新型职业农民，提高农民现代化水平。

（五）着力抓好经营管理现代化建设

经营管理体制、机制、方式、手段对农业农村现代化建设有重要的促进作用，经营管理现代化是农业农村现代化的重要内容之一。相对其他领域的现代化建设而言，经营管理现代化在资金、物质方面的投入相对较少，它的现代化关键在于理念上的革新。河南是经济欠发达省份，经济实力相对较弱，应着力发展农业农村经营管理现代化，为农业农村其他领域的现代化建设创造良好的软环境，提供强大的软实力。

第三节　河南农业农村现代化发展的措施

河南农业农村现代化发展正在向前推进，既持续改进农业农村生产环境和作业条件，又日益改善农民生存环境和生活质量，同时面临不少困难和曲折，存在一些不尽如人意之处，应当扬长避短，迎难而进，狠抓薄弱环节，不断夯实内力，改善生产生活条件；积极转型升级，激活资源要素，创新驱动农业农村发展；多方争取支持，集聚有生力量，全力助推农业农村现代化建设。

一、巩固先进领域，优先发展见效快项目

农业农村现代化各个领域、各个项目的进度不一、难易不一，有的先进，发展得快，难度较小；有的滞后，进展缓慢，难度颇大。作为工业化程度不高、经济实力不强的河南，与发达省份相比，对资金的需求显得尤为迫切，对资金的使用显得尤为珍贵，应将有限的资金用在刀刃上，要节约资金，提高资金产出效率。因此，在农业农村现代化发展项目和领域支持上，要对投入少、见效快、产出大的项目和领域予以优先考虑。过去的几十年，河南农业农村现代化在有些领域发展得比较好，走在了全国的前列，如粮食生产方面远远超过沿海发达省市所定的目标值，这方面的现代化建设成就要加以巩固。

二、发挥比较优势，广泛引进外生力量

农业是基础性产业，粮食是维护国家经济社会稳定与安全的战略物品，在此方面河南有显著的比较优势，不仅如此，河南原生态环境良好，有利于动植物生息、健康食品生产和旅游休闲产业发展；加上河南自身经济力量较弱，用于农业发展、农村建设的资金有限，因此，河南应紧紧依靠和抓住粮食生产优势、农业发展优势、农村山水秀美优势，顺势而为，乘势而上，力争外部援助，广引外生力量，发展现代农业，建设现代农村。一要大力争取国家支持。这些年来，我国的经济实力上去了，财力较为充足，支农助农力度越来越大。无论过去、现在还是将来，河南的粮食和农业在我国均居于重要的地位。河南有较充足的理由获取国家援助，要想方设法争取，通过国家的重大项目助推农业农村现代化建设。二要尽力争取发达省市的支持。发达省市经济实力强、现代化水平高，许多产业正在朝内地转移，寻求后花园；河南通过生态建设为发达省市的经济发展和现代化建设做出了不可磨灭的贡献，无论是从项目承接还是从生态补偿而论，河南都可以、都应该去争取它们的支持，以改变农业农村落后面貌。三要积极争取国际支持。目前，不少国际组织和发达国家通过低息、无息贷款等方式援助落后地区的发展、支持生态环境和动植物的保护，河南有一定的基础条件，应当积极去争取，为农业农村现代化建设添砖加瓦。

三、增加物质投入，强化作业设施能力

（一）加大公共财政投入，改善农业农村基础设施

农业是基础性产业，为社会提供不可替代的粮食、油料、肉蛋等食品以及棉花、烟草等轻工原料，在国民经济发展中的地位不言而喻。农业优势弱质性产业，受自然因素的影响大，生产周期长，投资风险大，社会资本凝聚力不强，迫切需要公共财政的支持。农村地广人稀，通水、通电、通路、通信密度小，线路长，投资大公益性强。公益性基础设施建设，离不开公共财政援助。目前，河南农业生产和农村发展的基础设施还很薄弱，已有的少部分基础设施

由于年代久远、修复不力，功能呈退化态势。脆弱的基础设施、退化的基础设施严重制约着农业和农村的发展升级，亟须加固、强化。要加大公共财政投入，并通过财政的积极支持，吸引社会资金参与农田基本建设、农村水利建设，提高农田标准化、农村水利化水平；改造农村生产、生活生态环境，提高农村园林化水平；加强农村道路、电力、通信等基础设施建设，提高农村道路硬化率和公路等级，提高农村电气化、信息化水平。

（二）用先进的装备武装农业，提高农村工业化水平

现代化的一个重要标志是生产资料尤其是生产工具的现代化。生产工具越先进，现代化水平越高。当今社会，农业和农村工业、运输业、仓储业作业工具日益出新，便捷性、功能性日益增强，在减轻农民劳动负荷，提高农业和农村劳动生产率方面产生着重要作用。河南农村劳动力占有的固定资产十分稀少，是离现代化目标最远的一个指标，是农业农村现代化建设最薄弱的一个环节，应当大力增加物质投入，努力改进生产工具，用先进的装备武装农业，用先进的装备夯实农村。要加大农机补贴，鼓励农户和农村企业积极购置新的机器，提高农业生产和农村作业机械化水平；要创新发展农业生产资料，努力发展设施农业，提高农业工厂化水平；发展精准农业，优化配置水土、化肥、饲料等资源要素，提高生产资料使用率；要积极发展农用工业，源源不断地生产和提供农业产业及其加工业发展所需的物质原料和装备，夯实农业生产及其产品加工生产能力，提高农业工业化和农村工业化水平。

四、转变生产方式，提高产业竞争力

（一）优化产业结构，提高产业层次和产品档次

结构决定功能，功能决定效率。随着生产力的发展和生活方式的改变，农业产业和农村产业发展必然随之而变。就农业产业结构而言，在生产力水平低下、产品供给能力不高的年代里，农业产业基本以种植业为主，种植业又以粮食作物为主；在工业完成原始积累，进入快速发展，并日益成熟之时，以机械为主要代表的社会生产力显著增强，以营养健康为根本的生活消费方式发生改变，农业产业也将由种植业偏向养殖业，由种养业偏向加工业。欧美发达国家

和我国的一些沿海发达地区，已经实现了或正在推进这种转变，河南也应当顺应这种转变，以便跟上时代步伐，增强市场竞争力。要积极调整农业产业和产品结构，大力发展畜牧业和渔业，大力发展绿色食品和有机食品。这是河南生产力进步的必然要求，是河南生态优势转化的有力展现。

（二）加强科学技术研究，加速农业农村科技进步

科学技术是推动农业和农村发展不断进步的力量源泉。目前，科技对农业和农村发展的贡献不少，且份额呈递增之势。农业发达地区的科技贡献率普遍在80%以上。河南农业科技贡献率比国外和国内一些发达地区少10多个百分点，农业生产及其产品的科技含量不高。现实表明，河南可用于农业发展的自然资源十分有限，该开发的基本已经开发了，未能利用的，进一步开发的难度也很大。未来，河南应提高资源的产出率，走持续高效的内涵扩大再生产之路，变资源型发展为技术型发展，注重资源的再生产，提高资源的附加值。要加强科学技术研发，抓好科技园区和科技平台建设，推进农业科技革命，发展高新技术产业和产品；要完善农业农村科技成果转化体制和机制，推进重大科技成果产业化发展，加速科技成果转化为现实生产力；要努力提高物质产品和精神产品技术含量，提高农村资源的投入产出比和资源价值，实现农业、农村经济增长和社会进步。

（三）加快产业化发展，提高规模化程度

河南人均耕地少，土地插花现象突出，农业经营表现出较大的分散性，不利于现代农业生产资料的统筹使用和现代生产工具的功能全面发挥，规模效益不高，劳动生产率较低。分散经营的格局，即使农村能人，也难以发挥"领头雁"的作用，农业难以取得突破性发展。对这种"小而全"的经营方式，要进行一定程度的变革。要加快农村土地制度改革，促进农地流转，大力发展家庭农场，鼓励农地集中连片经营，最大限度地推行规模化经营，创造规模效应。要继续推进农业产业化经营，尽力扭转农业产业链割裂、农业生产各环节被截断的现象，把人为分割的贸工农、产加销各环节有机联结起来，构成涵盖农业再生产全过程的完整产业链，实现农村各类资源的优化配置，实现农村各种产业的协调共进，变低效产业为高效产业。

五、增强劳动力素质，提高城镇化水平

（一）加强职业教育，提高农民劳动技能

随着农业生产力的发展，河南会有越来越多的农民从大田生产中分离出来，从事非农产业经营，与此同时，无论是对务农农民还是对务工农民在素质上都提出了更高要求，在技能上都面临着更多挑战。因此，要高度重视农民智力开发，加强文化教育和知识培训，提高农民守业、创业技能，充分培育有文化、有知识、会经营、善管理的新型农民；狠抓农民绿卡工作，将守业农民打造成能提高农业生产水平、拓展农业生产经营新领域的职业农民；狠抓农民再就业工作，将务工农民打造成进城能务工经商、返乡能务农的农民工；狠抓返乡农民办企业工作，将打工农民打造成在家乡开店、建场、办厂，发展新实体经济的开创者。

（二）转移农业人口，提高农民市民化水平

目前，河南的农业劳动生产率和农民生活水平，相对于城市和国内外农村发达地区来讲还是比较低的，除生产力水平和经济发展水平不高外，还有一个重要的原因是农业人口多、农业劳动力过多，劳均拥有的耕地和物质技术装备少。众所周知，在一定的农业和农村资源条件下，转移一部分农业劳动力，剩下的劳动力所占有的资源就会多一些，劳动力资源的利用就会更充分一些，有利于提高农村生产者的劳动生产率，增加人均创造的财富量；转移一部分农村人口，剩余的农村人口所分享的医疗、卫生、文化、教育等农村社会公共资源会多一些，人均收益也会高一些，有利于提升农村居民生活质量。从城市的角度来看，目前大中城市规模有了较快的增大，城市二、三产业发展得到了较快的发展，吸纳人口和劳动力的能力有了显著提高，需要大量的农业劳动力参与城市建设。转移一部分农业人口和劳动力，既对农业、农村有利，也对城市有利，应当创造条件，努力转移农业人口和农村劳动力，加快农民市民化进程。要加快户籍制度改革，清除城乡分割壁垒，鼓励城乡劳动力自由流动和就业；要放宽农民进城落户条件，在农民工就业、劳保及其子女入学等方面给予与城镇居民一样的待遇，切实保护农民工权益，使农民成为真正的市民。

（三）以城带乡，提高农村城镇化水平

农村集镇是城乡发展的接合部、城乡资源流动的纽带和桥梁。发展小城镇有利于城市生产要素和生活要素向广大农村扩散和流动，也有利于农村居民近距离感受城市生活气息，享受城市的发展成果。要大力发展小城镇，合理布局小城镇，注重小城镇数量与质量并进，增强小城镇的集聚力，使之成为广大农村居民生产生活的便利场所。要鼓励大中城市资源向农村流动，充分借助和利用大中城市的发展元素，丰富农村小城镇发展内容，扩大农村小城镇发展空间，提高农村小城镇化建设水平。

六、加强环境治理，改善居住条件，提高生活质量

（一）加强环境治理，美化生态环境，营造农村生产生活舒心环境

相对于其他省市而言，河南省尽管在环境治理、生态优化中取得了显著成效，但是还存在工业废水、废气和城市生活垃圾流放农村的现象，农村生产生活垃圾乱放、脏水乱排现象较为突出，与现代人的快乐生产、健康生活很不相符。要倡导绿色、低碳生产生活理念，进一步加强生态环境修复，加强生产生活环境综合治理，控制工业"三废"流入农村，无害化处理农村垃圾、污水，美化农村生产生活环境。

（二）强化文卫建设，完善社保制度，提升农村居民生活质量

繁荣的文化、便捷的医疗、健全的社保是农村现代化发展不可或缺的内容。要加强农村文化建设，大力弘扬优秀的传统文化，积极推广健康向上的新文化，多方丰富农村文化内容。加强农村体育设施建设，广泛开展各项体育活动，让农民劳有所乐，乐能所知，促进农民智能和体能不断提高。加强农村医疗卫生建设，随时防范病害发生和传播，及时治疗突发性疾病，切实保障农村居民的身体健康、心理健康。健全、完善农村劳动保险和养老保险制度，让农村居民在任何时候都能踏实、安心劳作，无忧、宽心生活。

第九章 河南农业农村现代化
发展的对策建议

第一节 产业升级是河南农业农村现代化
发展的重要途径

农村现代化涉及面广，既有经济发展方面的现代化，也有社会、技术发展方面的现代化。经济是现代化发展的物质基础。经济的现代化是农村现代化的首要任务。经济的根基在于产业，从某种意义上讲，没有产业现代化就没有经济现代化，没有经济现代化就没有农村现代化。促进河南农业农村现代化建设，关键在于抓住核心，抓住"牛鼻子"，狠抓传统产业的改造升级，大力发展新型产业。

一、农村产业发展的作用与特点

（一）农村产业发展的地位与作用

河南以农业经济为主，农业在国民经济中占有重要地位。改革开放以来，河南现代化之所以有长足发展，农业和农村非农产业的发展功不可没。

（1）河南农业产值比重大，对地区生产总值贡献大。2019年，河南粮食产量为 6695 万吨，占粮食主产区总产值的比重为 12.8%，高于全国平均水平 10.1%。2019 年，吉林、黑龙江、河北、山东、安徽、湖南、湖北、四川等传统农业大省，第一产业占地区生产总值的比重，低者为 7.20%，高者达 23.38%①，也高于全国水平，农业的地位和作用是十分明显的。

（2）农村产业发展为农村现代化建设夯实了物质基础，提供了丰富的农产品。2019 年，河南粮食、油料、水果、肉类、水产品产量依次为 6695.36 万吨、645.45 万吨、950.74 万吨、560.06 万吨、99.08 万吨，分别是 1978 年的 3.19 倍、26.72 倍、20.18 倍、12.27 倍、40.11 倍。

（3）农村产业发展改进了农民生产和生活方式。一是由单一的粮食生产朝以粮为主、多种经营转变。20 世纪 80 年代以前，河南农民绝大部分从事粮食生产，资源分配上也以粮食产业为主。1978 年，河南省粮食播种面积占农作物总面积的 83.19%，至 2019 年则下降为 73.14%，非粮食作物种植面积增加了 10.05 个百分点。二是从长期固守农业发展向农业和非农产业并举转变。1978 年，河南省从事第一产业的就业人员数占全省就业人员数的 80.58%，2019 年则下降为 34.70%，从事二、三产业的劳动力上升了 45.88 个百分点。不少农民由纯农向兼林、兼牧、兼渔和农民工转变。三是从传统农业生产向现代农业发展转变。20 世纪 80 年代以前，河南农业仍以自给自足为主，农业耕作以人力、牛力为主，生产工具较为落后，农业科技进步贡献率不到 30%，现在则以商品经济为主，机械化、化学化、园林化、水利化、电气化和信息、生物技术不断地伸向农业各个领域，有的对农业生产产生了很大的促进作用，农业科技进步贡献率达到了 60.7%。

（4）农村产业的发展增加了农民收入，改善了农民生活质量。1978 年，河南农村居民人均可支配收入仅有 104.71 元，2019 年达到了 15163.74 元，增长了 144.82 倍。河南农村居民人均消费粮食、肉类、禽类、蛋类、水产品，2019 年依次为 137.13 千克、14.81 千克、5.69 千克、13.04 千克、3.30 千克，食物结构得到了很大改善。不仅如此，电视机、洗衣机、电冰箱、空调、抽油烟机、微波炉、热水器、移动电话、影碟机、小汽车等现代生活设备日益进入农家，现代生活理念渐入民心，农民吃穿住行娱越来越时尚、越来越现代化。

---

①　国家统计局：《中国统计年鉴 2020》，中国统计出版社 2020 年版。

农村居民恩格尔系数由 1978 年的 60.7%下降至 2019 年的 26.2%。农民的温饱问题解决了，正朝小康生活、富裕生活迈进。

（二）农村产业发展特点与演变趋势

随着农村社会生产力的发展，农村社会经济发展中的分工日趋专业化、社会化。河南农村产业结构变化由农业为主的结构转向农业和非农产业共同发展的结构，由以农村工业为主体的结构转向农村工业和第三产业协调发展的结构，已经从改革前以第一产业为主的单一产业结构形态进入三次产业共同发展的新阶段。20 世纪 70 年代末，河南农村产业的发展主要以农业为主，农业在农村社会总产值中的比重达 80%以上；农业以种植业为主，种植业产值在农业中的比重达 80%以上，种植业以粮食产业为主，粮食作物产值占 70%以上。目前，农业在农村社会总产值中的比重、种植业在农业的比重、粮食作物在种植业产值的比重，均降了一二十个百分点。农村中非农产业的发展，农业中林牧渔业的发展，种植业中经济作物的发展，步子很快，非农产业在农村社会总产值、林牧渔业在农业总产值中的比重均在 50%以上。与此同时，农村各产业的关系也日趋紧密。具体而言，呈现出以下特点：

（1）农业产业变化。总体而言，在河南农业经济中，种植业为主，畜牧业其次，林业位居第三，渔业居后，种植业、林业比重呈下降趋势，畜牧业和渔业比重呈上升趋势。种植业在农业总产值中的比重从 1978 年的 85.70%降至 2019 年的 63.32%，减少了 22.38 个百分点；林业从 1978 年的 2.70%降至 2019 年的 1.64%，下降不多；畜牧业从 1978 年的 11.40%上升为 2019 年的 27.12%，增加了 15.72 个百分点；渔业从 1978 年的 0.20%上升为 2019 年的 1.38%，增加也较明显。

第一，种植业。2019 年，河南粮食作物播种面积占农作物总播种面积的 73.14%，比 1978 年的 83.19%下降了 10.05 个百分点，而经济作物比重则有所增加。粮食播种面积从 1978 年的 9123.30 千公顷，增加至 2019 年的 10734.54 千公顷，增加了 1611.24 千公顷；非粮食作物播种面积从 1978 年的 1843.40 千公顷增至 2019 年的 3941.89 千公顷。在经济作物中，棉花种植面积略有减少，油料作物种植面积增加明显，41 年中油料作物面积增长了 3.30 倍达 1533.93 千公顷。

第二，畜牧业。河南以猪的饲养为主，其产量从 1978 年的 42.20 万吨增加到 2019 年的 344.43 万吨，占畜牧业产值的比重从 92.46% 下降至 61.50%。

第三，林业。河南以林产品为主，林产品产值从 1978 年的 2.58 亿元增加到 2019 年的 140.76 亿元，林业产值的比重从 2.70% 下降至 1.65%。

第四，渔业。河南以鱼的养殖为主，养殖产量从 1978 年的 2.47 万吨增加到 2019 年的 99.08 万吨，占肉类产量的比重从 5.41% 升至 17.69%。

（2）农村产业结构变化。从农村产业结构来看，河南农业、林业、畜牧业、渔业产值结构由 1978 年的 85.70：11.40：2.70：0.20 调整为 2019 年的 63.32：27.12：1.65：1.38。河南农村产业发展由以农业为主的结构不断转向以农业和非农产业共同发展的结构，而且养殖业和非农产业发展速度较快。

二、农村产业升级基础与调整导向

（一）农村产业发展升级基础

农村产业发展的基础条件包含的内容很多，既有自然资源条件又有社会经济技术条件。与过去相比，河南农村产业发展的基础条件在许多方面都有了很大的改善。

（1）生产对象拓宽，产品总量增加。农业生产的对象为动植物。过去的农业生产水平较低，社会生产力落后，人们以解决温饱为根本目的，农业生产的对象主要局限于粮食和生猪，几乎所有的农业活动都以此二者而流转。如今的农业和农村状况大有好转，生产对象大大拓宽，在继续关注粮食和生猪生产的基础上，经济作物、草食动物、水生动植物、农产品加工业、运输服务业等均有了显著的发展，农产品及其加工品显著增多。根据前文可知，40 多年来，河南水果、肉类、水产品产量增长了几十倍，油料、棉花、烟叶也有了大幅度增长；农业总产值、农村工业、建筑业、运输业、商业、饮食服务业产值也增长了几十倍。

（2）劳动力创业能力和生产能力增强。河南农民一方面承受着耕地减少、耕作利益下降的压力；另一方面潜在的向外部转移趋势以及国家政策的倡导，非耕地产业活力较高，农民纷纷走出耕地，从事非耕地农业和非农产业，在有意或无意中增强了创业精神和创业能力。综观农民的生产能力，无论是从事耕作的农民，还是从事非耕作的农民，其创造产品的能力都有了明显提高。2019年，河南二三产业就业人员数达4284万，是1978年的7.86倍。

（3）资源利用和土地产出能力上升。农业资源范围广泛，而基本的生产资料则是土地。河南土地资源的利用及其产出水平也有了较快发展。2019年，每公顷耕地产出粮食、油料、麻类、烟叶分别为6237千克、4208千克、6879千克、2631千克，比2012年多584千克、359千克、1327千克、185千克。

（4）物质装备水平和农业科技转化能力增强。2019年，河南农业机械总动力为10357万千瓦特。农业科技贡献率由20世纪80年代初的30%左右提高到2019年的60.7%。

（5）农民收入显著增加。1978年，河南农村居民人均可支配收入仅有104.71元，2019年则为15163.74元，增长了144.82倍。

（6）社会生产方式得到革新改进。生产和生活水平提高后，农民更加关注资源的配置效率、农产品的科技含量，注重集约经营和产品质量，注重投入产出率和产品竞争力，注重生产的区域化、专业化、规模化和社会化。

（7）农村生态环境得到改善，农村可持续发展能力增强。过去，在突出"以粮为主"的农产品数量过程中，不可避免地带来了资源利用单一、土质退化、生态破坏等问题。经过战略性调整后，各地更加注重生态环境改良和突出可持续发展问题，普遍实施了退耕还林、退田环湖工程，整治农业生产生活环境污染，提高了资源再生能力，增强了农村可持续发展能力。

（8）农村各产业之间的关联性日益增强。农业已从相对独立的生产部门变成了一个离开现代工业、服务业便不能独立存在的产业。一是农用工业在农业中的作用日益增强，动力机械和电力逐渐取代了人力和畜力成为主要动力，化学肥料取代有机肥料成为主要肥源，农用薄膜温室功能效应越来越受到重视并广泛使用。二是农产品加工贮藏业在农业中的地位越来越凸显，大量的农副产品经过加工贮藏包装，得以升值；以农产品为原料的轻工业得以发展壮大。三是农村第三产业与第一产业、第二产业的关系越来越紧密。农村金融、农业科技、农村物流在农村经济发展中的贡献作用越来越突出，第三产业伴随着对第一、第二产业支持而日益发展壮大。四是农业内部各产业的协调功能也日益增强，养殖业（畜牧业、渔业）伴随种植业（农作物、林业）的发展而发展，如扩大饲料作物种植面积因农作物产品增加而成为可能，种植业因动物肥料的提供而发展。

当然，河南农村产业结构较为单一，农产品加工化能力较低，农业占的比重较大，工业的促进作用不突出，第三产业发展缓慢，需要加以调整和升级。

（二）农村产业结构调整与升级

20 世纪 80 年代以来，随着农业生产力水平的不断提高、农副产品的大量增加，以及社会消费和市场需求的变化，河南加快了农村产业结构调整，取得了较大的成效，然而，河南农副产品大路货较多，特色产品、名优产品少，传统产业和产品趋同比较突出，新型产业和产品适应不了日益多样化、高端化的市场需求。只有根据市场需求，结合当地条件，适时适地调整生产结构，才能规避经营风险，提高经营收入。

（1）稳定粮食生产，积极发展多种经营。粮食是国民经济的基础。我国是一个人口大国，粮食安全问题始终是国家的头等大事。粮食生产是社会各界非常关切的产业。河南是我国粮食的主产区，担负着为国家提供粮食的重要使命。河南应不断提高粮食生产能力，壮大粮食产业，在增粮中增收，在增收中增粮。一是顺应市场消费需求变化，调整粮食品种结构。人们对粮食的消费表现为各类原粮及其加工品和由其转化而成的肉奶蛋鱼等动物性食物。目前，人们对原粮的消费日趋减少，而对原粮的加工品和转化品消费则日益增多。人们的消费特点及其演变，牵扯着粮食生产结构的变化。就水稻而言，杂交稻和常规稻的生产，应发展产量高、口感好的优良品种和具有地方特色的传统品种；早稻和晚稻的生产，主要提高早稻米质，增加晚稻面积。二是遵循区域环境条件，调整粮食生产结构。要因地域条件、因粮食作物而安排生产，获取小区域的最大产出能力。稻谷、大麦、小麦、玉米等有适宜区、次适宜区、不适宜区之分，有高产区、中产区、低产区之分。除了不遗余力地改造中低产粮田外，将低产区的食用粮生产转变为饲料粮生产，也是一个可选途径，因为这样既可提高单位面积粮食产量，又可以适应食用粮趋减、饲料粮趋增的市场需求，改善食用粮与饲料粮的结构。三是依据本地粮食优势，大力发展养殖业，按"一品多转"的思路，搞好粮食增产后的出路工作，把人们不爱吃的粮食转为人们爱吃的食物，使粮食的价值加倍增长，这样既有利于粮食生产结构调整，又有利于粮食生产能力提高。四是调整农作物播种面积，扩大经济作物和饲料作物播种面积，提高耕地复种能力，搞好作物成本核算，兼顾其社会用途，合理播种于秋冬闲田上，改善农作物结构，增加农产品总量，满足农产品加工业和畜牧业的发展需求，继而搞活耕地产业。五是大力发展水果和动物生产，将水果业、畜牧业、渔业生产提高到一个新的水平。充分利用荒山、荒坡、荒水、荒滩，拓展水果业、水产业、畜牧业发展空间，跳出平面视角，增强立体概念，发展立体农业，切实改进农业产业结构，寻找和增加新的农业增长点。

（2）大力发展农副产品加工业，促进农村制造业发展。河南农村资源丰富，第一产业产品较充足，亟待解决的问题是加工增值，需要第二产业尤其是加工业的发展来助一臂之力。第二产业是农村第一产业的后卫，又是第三产业的前锋。通过第二产业的发展，转化、消费第一产业提供的原料，既可扭转"售原料、收益低"的处境，又可为第一产业保驾护航，坚定其继续发展的信心，避开"卖难"的被动局面，也符合以加工产品为主的我国现行外贸体制。通过第二产业的发展，吸纳农村剩余劳力，逐步形成集散地，扩大影响面，崛起饮食服务、信息通信、金融保险等第三产业。

河南最大的优势在于农业，最丰富的资源是农副产品。粮油、瓜果、蔬菜、畜产品、水产品等农副产品直接销售收益低，通过加工、转化可几倍甚至数十倍增值。第一，河南农副产品加工转化能力普遍较弱，卖原始产品居多，初加工产品比重大，精深加工产品比重小，需要做大做强农产品加工业。第二，即使出售初级产品，也由于农产品体量大、易腐烂、难储运，需要就地转化加工，以减少浪费，减少储存、运输成本。第三，农村发展资金相对不足，而农副产品加工业投资量相对较少，正好可用来解决农村资金不足又要上企业的矛盾。

农副产品加工业应突出食品工业的发展。食品工业是河南农产品加工业的支柱，是河南制造业的重点。河南食品加工原料丰富，地方美食产品众多、生产历史悠久、工艺独特，市场前景广阔，不仅如此，河南生态环境相对优美，具备发展绿色食品的优越条件。不过，河南食品产业不够发达，投资不足，工艺革新滞后，换代期太长，营销乏力，产品升值不高，竞争力不强，制约着该产业的做大做强。要重视食品产业发展，转变食品发展传统观念，树立大粮食、大食品现代发展理念，从重视初级食品生产转到狠抓食品产业链发展的高度上来，从小而散、自给自足的传统发展格局转到高品质、规模化的现代化大生产上来；通过食品工业的发展，推动农业、食品机械工业、食品文化科技产业等相关产业的发展。

（3）努力发展农村高新技术产业。过去的几十年里，河南农业增长主要是通过外延扩大再生产方式来实现的。然而，近年来，一方面可用于农业发展的自然资源十分有限，该开发的已基本开发了，未能利用的，进一步开发的难度也很大。另一方面农业生产资料的总量虽然大大增加了，农村居民家庭生产性固定资产一直在增长，但是每万元农业生产性固定资产带来农业总产值却不高，农业科技贡献率也比国外和国内一些发展地区少 10 多个百分点，农业生产及其产品的科技含量不甚高。未来，河南应做的是提高资源的产出率，走持续高效的内涵扩大再生产之路。推行农业科技革命，加速科技成果的推广与转化，发展高新技术产业，提高经济发展的科技含量，把农业和农村经济的发展真正转到主要依靠科技进步的轨道上来，变资源型发展为技术型发展，提高资源的再生性和附加值。

（4）着力发展农村流通产业。加强市场、销售队伍、信息网络建设，沟通内外联系，拓宽外地市场；加强横向经济联系，积极进入"大舞台"。立足于国内市场，积极跻身国际市场，选择多目标市场，以在比较中寻找贸易机会。就国内市场而言，应利用自己的产品优势，巩固老市场，开辟新市场，除加强历史形成的流通渠道和开通县、省边际贸易，互通有无，取长补短外，还要积极发展同东部沿海省区贸易，搭车参与国内国际经济"双循环"。组织跨地区、跨行业、跨所有制的农副产品和加工品的经营和运销集团，建立综合服务站及专业合作社，开展产供销全程服务，既可为农民提供稳定的产品销售渠道，又可为加工企业建立可靠的货源基地，鼓励农民进入流通领域，对滞销产品实行"一品一策"的灵活销售政策。要大力发展农村连锁经营、物流配送、电子商务等现代流通方式，推动交易方式、服务功能、管理制度、经营技术的创新，全面推进农产品、乡村工业产品、建筑材料、工农业生产资料和其他物流网络建设。

（5）积极发展农村旅游业。河南农业旅游资源、自然资源极其丰富，民俗区域性特色较明显；工业化起步较晚，农村自然环境受工业污染较少，基本上属自然状态，为旅游休闲业的发展提供了良好条件。经过多年开发，农业休闲旅游已初见成效，涌现了一大批闻名退迩的农业旅游景区，农民受益、农村受益、地方受益。发展农村旅游业，搞活农乡乡村经济，拓展农业、农村和农民菜园的重要途径。为此，要加大投入，其实搞好乡村旅游规划，深入挖掘农村旅游景点和项目，不断完善乡村旅游设施，培训乡村旅游人才，积极推进农村旅游事业的发展。

（三）农村产业的优化布局

不同的地区有不同的自然资源条件和社会经济技术文化条件，资源禀赋的数量、质量差别较大，这就决定了各地区农村产业发展的道路也不同。农村产业结构的调整与布局，既要根据区域的自然、经济、技术特点，充分发挥比较优势，实现区域间的互利互补性，扬长避短，又要根据市场动态，合理配置生产要素，提高资源利用率和产出率，降低成本，增加收益，促进整个区域的经济发展。一是按照区位特点布局农村产业。城郊地区离市中心近，二三产业较为发达，人口高度集中，应大力发展农村二三产业和高效益、高附加值农业。平原地区地势平坦，应着重发展以粮食为主的种植业。滨湖地区水资源丰富，应大力发展水产养殖业。山区植被覆盖好，应侧重林业和畜牧业发展。丘陵地区介于平原与山区之间，宜发展果、茶等经济作物产业。二是按照资源优势布局农村产业。农产品丰富地区，应大力发展农副产品加工业；农业劳动力资源充裕地区，可发展劳务输出产业；矿产资源优越地区，应多关注采矿及其相关产业的发展。三是依据能力水平确立农村产业发展方向和重点。对农业基础条件好、生产水平高的地区，应侧重于提高农业劳动力素质，加固农业生产防御体系，引进科技，加快推广，发展农产品加工业，提高配套服务能力，提高投入产出水平，走内涵扩大再生产之路，把农业生产能力的提高，置于高附加值农业和创汇农业上。对于农业生产水平处于中间水平、条件稍好的地区，应致力于进一步提高农业的集约化程度，增加农业资金和物质投入，强化农田水利基本建设，调整农业生产结构布局，优先发展"三高"农业；致力于农业生产效率的提高和加工销售环节的疏通。积极发展二三产业，尤其是以农产品为原料的加工业，增强自我发展的能力。对于农业生产条件较差、生产水平不高的地区，要给予特别支持，为其创造有力的环境。要大力武装农业、改善生产条件、开展多种经营、兴办乡镇企业，广开生产门路，减少地区农业利润转移。

三、农村产业发展升级的措施

（一）转变观念，促进农村产业转型升级

（1）树立现代产业、新型产业发展理念。转变发展方式，大力发展现代产业和新型产业是农村产业经济复兴的必由之路。一是主动适应经济发展新常态，积极调整产业、产品结构，促进产业、产品发展从低端走向高端；着力改造低端制造业，努力发展高端制造业，将中低端制造业转型升级为中高端制造业，加速劳动密集型产业到资金密集型、技术密集型产业的升级。二是引进产业发展新元素，努力将物联网、大数据、云计算等新信息技术用于传统产业发展，有计划、有步骤、有目标地转换传统产业，加快传统产业的改造升级。三是积极寻求和发展新型产业，努力发展智慧型工业，推进先进制造业发展，提高农村非农产业核心竞争力；大力发展高效农业、特色农业、绿色农业，提高资源产出率，增强农产品安全性，提高农产品竞争力；提升现代物流、电子商务、会展、批发分销等生产服务领域的专业配套功能，推进优势传统产业生产服务环节的市场化、社会化发展。

（2）树立循环经济发展理念。循环经济是现代经济发展的客观要求。农村各产业的发展互有联系，任何一个产业的发展都会影响其他产业的发展。例如，种植业、林业、畜牧业、渔业及其延伸的农产品加工业与农产品、加工品、生产资料商贸业、科技、金融、信息服务业之间存在循环关系，是一个完整、有序的农业产业链，相互依存，共同发展。① 发展循环经济可以使农村各种资源得到充分、合理利用，提高产业经济发展质量。要大力开发、推广节能减排技术，加快淘汰落后生产能力，限定、缩减高能耗、高污染产业发展规

---

① 杨瑞珍、陈印军：《中国现代生态农业发展趋势与任务》，《中国农业资源与区划》2017年第5期。

模。切实加强环境保护和治理，深入开展环境综合整治、工业污染治理、受污染地区生态修复等工作，发展清洁生产，实行废物、废水、废气无害化处理，加强土、水、林、矿产等资源的节约集约利用，提高资源利用率和产出率。

（二）增加投入，夯实农村产业升级能力

（1）加大资金投入，建立农村产业发展投资长效机制。一是加大公共财政支农力度。农业是弱质产业，农村产业发展基础较差，农民收入增长缓慢，扩大生产、追加投入的能力很有限。支持和保护农业生产，是由农业的自然再生产和经济再生产的特性所决定的，也是许多农业发达国家和地区在拟定国民经济发展谋略中普遍性的做法。河南在争取国家财政支持的同时，要调整当地国民收入分配结构，确保财政支农资金增长幅度高于财政经常性预算收入增长幅度，积极支持农村国计民生产业和新型产业发展。二是建立多元化投融资体系。河南农村产业发展除了努力争取政府投资外，也要制定有利于工商资本、民间资本、金融资本等社会资金引入农村产业发展的政策，按市场运作方式，构建多元化投入机制，广泛筹措产业发展资金。要发挥公共财政投资导向作用，鼓励金融部门、工商资本投资农村产业项目开发。要建立良好的小额放贷信用机制，探求解决中小企业和农民贷款难问题，吸引企业和农民把更多的资金投向农村产业发展项目，吸收社会闲散资金投向农村产业开发。要继续扩大对外开放力度，充分利用和发挥本地的资源优势，努力改善投资环境，通过合资、融资、合作、租赁等方式，积极引进和利用外资，形成全方位、多元化的投入体系。三是突出投入重点，提高投资效率。在多渠道、多层次筹集资金的同时，要管好、用好已有的资金，充分发挥现有资金的效益。目前，用于农业和农村经济发展的资金渠道不少，但使用分散，形成不了明显的整体效益。要对各种渠道的资金进行适当的整合，配套使用，最大限度地发挥投资效益。要深入剖析产业发展潜力，选好项目，统筹安排，突出重点，择优投资，形成合力，提高农业和农村发展资金的投入产出率。要注重资金、物资与科技和劳动力投入的配置并综合运用，最大限度地发挥资金投入效应。

（2）强化农村公共基础设施，改善农村产业发展物质条件。无论从农业的贡献和地位来看，还是从"三农"问题的影响面来看，加大河南产业发展的人力、物力、财力的支持力度，努力改善和充实农村产业的基础设施条件，都具有重大的现实意义和深远意义。基础设施的完善和配套是农村经济发展的重要基础条件。基于此，要调整建设资金的投向和结构，将基础设施建设由以城市为主转向更多地支持农村，使以下几个方面的农村基本建设有突破性进展，以满足农村各产业的发展需要：一是努力加强农田水利设施建设，消除水患旱灾，防治水土流失。首先应抓好农田基本建设，提高耕地质量，在旱涝保收的前提下，要抓好水利设施的配套和排灌沟渠的维修、管理，搞好大中型病险水库整险加固，更新改造一批大型泵站和大中型排涝灌溉设施。改善水利灌溉，提高水利设施效益。其次在改造中低产田方面，要针对"旱、渍、涝"等问题，在搞好水利设施的基础上，以增肥改土为中心，开好环山沟，排除田间渍水，降低地下水位，增施有机肥料，加深耕作层，对酸性较高农田适量施用石灰，改良土壤理化性状。种足种好绿肥，实行冬季作物绿肥与油菜轮作，努力提高绿肥单产，把扩种绿肥作为一项农田基本建设的重要措施切实抓好。二是加强农村道路、交通、通信、仓储建设，促进农村物流业发展。加强农村道路建设，实现村村通车目标，改造县、乡、村公路，提高现有公路等级和路面完好率。加快农村广播电视建设，改善农村邮电通信条件，着重解决村以下的邮件直接到户，使之成为传递科技信息的有效窗口。三是加强农村能源和城镇建设。大力发展农村沼气，适度发展农村小水电，努力改造农村电网，切实解决农村能源不足矛盾。加强县城及各乡镇的城镇建设，包括交通、街道、市场、通水、通电、绿化、文化、卫生等的建设，同时，有选择地建设一批有发展前景的工商结合、城乡一体、设施完善、功能齐全的新型集镇，为产业专业化、规模化、社会化发展搭建良好平台。

（3）强化农村科技研发工作，提高农村产业发展科技含量。要把科技兴农、科技兴企置于重要的战略位置。大力革新产业技术，推进传统产业向现代产业转变，争取科技进步在经济增长中的贡献有较大幅度提高。一要加强科学研究，不断开发新技术。认真研究行业产业结构、技术结构、装备力量，围绕提高产品质量，降低物质消耗，提高经济效益等内容，优化生产要素，有计划、有步骤地进行技术改造，发展高新技术产业，使该行业的技术装备、工艺水平、产品质量上一个新等级。要依靠各有关部门、大专院校、科研机构和生产单位的力量，密切协作，对经济发展中亟待解决的应用技术进行攻关。二要积极引进推广应用各产业科技成果。积极稳妥地引进国内外先进技术、先进方法、先进设备，引进高新技术和实用见效技术，武装农村科技创新能力。努力推广现有的科研成果、适用技术，着力实施传统产业的技术改造。要注意适应技术的配套使用，发挥多技术综合运用的整体功能。积极有效地把先进的科学技术成果应用于农村产业发展的各个领域及各个环节，使科技成果转化为现实的生产力。三要健全农村产业技术推广体系。进一步加强市、县、乡、村、农户技术推广体系建设，建立健全各种形式的技术推广组织，形成一体化技术推广网络。目前尤其是要完善县一级、加强乡一级、建立村一级，大力发展各种类型的科技示范户，形成可靠的、富有活力的技术推广网络，加强科技和信息传递与反馈。

（4）提高农村劳动者素质，培育农村产业发展人才。无论农村的科技进步还是工商企业的科技进步，关键是人才问题。当前，农村科技力量薄弱，要积极引进人才，培养人才，开发人才，有计划有步骤、分期分批地培养专业人才，充实加强管理部门、技术部门和生产、经营部门的技术队伍。通过多渠道、多方式，不断壮大各种专业科技人员和农民技术员队伍，培养造就一支过硬的科技人才队伍。一要积极发展职业技术教育，逐步提高管理者、生产者、经营者的素质。要扫除农村青壮年文盲，在农村中学普遍开设农业技术课，采用科普读物、电子化教学和现场观看传授、训练班等形式，对农民进行技术培训，提高农民的科学文化素质和运用科学技术的能力。要重视企业生产经营者的技术培训，重视管理干部和技术人员的再培训。强化农业科学普及工作，大力开发农民智力，重视农民科技文化素质的提高。二要增加智力投入，"请进来""送出去"，采取以师带徒、岗位练兵、办培训班或选送职工至大专院校和大中型企业定向代培等方式开发人才。深入发掘、大胆起用农村的能工巧匠、乡土专家和职工中的经营能人、技术尖子。大力引进科研单位、大专院校、大中型企业和离退休的科技人才。三要关心爱护各类人才，对现有管理人员、技术骨干和自学成才职工应给予相应待遇，委以适当工作。要提高科技创新人员的政治待遇，对"土专家"在职称、荣誉等方面给予与专业技术人员一样的待遇。逐步改善和提高他们的工作条件和生活待遇，做到事业留人、感情留人，适当的待遇留人，调动他们的积极性。

（三）强化组织管理，完善社会服务，激活农村产业发展要素

（1）改进农村产业发展的组织领导工作。农村产业发展是个复杂的系统工程，既牵涉农村一二三产业及其内部各产业的发展方向、规模、进度，又牵涉农村人力、物力、财力的配置和优化组合，没有一个强有力的组织协调机构和高效率的领导机制，其发展问题和矛盾就难以化解。一是领导机制。领导是社会经济发展的策划者、领路人。领导者素质的高低、领导机制的好坏，对一个地方、一个产业、一个企业的发展有着举足轻重的作用。在现实生活中，乡还是那个乡，村还是那个村，山还是那座山，土还是那方土，但是前后领导班子尤其是"班长"的领导作风、管理作风及其对经济发展的思路不一样，其面貌变化也不一样的事例随处可见。为了加快新农村建设和产业发展，首先应对乡、村的主要领导和领导班子进行梳理，形成能上能下、能进能出的竞争机制，放宽视域、擦亮眼睛选准主要领导，为其配好助手。上级部门、上级领导要经常督促乡村领导改进工作生活作风，改进领导手段、指挥方式和管理风格；自觉加强学习，增长才干，增长见识，提高分析判断能力、决策指挥能力；自觉接受群众监督，不断增强社会经济发展的使命感、紧迫感，从小农经济和产品经济形成的僵化思想中解放出来，树立"发展是硬道理"的思想；自觉坚持民主集中制，广纳良策，审时度势，团结进取，锐意改革，善谋实干，不断借鉴、筹划、建立、实施良好机制，为农村经济发展创造有利条件。二是管理机制。现今的农业是市场农业、效益农业，而不是"计划"农业、"调拨"农业。可是一些地方领导仍在沿用计划经济的做法来管理农业和农村经济的发展，难以对农业发展和农产品市场进行有效、灵活的管理和调控，适应不了从传统农业到现代农业、从自给农业到商品农业、从数量农业到质量农业的角色转变和发展要求。一些企业、一些部门出现"管则死，放则活"的境况正反映其管理机制存有缺陷。应顺应市场经济发展要求，改革不合时宜的管理机制，加快管理角色和管理方式的转变，改指令为引导，改强迫为帮助，切切实实以市场手段经营产业，以开放的思路拓展产业，发展具有市场前景和竞争能力的产业，不断提高农村产业经营效益，增强农村经济综合实力。三是组织机制。如果将每个区域的农副产品汇集起来，都有一定的规模并具有一定的竞争优势。但是，当前农副产品经营分散，小农经济色彩很浓，形成不了规

模效应，主要原因是组织化不够。大力提高生产经营的组织化程度，是发展规模经济、调整产业结构的一个重要途径和手段。要通过农业产业化经营发展龙头企业，组建专业合作组织和行业协会，培植有竞争力的产业经营组织体系，不断提高应变市场的生产经营能力，增强产品市场竞争力。应跳出陈旧的农业生产组织形式，建立新的、灵活方便的农业合作经济组织，通过"公司+农户""企业+农户""协会+农户"等有效组织形式和合作社，以劳动联合、资源联合为重点，把农户、龙头企业、科教单位等有机地结合起来，建立"利益共享、风险共担"的利益均衡机制，促进土地、资金、技术、劳力等生产要素的合理流动和优化组合，以提高农业专业化、规模化、集约化程度。要大力发展农村各种产业技术协会，逐步建立技术攻关、信息咨询、产品资源开发论证和设备维修等服务组织；支持各种专业技术组织，深入产前、产中、产后各环节开展技术跟踪服务，采用计算机网络、通信广播、电视等方式将各种技术信息及时传递给当地政府部门、企业和广大农户，满足农村产业发展的技术需求。

（2）加强农村产业服务体系建设。一要完善产业服务体系。农村产业及其经营体较为分散，产业的社会化服务体系必不可少且日益重要。各级政府应把农村各类产业服务体系建设列入重要议事日程，健全农村各类产业尤其是农业社会化服务机构，构建县、乡、村产业服务网络，结成条块结合、层次多样、运作灵便的社会化服务体系。二要完善产业服务功能。产业的发展涉及面广，既有产前的原料、物资、资金、人力供应，也有产中的生产技术指导，产后的产品信息传播和市场开发，还有产业的咨询策划和政策指导。各级服务部门、服务机构应以提供有价值的信息、技术为突破口，不断搜集产业发展所需的人、财、物供给信息，搜集有助于产业发展的新工艺、新技术，搜集产业产品所面对的国内外市场环境，尽力利用各种传播媒介提供形式多样的全方位服务。三要加强产业服务队伍建设。加强队伍建设，既是产业服务体系发展之所需，也是农业农村经济社会发展之所需。对农业产业服务队伍的建设，要在政策上给予支持、资金上给予支助、行动上给予鼓励，打造思想健康、技术过硬、作风踏实的队伍，切实解决服务人员的后顾之忧，让从事农村产业服务的人员安心工作、积极工作。

（3）建立农村产业发展绩效评价和激励机制。一是建立产业发展目标责任制。要把产业工作纳入各级政府和有关部门的目标管理中，做到任务到人、目标到人、责任到人；将产业发展列为相关部门主要领导干部政绩考核的重要内容。要加强对产业发展项目的管理，对选项、评估、立项、期中检查、总结、审计等全过程均要建立完备的管理办法，提高产业发展项目的成功率和社会影响程度。二是制定产业发展激励机制。采取各种奖惩措施和激励机制来调动各方面的力量，发展地方经济，从事产业开发。鼓励县、乡、村干部及企业经营管理者开发产业项目，积极支持各类科技人员和乡土专家领办科技型企业，经营产业发展示范园。对到本地区创业、从事生产、发展业务，为当地经济发展做贡献的企业，无论是国有企业、集体企业，还是私营、个体、外资、股份制企业，都要鼓励其发展壮大，并给予精神和物质奖励，以便广泛地聚集人、财、物，实现"双赢、共富"的目的。对经营管理好、社会经济进步快的乡村管理者、企业管理者，应给予物质奖励、精神奖励，直至提拔；反之，要给予警告、免职等相应的惩罚，以增强他们的责任感、使命感，调动他们的积极性。要鼓励更多的农民到农田以外、农业以外、农村以外去就业、创业，到新领域去施展才能，获取收益。这样既可转移剩余劳动力、拓展致富门路，又便于将分散的土地使用权从千家万户中置换出来，使继续留在家乡、留在地上的农民能够连片开发，发展规模生产，提高土地利用率和劳动生产率。

第二节　科技进步是河南农业农村现代化发展的根本动力

一、科技在河南农业农村现代化建设中的地位与作用

科学技术是第一生产力，是促进河南现代化建设的重要保障和根本动力。科学技术的发展对河南经济社会的发展、生产生活环境的改善有着重要的推动

作用。

（一）科学技术是促进农业生产发展、夯实农村经济实力的有力手段

中国农业科学院农业经济发展研究所的研究资料表明，在农业 GDP 增长的贡献中，每 1 元投入，教育、道路、通信、灌溉、电力的回报分别为 3.71 元、2.12 元、1.91 元、1.88 元和 0.54 元，而科技的回报高达 9.59 元；在对粮食生产能力的贡献中，每 1 元的投入，灌溉、教育、道路、通信、电力的回报分别为 5.56 元、2.02 元、1.95 元、1.84 元、1.37 元，科技的回报则高达 4.41 元，仅次于灌溉。在河南，科技对农业和农村经济发展的影响也是有目共睹的，种子、农机、农药、肥料等可物化技术的产品研制和改良，作物栽培、动物养殖、生产管理等不可物化技术的研制和创新，都有助于农业劳动生产率的提高、农产品数量和质量的提高、农业和农村经济结构的调整、农业生产要素的有效配置。目前，在河南农业总产值中，农业科学技术进步贡献率达 60.7%，超过了资金或劳动力的贡献率。

（二）科学技术是改善农村生存环境、提高农民生活质量的主要动力

科学技术对农业农村生产发展条件的改进，对农民生活环境的改善和生活水平的提高有显著的促进作用。科学技术的发展和革新，促进了河南农业向现代农业的演进。中华人民共和国成立前，河南农业耕作以人力、畜力为主，生产工具较为落后，现在各种物化技术不断地向农业生产的各个领域渗透，机械化、化学化、园林化、水利化、电气化水平大大提高，信息、生物技术广泛使用，大大改善了农业生产条件，减轻了农民生产负荷。例如，河南农机总动力、农村用电量、农用化肥施用量、有效灌溉面积，2019 年分别达 10356.97 亿瓦特、353.83 亿千瓦时、666.72 万吨、5452.93 千公顷，分别比 1978 年增长了 10.63 倍、26.70 倍、12.69 倍、0.14 倍；每公顷耕地拥有农机动力、用电量、施用化肥量分别由 1978 年的 1.36 千瓦、185.13 千瓦时、73.41 千克，增加到 2019 年的 12.70 千瓦、4337.06 千瓦时、817.23 千克。科技的贡献是非常明显的，新技术产品改变了农民的生产生活观念，使农民从传统的生活习性中走了出来，不断向现代生活方式迈进，生活质量不断提高。现代生活设备日益进入农家，现代生活理念渐入民心，农民吃、穿、住、行、娱越来越时尚、越来越现代。

（三）科学技术是改进农村民主管理、传送现代社会文明的重要能量

"家长式"管理、封建迷信思想是不利于农村经济、社会、文化发展的。而封建主义、专横跋扈、刚愎自用的作风，只有注入科学的能量才能加以消除。科学技术的发展（包括科学技术的引进、研究、推广）可以改变一个人、一群人对政治、经济、社会、文化管理的理念和看法，使管理者和被管理者不断地调整自己，以适应现代社会文明的进步，跟上历史前进的步伐。目前，河南的物质文明和精神文明正走向开放、从传统走向现代，相应的管理方式和生活方式也在发生重大改变，人的行为方式也在剧烈变动。这就要用科学的理念加以引导，用科学的元素加以培植。

二、河南的科技创新与发展

河南农业农村现代化建设对农业和农村科技的创新与发展提出了新要求、新任务，也为农业农村科技的创新和发展提供了新视角、新领域。科技的创新与发展，既要尊重科学技术发展的规律，又要坚持来源于实践、服务与实践的法则。就河南而言，为了创造出更多有理论意义或更多有应用价值的科技成果产品，使科技能够在全国科技大盘中更加凸显河南的地位，在河南农村现代化建设中更加体现科技的价值，更加充分发挥出科技的贡献作用，农业和农村科技的创新与发展，在未来的一段时间内，关键要把握"三个依据""三大方向""五个重点"。

（一）农村科技创新与发展的依据

发展科学技术，我们既要大胆设想、大胆创新，同时也要从实际出发，遵循科学技术发展的客观规律。没有一定的人、财、物做支撑，科技的创新和发展将会是"无本之源"；不是社会、经济、技术发展所需要的科学技术，其创新和发展的价值就会大打折扣。事实上，许多美好的科技设想，只有在时机和条件成熟的情况下才能得以实现；许多成熟的科技成果，只有在社会实践需要

的时候才能得以采纳应用。发展河南的农业和农村科技，要从农区的实情出发、从农村的需求出发、从科技的发展后劲和开发利用价值出发。

（1）科技研发的基础条件。河南是科技创新和发展所依赖的社会经济基础条件较为薄弱的地区。与发达地区相比，河南的科技基础和水平总体较低。河南农业和农村科技发展所具有的人才、资金、实验室、新成果、专利、对外交流等基础条件和水平，无论是从省内各行业对比来看，还是从省外同行业对比来看，偏低的现象还是比较突出的。加上农业科技研究和推广工作艰苦、时间较长、见效不快、收入偏低等原因，致使这项工作的参与度和积极性普遍不高，不少县属农业事业单位人才流失、差员现象严重。河南的农业和农村科技的创新与发展，要着眼于河南现有的社会经济技术基础条件，坚持"有所为，有所不为"的原则，切莫好大喜功、好高骛远，应将有限的农村科技资源用到农村科技发展最关键、最需要的环节上，开展力所能及的科技活动。

（2）农村发展的需求。农业与农村科技发展的最终落脚点在于服务农村经济社会发展。农村经济社会发展在不同的时期、不同的阶段，有不同的目标任务，也就有不同的科技现实需要和长远需求。例如，河南提出了"十四五"时期加快农业农村现代化的发展要求："把'三农'工作作为重中之重，推动乡村产业、人才、文化、生态、组织等全面振兴，加快形成工农互促、城乡互补、协调发展、共同繁荣的新型工农城乡关系，建设现代农业强省"；与此同时，"打造新时期国家粮食生产核心区，建设全国重要口粮生产供给中心、粮食储运交易中心、绿色食品加工制造中心、农业装备制造中心和面向世界的农业科技研发中心、农业期货价格中心。推动农业全链条科技化改造，强化装备支撑，健全动物防疫和农作物病虫害防治体系、农业气象灾害防御体系，大力发展智慧农业"。① 因此，"十四五"乃至 2035 年一个比较长的时期，提高资源产出率、劳动生产率，改善农民的生活质量，改良动植物的生存环境，促进农村现代化，是今后农业农村现代化发展重要目标任务，也是农业和农村科技任何时期都要为之攻关的课题。只有切合实际，围绕农村发展的需要开展农业

---

① 河南省人民政府：关于《中共河南省委关于制定河南省国民经济和社会发展第十四个五年规划和二〇三五年远景目标的建议》，河南省人民政府网，http：//www.henan.gov.cn/2021/01-08/2074842.html。

和农村科技活动，科技发展才能有生命力。

（3）科技本身的培植。服务河南经济社会的科学技术，从来源来看，包括两个方面：一是省外引进的技术；二是省内研发的技术。河南作为一个经济大省，其发展支撑的科技力量不能全靠引进，应当有一定的自有积蓄；即使引进，也要有一定的消化能力。农村科技除了服务实践外，还要发展自身，增强后劲；不能只有付出消耗，没有培育充实。河南农村科技的创新与发展，除了针对全省经济社会发展的需要，不断推陈出新，研制新产品，研发新工艺、新方法外，也要根据河南农业和农村科学技术培植的要求，不断探索科技发展的规律、理论、方法，研发科技研究所需的仪器、设备、制剂、原料等。

（二）农村科技创新与发展的方向

河南农村科技的创新与发展应朝抢占国家制高点，服务地方经济社会的方向，努力开展有科技优势、关切河南发展的重大课题研究。

（1）开展当地有技术基础优势的科学理论研究。河南在过去科技发展历程中取得了许多具有重要影响的科技成果，为河南科技的纵深发展积累了深厚基础，不少研究在国内具有先进性，甚至处于国内领先地位、居于国际先进水平。今后要使河南农村科技在国内外同类研究中居于前沿高地，最有效的途径在于紧扣农业农村发展，围绕本土有基础优势的领域开展研究，充分体现"人无我有，人有我优，人优我特"的竞争精髓，这是河南最有希望取得重要基础理论成果的领域。

（2）开展农村产业有发展潜力优势的技术应用研究。河南有农业发展比较优势，但并不意味着就可以高枕无忧。事实上，在河南产业经济发展中，有不少的产业、产品并没有很大的生产能力和很强的竞争能力，换言之，这些产业、产品即使投入大量的科学技术，也不会有很大的成长性，成为影响一方经济发展的支柱。比较而言，河南的小麦、生猪等大宗农产品以及具有浓郁地方特色的产品，在农产品市场中具有较强的竞争性，值得投入较多的资源进行科技开发，相应地开展这方面的研究有较强的生命力和发展前景。

（3）开展关切农村社会民生发展的关键技术问题研究。河南农村科技除了向我国科技高峰攀登，为农业农村经济发展贡献力量外，还有一项重要的使命——为农村社会发展、人居环境改善和生活质量提高提供支持。这些带有公共性质的领域，既是农村现代化建设的重要组成内容，也是农村科技创新发展的重要服务对象和取题源泉。农村基础设施、生态环境、医疗卫生、文化教育、社会治安、社区管理等方面的课题研究和技术攻关，应是河南农村科技创新发展为之奋斗的方向之一。

（三）农村科技创新与发展的重点

河南农业农村现代化建设牵涉方方面面，需要的技术也零零整整，但归结起来河南农业农村科技应着重围绕"三高"农业、农业产业化、农业工业化、乡村城镇化、农民幸福化展开研制、推广活动，紧紧抓住农村经济社会发展所迫切需要的技术进行攻关，不断深化对新产品、新产业、新工艺、新途径、新方法的研究。

（1）"三高"农业发展技术。农业是河南农村经济发展的支柱。大幅度地生产农副产品、提高农产品质量、提高农业生产效益是提升河南农村经济总量的重要方式，是增加河南农民家庭经营性收入的基本手段，是保障社会基本食品和轻工业原料供应的根本途径。然而，当前河南的农业单产水平、农产品品质、劳动生产率还不算高，还有很大的潜力可挖，需要大量科学技术的导入，以提高农业生产水平。如果生猪出栏率和胴体重，以及粮食、油料、水果、淡水鱼等大宗农产品的单位面积产量、每公顷耕地产值达到发达省份水平，那么河南的粮食、油料、水果、淡水鱼的总产量、猪肉产量、农业总产值必将再上新台阶。如果粮食、水果、肉类等农产品的品种和品质能够跟上人们的消费观念、膳食结构以及市场需求的变化，那么农产品的营销状况将会得到明显改善。如果农产品产量和质量都得到了极大提高，那么农业生产经营收益将会显著增加。农业科技对"三高"农业的发展负有重大的使命。为了支持"三高"农业的发展，河南农业科技的创新与发展，一要加强生物育种、植物保护、动物防疫技术研究，为农业生产提供新品种、高品质品种；二要探讨生产结构调整技术，引导农业生产发展适销对路产品；三要探讨立体农业和栽培饲养技术，提高单位棉结产量和收益；四要加快大宗农产品高产量、高质量、高效益的技术集成研究，提高农产品的综合竞争力。

（2）农业产业化发展技术。农业产业化涉及农业产前、产中、产后各环节，包括良种繁育、生资供应、动植物种养、农产品收藏保鲜、加工转化等内容，因此，它是延长农业产业链、提升价值链、打造供应链，就地吸收、转移农业剩余劳动力、提高农产品附加值、拓展农民增收渠道、丰富农村产业内容的重要途径。从目前来看，河南农业产前、产后生产环节相对薄弱，保鲜、加工、转化尤其逊色，以农副产品为原料的轻工业产值不多，农产品增值水平不高，尚有远大的发展前景和巨大的增值空间。科技在其间具有很大的用武之地。要加强对农产品储藏保鲜技术的研究，保留农产品原味，延长农产品供应链；加强农产品加工转化方式、途径研究，提高农产品增值水平；近期来看，要更加突出农业产业化运作机制和组织建设研究，因为这是河南农业产业化较为滞后于发达地区的关键因素，是制约河南农业产业化经营规模壮大的"瓶颈"。

（3）农村工业化发展技术。工业化是现代化建设的重要内容，工业化程度是一个地区现代化成熟与否的重要标志。农村作为与城市相对应的广袤区域，工业化应当是其现代化建设的应有之义，是乡村建设的主要方面。河南目前仍处于工业化的前期阶段。农业依然是河南农村的主打产业。加速推进农业工业化是农村工业化的当务之急。农业工业化包含两个方面的重要内容：一是农副产品加工业。它对开发农村资源、促进农业纵深发展、提高农副产品增值水平、增加农民收入有重要的推动作用。二是农用工业。它有助于改造传统农业、发展现代农业、减轻农民劳动强度、提高劳动生产率。发展农业工业化，应解决两个关键性的技术难题：一是如何依托农业办好工业的问题；二是如何发展农用工业促进农业的问题。要加强农业生产资料的研制，尤其要加强农产品加工设备的研制，农业生产机械装备的研制，开展设施农业、精准农业、数字化农业、信息化农业的技术研究。

（4）乡村城镇化发展技术。目前的农村社区仍属传统的农村社区，传统的农业自然经济色彩还很浓。村庄建设规划缺乏、布局分散、规模偏小，配套设施少，自然村之间、居住点之间相距较远，村庄建设成本和管理成本较高。虽然近几十年来农村新房增加不少，但是"只见新房，难见新村"的现象非常普遍。乡村城镇化就是农村人口向建制镇或集镇集聚的过程，同时也伴随着农村生产要素的集聚和扩散的过程、伴随着农村经济由农业型向工业型转变的过程、伴随着城市生活方式向乡村扩散的过程。城镇化是经济和社会发展的客观要求和必然产物。河南的城镇化水平偏低，城镇化建设不尽如人意。为了加快河南乡村城镇化建设步伐，确保河南乡村城镇化健康、有序发展，科技界当前要重点加强农村建制镇和集市区建设问题研究，加强农村产业和人口集聚问题研究，提高集镇建设和营运效率，降低集镇发展成本，减少集镇区办厂开店和居民生活成本。

（5）农民幸福化发展技术。改革开放 40 多年来，农民发生了重大分化，居住农村的有专业农民、兼业农民，也有传统农民和务工经商农民，虽然这些农民的整体生活水平明显提高，但是由于各种生活理念和生活档次交织在一起，加上居住环境的约束，他们仍以传统的方式生活着。不仅垃圾乱倒、污水乱排、粪坑露天等现象时有发生，而且道路、通信、用电等基础条件差，文化教育、医疗卫生等基础设施也很落后，与城市生活质量相去甚远。为此，一是加强高效能、节体能的农业生产工具研制，减轻农民的劳动负荷；二是加强农村生产生活环境改造治理技术，传染性及地方性疾病治疗技术研究，保护农民的身体健康；三是加强现代传播技术的应用研究，快捷散播科学文化知识和文体娱乐，促进农村的精神文明建设。

三、提高科技对河南农业农村现代化建设贡献的对策

科学技术是第一生产力，是现代化发展的催化剂和推进器。美国依靠电磁科技的发展，率先发明了电报、电话、电灯，大力发展发电机、发动机，大规模发展汽车、钢铁、化工、电机等产品和产业，以至于在 19 世纪末 20 世纪初成为世界强国。自第二次世界大战以来，美国一直注重技术进步对经济的主要推动作用，在创新新工业方面始终处于世界领先地位。由于新产业尤其是高科技产业的大力发展，传统产业所占比重不断下降，高科技、通信和信息等新型产业所占比重不断上升。有资料显示，当前，美国有 27 个"关键技术"领域，在世界上基本上处于领先地位，将成为美国经济新增长点。① 我国经济特区之一的深圳，在 20 世纪 80 年代初还是个经济社会发展比较落后的地区，只用了 20 多年，就成为我国现代化水平的前沿阵地，其经验法宝就在于广泛地、

---

① 向松祚：《美国经济现代化的关键》，《英才》2011 年第 10 期。

不断地进行了生产技术的创新，进行了经济、行政体制改革和制度创新，没有走传统工业化的道路，而是另辟蹊径，以加速的方式通过工业化实现现代化。

科学技术对农村现代化建设有重大的推动作用，是新农村建设的重要动力。日本是个人多地少的国家，也是个现代农业高度发达、推动新村运动比较早的国家。日本结合国情大力发展中小型农机，广泛普及农业机械化，实现了水稻生产从整田、插秧、收获到烘干的全程机械化，大幅提高了农业劳动生产率；不断对中低产田进行土壤改良，定期进行土壤调查和土壤"健康诊断"，为科学施肥提供依据；培育高产优质抗逆的优良品种，并经常进行品种更换，成为世界水稻高产国之一；利用信息技术，迅速把握气候变化、病虫害发生情况以及市场行情等，实现有计划且高效地生产和出售农产品；开发具有地方特色的"精品"，打入国内、国际市场，同时迅速发展工业、推进农村城镇化、鼓励农民兼业，大大改变农村面貌。

科技在河南现代化建设中的作用是由各方主体和多种客体综合施行的，既受人力、物力、财力在数量和质量上的约束，也受制于人财物在具体配置和运作时的合理度，还受制于管理者、研制者、推广者、应用者对科技创新、引进、改进、推广、应用的理念和行为。科技发展的客体和主体如果有充分的支持和足够的保障，并能得到合理的配置使用，科技不发展都不可能。尽管河南科技有了长足的发展，对农村建设也发挥了很大的作用，但是不尽如人意的地方也还不少，例如，农业科技发展资金不足，科研设施较为陈旧；农业科研环境欠佳，待遇偏低，人才吸引力不足；农产品加工转化和储藏保鲜技术、生物育种高新技术缺乏；科技成果推广和应用率不高等现象依然存在，这些问题仍在牵制着科技的创新与开发，牵制着科技的推广与转化，牵制着科技在农村各领域中应有的促进力和贡献度的提高。因此，要及时更新观念，努力增加农业科技投入，不断改善农业科研环境，合理配置科技资源，创新完善科技发展机制，加快农村科技进步，强化科技对农村建设的作用。

（一）倡导新理念，增强农村科技发展意识

目前，一场以生物技术和信息技术为主导的新的农业科技革命的序幕已经拉开。我们要依据省情，在新旧理念对撞、内外力量的取舍中，坚持"有所为，有所不为"的方针，审时度势，积极谋划，努力奋斗，勇于创新，打好

这一场科技战。一是突出前沿意识。当今世界正处于百年未有之大变局。中国必须密切关注和紧跟世界经济科技发展的大趋势,在新的科技革命中赢得主动、有所作为。发展中国家为了追赶发达国家,在推进现代化建设的过程中,几乎都走了一条引进他人的技术、设备、管理思想、经营理念等先进事物的道路,但不会单纯地为引进而引进,而是不断地创新,创造出新的生产要素、营造出新的增长点和动力源。通过创新来加快现代化建设,既是后发国家和地区的共同法宝,也是后发国家和地区实现跨越的最佳捷径。二战后,日本采取"拿来主义"和"贸易立国"的理念,不断引进国外先进技术,依靠国外自然资源,发展出口导向型经济,走出了一条追赶世界先进国家的良性循环的复兴之路,成为首开先河的"追赶型现代化国家";仅过 20 多年,就赶上并超过了英国、法国和西德,成为名副其实的先进工业国和第二经济大国。二是突出大科技意识。我国农业产业已由小农产业转变到了适度规模农业产业,农村经济已由单一农业转变到了一二三产业,农村发展已由经济增长转变到了经济社会生态可持续发展,相应地,农业科技的研制应用触及面也要从小农业跳到规模农业,从农业生产跳到农村可持续发展上来。农业科技发展也不单是农学专家、农业战线上的事,也是涉农各行各业的事,需要农学、工学、经济学、管理学、教育学、医学乃至文、理、法、哲等方面的理论和实践工作者的广泛参与。因此,要实现农业科技向农村科技的大转变。三是强化领导对农业科技发展的重视。科技兴农是科教兴国重大战略决策的重要一环。各级领导尤其主管科技和主管农业的领导,要努力增强科技意识,把农业科技工作摆到重要议事日程中去,每年抓几件有利于农业科技进步的实事,有项目有目标,切实抓出成效。要加强农业科技相关法律建设和执法检查,增强各级领导和部门的科技法律意识。要加强各级政府和涉农部门的农业科技管理和组织建设,提高科技管理人员素质。在农业和农村经济发展的重大决策中,广泛听取农业专家学者的意见,把农业科技进步纳入农业部门和领导绩效考核的指标中。

(二) 增加科技投入,夯实农村科技发展基础

经济的竞争,实质上是科技的竞争,农业的竞争也是农业科技的竞争。发展科技,投入是保障。农村科技发展也离不开投入。必须建立起以政府投入为主导、民间资金积极参与的多元化农业科技投入机制。

（1）调整公共财政支出结构，加大对农业科技的投入。农业是功能性广泛的产业，同时也是弱质性产业。农村科技投入必须以公共财政投入为主。各级财政应将农村科技投入作为建设社会主义新农村、城市支持农村、工业反哺农业总体政策的重要方面，切实高度重视。确保各级财政支出中，科技经费的增长高于财政收入的增长，农业科技经费增长居于其他科技经费增长的前列。每年从预算内基建拨款中划出一定比例，用于农业重点科研基地、重大科技工程建设和科研设备更新，以提高科研机构和科研基地的装备水平，改善农业科技人员的工作生活条件。

（2）建立农业科研推广风险基金和其他专项基金。农业科技的研究周期性长、风险性大。只有建立完善的风险投资机制，对企业的农业科技创新活动提供风险担保，才能进一步丰富农业科技创新资金来源，分散和降低农业科技创新的风险，促进农业科技创新活动和科研成果向现实生产力的转化。

（3）拓宽投入渠道，广泛筹措农村科技发展资金。要制定优惠政策，激励商业资本、民间资本投入到农村科技发展中来。

（4）坚持科技投入长效战略。对农业科技的投入，绝不可急功近利，要有打持久战的心理准备，要有"战略决策储备、科技创新储备、领军人才储备、产业化储备"。

（5）调整农村科技投入结构，改变"小而全""撒胡椒面"的做法。要正视"二八"现象，根据农业和农村经济结构的变化，根据农业和农村发展重点的变化，根据农村科技方向和重点来调整农村科技投入方向，突出重点领域和重点环节，力争在有限的人力、物力、财力条件下利用较少的投入创造出更多、更佳、更有价值的科学技术成果。

（三）创新科技发展机制，营造良好的科技生态环境

在科技投入既定的情况下，机制将是影响科技发展的关键因素。因此，改革和完善农业科技发展机制，为农业科技的创新与发展营造良好的软环境条件是十分必要的。

（1）构建高效合理的农业科研体系。当前，农业科研机构重叠现象、条块分割现象还比较突出，低水平、重复研究现象还比较严重，争项目和经费的现象也时有发生，在一定程度上内耗了不该支出的人力、物力、财力。应根据

区域农业发展特点、科研条件和技术创新要求，优化、调整农区农业科研机构，营造高效、精干的农业科研体系。思路主要有两个：一是对科研院所进行分类分流，将公益类研究所压缩精简，保持和稳定一支精干的科技创新队伍；将服务、开发类研究所改组改制，增强其自我积累、自我发展的能力；二是打破地域界线、部门界限，将科研院所重新洗牌，保留大院强所，对重复设置、研究方向不明、研究力量单薄的研究所进行归并划转。有些农业产品开发和技术研制单位可以民营化，按民营性质的科研单位加以扶持，以起到拾遗补阙的作用。

（2）完善农业科技管理制度。一要改进科技成果的评价、考核制度。对基础研究和应用基础研究成果的评价考核，主要考察其前沿性；对应用研究和开发研究成果的评价考核，应主要考察其自主知识产权和社会经济生态效益，改同行专家评审为专家、用户共同评审，变单纯专家认可为专家、市场双重认可。二要健全知识产权制度，完善《中华人民共和国知识产权法》和《中华人民共和国反不正当竞争法》等相关法律制度，并加强宣传教育，保护农业科研机构的创新成果，切实维护科技人员的积极性和合法权益。

（3）建立新型的人才管理制度。建立科技人才库，对科技人才进行分类管理，及时掌握动态，以便更好地安排和使用。对优秀人员给予更多的关爱，在进修培养、科研经费、住房、工资等方面给予优先考虑和重点倾斜。建立有效的人事绩效考核制度，打破平均主义，在全社会形成一种能者上，庸者下，能进能出的良好氛围。

（4）创新科技传播机制。围绕农村发展和农户科技需求，积极探索新型农村科技传播机制，建立科技示范县（市）、示范乡（镇）、示范村及各种科技信息平台，促进优良品种和先进适用技术的引进、试验和推广。

（四）提高生产者素质，提高科技产出率和应用率

人是科技生产和应用的原动力。通过提高科研人员和生产应用一线人员的素质，促进农业科技进步的成功事例，国内外很多。荷兰是典型的高效集约农业国，虽然人均耕地仅为 0.057 公顷，但却利用科技在近一半土地低于海平面的国土上确立了世界第三大农产品出口国的地位。其成功的重要经验之一在于高度重视科技和教育。该国教育研究经费占国家总预算的 19%，农业教育体系

十分发达，从初级职业教育到大学教育一应俱全，拿到硕士、博士学位的农民不乏其人，这些人才对农业的成功起到了核心作用；农业研究所的专家往往与基层试验站的推广人员保持密切联系，使应用研究不会脱离生产实际，科技成果能够较好地转化成生产力。以色列是人多地少、耕地稀缺、年降水量仅有500毫米的小国，却依靠现代科技和资本投入，建立了发达的现代化农业，食物自给率高达97%。在科技发展过程中，关键是要有一支实力雄厚的农业教育、科研、推广队伍，劳动者素质高。以色列不惜重金投资教育，每年的教育预算与国防等同，科学研究和开发支出占国民生产总值的3%，其技术推广人员拥有学士学位，分区负责，与农民联系紧密，免费提供服务。懂得如何使用计算机和现代化农业生产技术的人才能成为农民。农业从业人员仅占全国从业人员的4%，每个农业劳动者的国民抚养能力从1960年的17人增加到目前的91人，技术进步贡献率达96%。①

加强科技人员继续教育，增加农民科学文化素质是提高农业和农村科技产出率和应用率的重要基础工作。当今社会是个知识爆炸的知识经济社会，大学生所学的知识，在毕业3年后，将有60%~70%过时。因此，对科技人员进行继续教育，是农业科技发展中所不可缺少的内容，是必修课。要有计划地分期分批对在职农业科技人员进行岗位技能培训或脱产进修，使其知识不断更新，技能不断提高，紧跟农业科技新动态及发展前沿，创造更多的新科技成果。强化农业科学普及工作，重视农民科技文化素质提高，大力开发农民智力，把农民绿卡作为重要工作来抓，得以加快农业科技生产、传递、转化、使用步伐。

（五）加快科技成果转化，促进农村现代化建设全面发展

农业发达国家和地区，之所以利用其强大的经济基础和优厚的工作生活条件，吸引世界各地的优秀科技人才，发展农业高新技术，致力于科技进步，是因为以自然资源、劳动力、传统技术为基础的低层次产业和产品，与以高新技术为基础的高层次产业和产品相比，竞争优势明显逊色。提高农村产业和产品的高新技术含量是大势所趋。河南农村经济实力相对薄弱，昔日以自然资源和劳动积累为基础而产出的产品技术含量不高，会渐渐失去竞争优势，对此要有

---

① 曾凡慧：《科技支撑农业：我国农业发展的现实路径》，《改革与战略》2008年第12期。

清晰的认识，给予高度关注。要求农村经济社会建设和发展转到科技进步的轨道上来，在开展新技术、新产品、新工艺、新方法研究的同时，更应当加快科技成果推广，提高农业和农村科技成果的转化率和使用率。要巩固充实农业和农村技术推广服务体系，加强科技特派员工作，积极推进星火计划，鼓励、引导高等院校、职业技校、科研院所、龙头企业以及各种中介服务组织，通过广播电视、报纸等媒介，采取科技承包、科技入股等有效科技推广方式，广泛开展农村科学技术转化应用咨询活动，不断将先进适用的技术导入农村经济和社会发展中；狠抓科技入村、入户工程，构建以政府项目为纽带，科研院校、龙头企业、中介组织等共同参与的科技进村入户新机制，实现"技术人员到户、科技成果到田、技术要领到人"；要加强农村科技市场监管和执法检查力度，加强科技推广职业道德建设，增强农村科技市场主体诚信度，规范农村科技推广行为和推广制度，促进农村科技成果推广应用的可持续发展。

第三节　农民职业化是河南农业农村现代化的必由之路

河南作为劳务输出大省，培育和发展新型职业农民显得尤为重要，既能解决"三农"问题中的农民问题，又能满足将来谁来种地、如何种好地的迫切要求。因此，需要加强研究，尽快谋划，积极应对。

一、发展新型职业农民的必要性

（一）新型职业农民的内涵与特征

新型职业农民与传统农民、兼业农民、职业农民、新型农民等概念有联系，但也有较大的差异。

（1）传统农民。传统农民即一般意义上的农民，目前常说的农民是一种身份，是与农村户籍捆在一起、在农村居住生活、从事农业生产经营的劳动者。

（2）兼业农民。兼业农民是以农业或农业中的某一产业（种植业、林业、畜牧业、渔业）为主，兼营其他产业的农民。

（3）职业农民。职业农民是一种职业称谓，是指以农业生产经营为职业的农民。他们可以是拥有农村户籍以农业为生计的农民，也可以是拥有城市户籍而以农业为生计的市民。

（4）新型农民。新型农民也是一种身份，而不是一种职业，意指居住在农村，从事现代农业生产经营的农民。与传统农民相比，新型农民在素质上要求更高，在时代进步上更贴近现实，是"有文化、懂技术、会经营"的现代农民。

（5）新型职业农民。虽然目前尚没有规范、统一的释义，但是从当前的学术讨论和实践操作来看，新型职业农民应当是"有文化、懂技术、善经营"且从事农业和农村经济社会发展的现代职业农民。农业部的文件将其定义为"具有较高素质，主要从事农业生产经营，有一定生产经营规模，并以此为主要收入来源的从业者"，[①] 属于农业、农村发展和管理方面的专业型人才。

新型职业农民具有以下特点：一是资源以"农"为职业，具有高度的稳定性；二是市场意识强，生产经营服务以获取利润为主要目的；三是掌握先进的文化知识和科学技术，具有较强的生产经营管理能力；四是活动空间广，流动性强，不受地域和户籍的约束；五是不仅"有文化、懂技术、善经营"，而且具有高度的社会责任感和现代观念。

（二）发展新型职业农民的必然性

新型职业农民是一种新的生产力。培育新型职业农民，意味着在培育粮食安全和农产品有效供给的未来，培育农业和农村现代化的未来。

（1）农村社会分工和劳动力转移的要求。生产力的发展伴随着社会的分工是历史的必然。相对于过去而言，无论是城市还是农村，无论是工业还是农业，生产力水平都有了很大的提高；城市支持农村、工业反哺农业的能力越来越强；农村作业分工、农业生产分工、农业劳动力分流的条件和动能越来越突

---

① 《新型职业农民培育试点工作方案》（农科办 2012 年 56 号）。

出。一方面，农村劳动力不断向城市转移，一些头脑灵活、素质较高的农民留在农村，从职业性、专业性的角度，为分散的、外出务工的农户提供生产经营服务，获取报酬，成为职业农民；另一方面，农村分业、农业分工越来越精细，专业化、标准化、规模化、集约化、协作化程度显著提高，需要新型职业农民去实现。

（2）现代农业发展的需要。现代农业是以先进的生产工具和科学技术武装起来的农业，它广泛采用先进的经营方式、管理技术和管理手段，要求从业者必须"有文化、懂技术、善经营"，与其规模化、集约化生产经营相适应，实现职业化。新型职业农民的兴起与发展有助于改变传统的农业生产方式、生产结构、生产组织，加快传统农业向现代农业转变。新型职业农民掌握先进生产技术和经营理念，充满着创业的激情与活力，更能适应和推动农业现代化发展，更愿意为农业现代化发展进行各种尝试，农业现代化的重担理所当然地落在了这批新型职业农民身上。

（3）新农村建设的需要。建设社会主义新农村，新型职业农民是典型代表和中坚力量。新型职业农民是先进文化技术和生活理念的接受者、应用推广者，是农业和农村先进生产力发展的代表者、推动者。新型职业农民有较高的市场分析能力、产业产品发展敏锐性，能在生产经营中获得更丰厚的收入。不仅如此，绝大多数新型职业农民生在农村，住在农村，对农村有深厚的情结，加上国家"三农"优惠政策的吸引，为了做大做强事业，极有可能愿意将自己积累的资金投资于农村基础设施建设和公益事业，改善农村生产和生活条件，发展和壮大农村经济，推动农村民主管理和乡村文明建设。

（三）培育新型职业农民的迫切性

河南劳动力资源丰富，近年来大量农业劳动力外流，不少成了农民工，从事农业生产和懂农业经营的农民越来越少，真正称得上新型职业农民的农民甚少；亟须加快培育新型职业农民，以满足农业、农村发展的需求，否则粮、油、肉等国计民生农产品的供给将受到很大的影响。

（1）新型职业农民培训与发展形势所迫。当前，留在农村务农的农民多以妇女、老年人为主，新生代农民工多数进城务工经商，很少留住农村。留在农村的新生代农民对农业生产和农村管理事务也关心不够，知之不多。河南将来要解决"谁来种地"的问题，加快现代农业和现代农村发展，当务之急在于加速培育农民，使其走职业化的道路。培育新型职业农民，不仅是中央的要求，而且也是国家有关部门和地方各级政府的重要工作内容，不少地方已经如火如荼地开展起来。

（2）河南农民就业创业竞争压力所迫。新型职业农民掌握先进技术，以获取高收益为生产经营目的，而且流动性强。无论是外出务工农民还是留守务农农民，河南农民的素质普遍不高，与同行竞争时常常心有余而力不足。不抓紧对农民进行职业培训，在可见的未来，河南农民不仅不能适应现代农业发展的要求，而且就业创业空间将会受到其他地区高素质农民的严重挤压而变得更加狭小。

（3）河南推进实施乡村振兴战略所迫。深入推进实施乡村振兴战略是现代化建设的根本方向，两者之间相互依存、相互联系。从当前进程来看，农业现代化较为缓慢、滞后。现代化建设需要高素质的劳动力。当前乃至今后，农业现代化的快慢，关键取决于新型职业农民的多少。没有农民的职业化、新型化，农业现代化就难以快速发展，乡村振兴战略的实施也将受到很大影响。

二、新型职业农民的培育与使用

（一）新型职业农民的培育

培育新型职业农民的目的是解决现代农业和农村发展高素质劳动力资源不足的问题，源源不断地向农业生产、农村发展输送有文化、懂技术、会经营、善管理的劳动力。它与其他产业从业人员的培育、农业大中专院校学生的培育、"一村一名大学生"的培育不同，无论是对象、目标，还是方式、内容都有很大的差别，要认真对待，顶层设计培育方案，明确培育指向，创新培育方式，按需定制培训内容。

（1）明确、规范培育目标、对象和原则。一是培育目标。培育新型职业农民就是培育热爱农村、热爱农业，具有农业、农村方面的专业知识和操作技能，能在农业、农村发展领域从事生产、经营、管理的高素质农村职业劳动力。二是培育对象。新型职业农民的培育对象是在职业农民和愿意务农的城镇人员，重点是种养大户、农机大户、农业科技带头人、农业协会和合作社负责人、农村经纪人、农业企业负责人，立志务农的初高中毕业生和返乡创业的农民工。三是培育原则。在培育、培训新型职业农民的过程中，应注意以下原则：一是在培育方向上，要坚持职业性原则。现代农业的专业化、规模化、集约化要求农民职业化。在对农民的培育的过程中，要突出职业性，鼓励农民学农爱农，立志务农，倡导干一行专一行，尽量避免兼业化，避免学农跳"农门"现象发生，真正成为"有知识、懂技术、会经营、善管理"，热爱农业和农村工作，专心在农业、农村发展领域从事生产、经营、管理的职业农民。二是在培育知识上，要坚持实用性原则。职业农民学知识，用途不在于研究而在于应用，能够更好地兴业、创业，发展农业和农村经济。因此，知识传授要按需定教，要围绕农村经济结构调整和主导产业发展，围绕农业专业化生产、农业产业化经营，传授基本知识和基本技能。无论是课程设计还是教学实践均要强调实用性和可操作性。三是在培育渠道上，要坚持多样性原则。根据农民工学特点、农时农事特点，充分发挥网络、电视、报纸、农业教研单位的作用，开设远程教学、院校培训、基地操练等灵活机动、多种多样的培育渠道，满足不同层次农民的需求。

（2）拟定灵活多样的培育方式和齐全实用的培训内容。在培育方式上，首先促进在职研修与脱产进修相结合，以在职研修为主。新型职业农民的培育对象是农民。河南农民通常来讲都有一份自己的事业，需要时间精力去打理，不可能常年脱离本职工作参加进修学习。如果农民们都去脱产学习，河南的农业生产也就无从谈起。因此，他们中的绝大多数要以不脱产的在职学习和研修为主，以不误农事的近距离渠道学习为主，边工作边学习，利用农闲和休息的时间，通过听广播、看电视、上互联网、订阅报纸书籍等方式获取农业知识，提高农业生产经营管理技能，发展成为职业农民。有条件的农民可以脱产学习，接受系统性训练，培育成新型职业农民。其次推进学校传授与基地操练相结合，以基地操练为主。各级各类农业专业院校、农业干部进修学校，师资力量较全、较强，在农业理论知识讲授方面有较好的条件和较高的水平。如果农民以获取专业理论为主的话，学校应当是首选之地、关键之地。然而目前农民多数年龄较大、农活不停，求职目的主要是提高生产经营能力和效率，讲求实用性和可操作性，讲求眼见为实。农业学校由于离农民生产地较远，而且可用面积不多、试验地不大，难以全方位、大范围满足成千上万农民动手操作、实践应用的要求。河南各区域都有其农业主打产业和优势产品，生成了一批农业生产经营能人和大户，生成了一些有一定规模、有一定代表性和示范性的产业发展基地。这些基地和大户的生产经营方式和技术是当地农民学习的榜样，这些基地是当地农民长见识、训技能的最好舞台。河南基层组织应当遴选有代表性、示范性强的农业产业和产品发展基地作为当地农民的培训场所，让他们在基地中观摩、领悟职业化生产经营的意义、作用，操练、提升职业化生产经营的素质、技能，与此同时，有针对性地邀请专家学者讲专题授知识，让他们"在干中学，在学中干"，既学理论知识更练操作技能，以适应农民的实际状况，满足农民的愿望诉求。有时间精力和有志于农的年轻农民则可送入学校进行专职训练。最后加强短期培训与长年培育相结合，以农闲习练为主。农业生产是一个循环往复、不断推进的过程，技术、工艺、产品、理念不时革新，因此需要不断学习。农民培育是项长期的工作，需要常年不懈地抓。然而，农业生产与工业生产及其他产业发展有很大的不同，具有明显的周期性、季节性、时令性。一年中既有农忙的时候，又有农闲的时候。新型职业农民的培训要充分利用农闲之时进行开展，重点对上一季节和下一季节的农事进行培训，以便于农民即时总结、反思上季农业生产经验教训，旋即有效点拨和科学规范下季农事活动，在较短的时间内掌握农业产业知识和技术，学会农业产业经营和管理。

在培训内容上，河南应按区域发展、行业需求、能力素质层次结构设计教学内容，合理配置专业课和通识课，精心培育农民，使之成为既有专业技能又有通识知识的高素质的农业生产经营管理职业人员。

在区域模块中，不同的地区有不同的自然、经济、社会特点，有不同的农业生产环境和条件，也就有不同的职业要求。例如：山区，以林业经济和草食动物饲养为主，需要大量的林业职业人员和草食动物饲养职业人员；平原地区，以种植业和畜禽饲养为主，需要大量的耕作职业人员和畜禽饲养职业人员；农业发达地区，人的思想活跃，商品流通和市场交易活跃，农产品加工精深，需要更多的农业产品和商品营销加工职业人员。因此，新型职业农民的培训手段和内容，要根据区域特点和发展要求，有针对性地进行设计，开设相关的课程，以便农民经过培训后，能够适应当地环境，介入当地行业，从事当地农业职业活动。

在行业模块中，职业农民主要有三类人员：一是植物种植、动物饲养职业人员；二是农产品营销、加工职业人员；三是农业中介服务、组织管理职业人员。不同的行业有不同的职业要求。新型职业农民的培育应分产业、分行业，从产业化发展要求和行业特点出发设计专业类型和课程体系，拟定培训内容。从事农业生产的职业农民。农业包括种植业、畜牧业、渔业、林业，每个产业又包括许多子产业，它们之间既有共同点又有差异性，与此对应的培育内容既有共性又有个性，除了要有产业、产品生产知识和技能外，还要有一定的成本意识、营销意识。以小麦生产为职业的农民培训为例，产前有土壤、肥料、农机、良种、气象、地理、政策等知识，产中有育播种、田间管理、病害防治、收割等知识，产后有贮藏、加工、销售等知识，这些都是必要的专业知识；同时，还要有计算机应用、农业统计、农业财会、投融资、创业学等方面的知识，小麦种植大户还要有农场管理技能。从事农产品加工和营销的职业农民的重点是熟悉农产品的性能、加工工艺、营销技巧，同时还要了解农业生产特点，掌握农产品储运知识和企业管理知识。以小麦加工和营销为例，主要是工商规则、小麦加工和销售知识，此外，还要掌握小麦生产、小麦贮存知识，掌握计算机应用、统计、财会、物流、投融资等知识，以及必要的人力资源管理、社会学、创业学等方面的知识。从事农业中介服务人员和组织管理人员的职业农民。农业中介服务人员和组织管理人员涉及面广，他们既有共性，也有个性。重要的一点是，这类人员均要了解农业、农村的发展特点，掌握农时农事常识，熟悉中介产品的性质、用途，学习必要的计算机、统计、财会、物流、投融资、市场营销、广告学、口才学、社会学、管理学等知识。

在能力模块中，培育的新型职业农民应具备以下素质：一是品行体能。农业生产、农村生活较为艰苦，培育的新型职业农民，首先要学农爱农，立志于农，要有正确的人生观、世界观和价值观以及良好的品行和体能。在课程设计上，要有创业课、励志课和职业修养课。二是技术知识。职业农民尽管以某一行业为专职，但其应具备的技术知识有专有博，既要有扎实的专业知识，也要有一定的通识知识，熟悉我国"三农"政策法规和国际相关惯例规则。三是操作技能。培育的新型职业农民，其工作性质不是搞教学、研究，而是从事农业生产、经营、管理一线工作，要有过硬的实战技能。他们除了要知晓与职业相关的理论知识外，还要熟练掌握农业生产操作、经济分析、管理决策等相关专业技能；能理论联系实际，灵活运用所学知识，分析、解决专职领域问题。实验操作课、观摩分析课是不可缺少的，而且要尽量丰富一些。

（二）新型职业农民的使用

对新型职业农民而言，培育是基础，使用是关键、是目的。要把素质好、能力强的新型职业农民留在农村，要解决现有农民不愿参加职业教育的问题，就要做好新型职业农民认定工作，重视农业生产经营资格准入制度建设，努力推行农村执业资格证书制，组织、使用、管理好新型职业农民，提高职业农民待遇和影响力，使他们学有所用，用有所长，安心、诚心、专心从事农业生产经营，服务农村社会事业。

（1）加快新型职业农民培训经历的认定工作。一是实行新型职业农民培育的记录制。农业职业教育和培训是个长期的过程、滚动的过程。农民根据自己的作息时间，参加农业知识和技能培训，时间上可能是一天、一周、一个月，也可能是连续半年、一年、多年；知识点上，可能是一个专题知识、一项专项技术，也可能是一门课、几门课，甚至是一个专业、几个专业；渠道上，可能是互联网、广播、电视、教育机构，也可能是科研单位、培训基地；方式上，可能是函授，也可能是跟班学习、脱产学习，简言之，情况特殊、复杂，但都要有所记载。这既是学习培训的积累，也是培训经历的证明。这种记录要有规范性、统一性。二是推行新型职业农民培训的证件制。农民花费精力和时间参加职业培训应当颁发相应的证件。证件中载明培训机构、培训方式、培训时间、培训内容、培训成绩。这既是一种培训经历的证明、一种荣誉的象征，也是今后从业、就业的学历凭证和能力凭证。

（2）研究试行农业职业资格准入制度。一是启动研究农业职业资格准入制。农业是农村的主导产业、支柱产业，种植业、林业、畜牧业、渔业各有生产特点和技术要求，并不是随随便便就可以生产经营、获取收益的产业，作业人员是要有一定能力和水平的，对农业作业人员设置一定的资格条件是必要的。发达国家对农业作业人员的要求很高，没有经过训练取得绿色证书的人员是不可能从事农业生产的。河南农民尽管从事农业活动众多，但是粗放式、小规模生产经营农业的不少，多数难以承担专业化、规模化、产业化、科技化、市场化、社会化、现代化农业大生产。当前农业新技术、新品种日新月异，农业生产标准和消费需求越来越严，农业作业技能和门槛越来越高，农业越来越需要高素质的职业人员去经营。选拔优秀农民进行职业化培训，给予相应的资格认定是可取、可行的。二是逐步实行农业职业资格准入制。可以选择技术含量高、生产要求严、区域范围相对较小、容易实行企业化运作的产业先行试点，稳步推进，逐步实行执业资格准入制度。这在一定程度上，可以解决目前农民职业培训参与度不高的问题，可以提高新型职业农民的"含金量"，增强新型职业农民的荣誉感，促使广大农民从被动培训走向主动培训。

（3）积极引导使用新型职业农民，充分展现他们在现代农业发展中的价值。新型职业农民是一种新生事物，发展之初还较为稚嫩，只有得到引导、扶持和重用，才能被广大农民所重视、接受。对农业实行职业资格准入制是体现新型职业农民价值的一种手段，此外还应在以下几个方面做出努力：一是开发利用现有农业专业户。目前，河南涌现了不少小麦、棉花、生猪、家禽、水产等种养专业户，他们具备了一定的专业能力，有一定的职业化雏形和倾向。应对这些种植专业户、养殖专业户进行重点培训提升，并在政策上继续给予扶持，让他们成为新型职业农民，发挥示范带动作用。二是边育边用新型职业农民。在培育新型职业农民的过程中，帮助他们分析当地农业生产的优势、劣势、机遇和挑战；根据所学知识和技能，选好职业领域，规划职业蓝图。在技术要求高、专业性强的生产行业和服务部门，尽量吸纳他们，让他们切身感受培训的价值，发挥所学特长。三是广泛支持新型职业农民兴业创业。要在全社会重视新型职业农民，为他们施展才华营造良好环境；努力使用新型职业农民，充分展现他们在现代农业发展中的作用。在农村产业发展项目和助农惠农政策方面，对经过职业培训的农民给予倾斜，尽量协助新型职业农民解决兴业、创业中遇到的问题，让新型职业农民活跃起来、壮大起来。

（4）加强新型职业农民的管理。一是注重新型职业农民资格管理。从事农业生产和活动的劳动者够不够新型职业农民资格应当有一定的标准条件和规范程序加以确认。因此，要研究制定新型职业农民的标准和条件，建立新型职业农民的进退机制和措施，规范新型职业农民的资格认定程序。二是强化新型职业农民的使用管理。根据河南产业和行业发展需要，明确新型职业农民岗位数量和地域分布，分析、发布新型职业农民余缺数量，供农民参加职业培训选择，供新型职业农民就业选择。对新型职业农民在使用和就业中的绩效、问题进行分析，拟定对策，提高新型职业农民的使用率和使用效果。三是做好新型职业农民流动管理。新型职业农民是高素质劳动者，具有较大的流动性。应建立新型职业农民信息库，分析新型职业农民的流向、就业状况、技能职业配对，重点加强事业有成、业绩突出的新型职业农民的跟踪管理。

三、发展新型职业农民的扶持政策

农民作为特殊的劳动大军，其培训教育是一项艰巨的任务和重要的工作。对新型职业农民的发展应突出公益性，搞好并激励部门联动，构建新型职业农民培育与使用的政策保障机制，长年不懈地抓，积极努力地干。

（一）突出公益性，建章立法，积极支持新型职业农民的培育和使用

随着工业化、城镇化的发展，农村大量的青壮年劳动力和高素质劳动力流入城镇、转入非农产业，农业劳动力老年化、弱质化现象越来越严重，加上农业发展的弱质性和农业生产的低收益性，留守农村的农民很少在农业职业教育上花钱花力，因此，世界上很多国家和地区都把农民的职业教育作为一项重要的公益事业来抓。在英国，唯一能得到政府资助的产业培训就是农业。我国农业农村部也将农民教育培训基本定位为公共性、基础性、社会性事业。河南是大宗农产品主产区、农村劳动力转移重点区，理应将新型职业农民的培训定性为公益性事业，切实抓好。参与新型职业农民培育的单位和机构应从大局出发，不以营利为目的，其花费的必要开支应通过财政补贴或其他的方式加以解决。

农民培育事关现代农业发展和农产品有效供给大局。一些发达国家非常重视农民的教育培训工作，以立法的形式明确农民培训的地位、内容和保障条

件，规范政府有关部门、培训机构和农民自身的责任与义务。英国制定颁布了《农业培训法》，加强农民技术培训；法国先后七次通过法令，对农民培训的方针政策以及组织领导的具体措施予以规定，更加明确了政府、企业和农民在农民培训中的地位和作用。① 农民培育是一项长期的艰巨性工作，必须建章立法，以保障新型职业农民教育培训的可持续发展。要完善《中华人民共和国农业法》《中华人民共和国劳动法》《中华人民共和国教育法》，补充农民职业教育培训条款和内容，或单独制定职业农民条例，规范新型职业农民的培育和使用。要将新型职业农民的培训使用与《土地管理法》《农村土地承包经营权流转管理办法》等相关法规进行有机结合，让经过培训的新型农民长期从事农业职业。

（二）加强组织领导，实行部门联动，加速发展新型职业农民

新型职业农民的培育和使用是一项系统性的工程，牵涉的部门很多，需要加强组织领导和部门协作。发达国家一般都设有专门的机构来组织、管理农民培训工作，例如，法国的农民培训工作由农业部建立的培训晋级和就业委员会以及各省设立的相应机构来负责；英国则由农业部培训局、地方教育局和农学院合作进行。河南应高度重视新型职业农民的培育和使用，成立办事机构，构建议事机制，统一领导和规划，分解任务，明确相关部门职责和使命，营造上下畅通、左右协调的运作氛围。教育、农业、科技、劳动人事、财政金融等有关部门应各司其职，互通信息，形成合力，共同促进新型职业农民的发展。

（三）广泛筹措资金，建立激励机制，努力推动新型职业农民的培育和使用

农民的职业教育是一件千秋伟业的大事。为了保护本国的农业生产和农民利益，发达国家对农民职业教育基本都采取积极的财政支持政策和其他激励措施。生产方式与我国相似的日本，在 2015 年推出的《食品、农业、农村基本法》中规定，国家积极扶持农业技术教育，对农业学校进行财政补助，学校免费为社会各界志愿学习农业、畜牧、园艺技术的人士提供技术培训和指导实

---

① 李月：《发达国家新型职业农民教育培训的经验总结与建议》，《职教通讯》2020 年第 6 期。

习；2017 年，韩国提出了培养能够引领未来农业的年轻人计划，对愿意成为创业型农民的年轻人，政府可以免除他们服兵役。对农民的职业培训，河南要坚持政府主导的原则，培训资金主要由公共财政承担，实行专款专用，防止被挪用。要拓宽筹资渠道，建立由政府引导，学校、企业、个人共同参与的多元化职业农民培训经费等筹措机制，广泛动员和组织社会各界力量支持农民职业教育事业。要建立有效的激励机制，对新型职业农民培育和使用工作做得好的基层组织、部门、单位和社会个体给予奖励；对农副产品生产加工流通做出重要贡献和在农业农村现代化发展中表现突出的新型职业农民给予奖励，在农业产业化项目、新农村建设项目、农业开发项目、农业科技成果转化项目等方面给予优先立项支持。

总之，要高度重视新型职业农民的培育与使用，合理设计培训方案，构建有效运作机制，避免上头热下面冷、政府热农民冷的现象发生，从现实的需要和战略的眼光提升河南农民的兴业、创业能力，保障河南农产品的有效供给，促进河南农业高质量协同发展。

第四节　城乡联动是河南农业农村现代化发展的助推器

城市与农村是既彼此依存、互有交错，又相互牵制、相对独立的两大区域。在经济社会发展的历史长河中，它们依照各自功能，沿着各自的方向、目标发展，均呈现出快慢不一的差异性。在工业化的初中期阶段，城市工业起步早、进展快，工业对农村、城市对农村的集聚力强，城市现代化建设较快；在工业化的中后期阶段，工业逐渐成熟，城市日益拥挤，工业支持农业，城市支持农村成为常态。我国已进入工业化中期阶段，具备工业反哺农业、城市反哺农村的能力。河南应抓住机遇，努力促进城乡互动，不断改造农业，建设新村，加快农业农村现代化发展进程。

一、城乡联动的客观性和迫切性

（一）城乡联动的客观性

城市与农村虽然在地域空间上彼此独立、彼此分割，但是在经济社会技术发展上互有补充、互有内容、互为联动，在很多方面具有合作的空间和条件。从经济发展而言，农村第一产业的发展，可为城市居民提供丰富的粮食、油料、蔬菜、肉奶蛋、水产品等食用产品，为城市制造业提供棉麻、毛皮等原材料；城市第二产业的发展可为农村提供农机、化肥、农药等生产资料，为农民提供家电、日用品等生活资料。从社会发展而言，城市和农村都有教育、文化、卫生等事业，都有社区管理、社区治安等工作。简言之，城市与农村除第一、第二产业个性明显，互有依存外，其余方面都有很多的共性，具备协同发展的可能性。

（二）城乡联动的迫切性

城市和农村是经济社会发展的两大区域，尽管各自都有了很大的进步，但是总体而言，农村经济社会发展要比城市逊色不少。城乡的差别和原因主要有以下几个方面：

一是经济发展环境城"优"乡"劣"。经济发展所需要的各种生产要素，城市比农村更容易获取，经济发展所应具备的社会、经济、技术条件，城市比农村更优越。例如，城市有四通八达的交通，有利于原材料的输入、产出品的输出；有灵便的邮电通信设施，有充足的水、电、气，更能吸引投资商入市置业，所有这些，都是农村所不如的。二是劳动生产率和产业扩张城"强"乡"弱"。我国劳动者创造的国内生产总值日渐增多，但是各个行业每个劳动力创造的 GDP 是有很大差别的，无论是年度总量还是年均增加量，第二、第三产业每个劳动力创造的 GDP 均比第一产业高。我国城市侧重于第二、第三产业的发展，农村虽然也有第二、第三产业，但仍然以第一产业为主。城市的产业扩张能力强于农村，因而城市的经济发展速度和质量也强于农村。三是居民生活水平城"高"乡"低"。无论是可支配收入还是消费支出，城乡居民比农村居民多 1 倍，市民比农民生活得好。

城市比农村之所以发展得快、发展得好，其主要原因在于：一是人才配置上，高素质人才几乎集聚于城市各产业、各部门。二是公共资源分配上，较多给了城市各行业。如财政对社会保障补助支出、抚恤和社会福利救济费以及财政性教育经费，城镇占去绝大部分。三是土地利用上，城市优先。土地是最基本的生产资料，财富之母，归国家所有。当土地利用同时被工业和农业看中的时候，首先可以得到土地的是城市、是工业。四是产品比价和流动管制上，存在保城损乡、重工轻农现象。城乡产品、工农产品，除众所周知的价格"剪刀差"、工业对农业剩余长期过度吸取外，流通管制不公也是长期以来甚为严重的社会经济问题。当商品供过于求或供不应求时，政府部门考虑较多的是城市利益，采取偏向城市的"菜篮子工程""米袋子工程"。当肉类、蔬菜供不应求，价格上涨时，调控部门就会外调，以平抑市场，或给予城镇居民食品补贴、给加工部门补贴，以保护城镇居民利益、工业的利益，降低城镇居民生活费用和加工业生产成本。五是户籍壁垒阻碍了各种生产、生活要素的合理流动，使农村居民难以进入城镇，享受城里人一样的待遇，造成了城乡居民较多占有社会公共经济权益和科技文化教育成果的差别。这些做法，使得城市规模不断壮大，产业不断兴起，实力不断提升；使得农村滞后于城市发展。

城乡发展差距过大，城乡矛盾过分突出，对国民经济的持续协调发展和整个社会的全面繁荣是不利的。我国政界和学界向来关注城乡差别问题。2021年中央一号文件提出："加快形成工农互促、城乡互补、协调发展、共同繁荣的新型工农城乡关系，促进农业高质高效、乡村宜居宜业、农民富裕富足。""城乡统筹""以城带乡""工农互促"成为全国上下一致的行动。对此，要积极寻求对策，加大"以城带乡""以工促农"力度，切实遏制城乡发展失衡，缩小城乡发展差距，加速农村各项事业发展。

二、城乡联动的对接部和着力点

如前所述，农村与城市在许多方面可以互补共享，而且城市比农村建设得好，除第一产业外，城市第二产业、第三产业比农村发展得快，城市科技、教育、文化、卫生事业相对集中，也比农村发展得好。因此，在很大程度上可以借助城市优越的、先进的东西，促进乡村现代化建设。利用城市优势，实现"以城带乡"，推进农村现代化建设，就要找准城乡联动的对接部和着力点，尽最大可能地发挥城市的引领、带动作用。

（一）城乡联动的对接部

城乡联动的对接部主要体现在地域、产业、惠利三个方面：

（1）地域的对接。从空间区位来看，城乡联动是一种网状结构，城市向农村辐射、农村向城市聚集，其枢纽就在于县域。县域是大中城市资源扩散到广大乡村的中转站，是广大乡村资源走向城市的桥梁，是城乡互动的联结点和接合部；在城乡协同发展，解决"三农"问题中具有重要的"二传手"作用，占有显著的位置。县域的发展，有利于城市生产要素和优势资源向广大农村扩散和流动，有利于农村生产要素和优势资源向城市转移，有利于城乡经济发展布局和产业结构调整，缓解城乡二元经济结构矛盾，为协调城乡经济发展提供强劲的支撑力量，重要的一点是可以让农民近距离地感受到城市生活气息，享受与城里人一样的生活快感。此外，县域还因为独特的优美环境、较低的居住成本、宽阔的生活空间，而越来越受到大中城市居民的青睐，进而增添现代生产、生活要素，发展前景良好。

（2）产业的对接。产业包括第一产业、第二产业、第三产业。从第一产业来看，农村地貌广阔，既发展用地量巨大的农作物、草木、动物，也发展占地面积相对较少的菌类和高档动植物，是第一产业的主战场；城市寸土寸金，虽然不发展用地量大的动植物，但是也从事一些工厂化的农业生产、饲养宠物、种植花草，在第一产业生产上，城乡能对接，不仅如此，在第一产业产品消费和物资需求上，城乡也会对接，因为城市以农产品为原料的轻工业需要农村源源不断地、大量地提供加工原料，农村的农业发展需要城市提供机械设备和物质资料。从第二产业来看，城市有服装、饮食、工艺饰品等生产消费，农村也有相同或类似的生产消费。从第三产业来看，城市有金融、商贸、仓储等产业，农村也存在相同的产业。由此可见，城乡产业发展具有许多方面的对接。

（3）惠利的对接。城乡协调、工农协调，应当是互利互惠的。农业为工业积累资本、农村为城市提供资源，转变为工业反哺农业、城市支持农村，是工业化的初级阶段进入中高级阶段的必然趋势和结果，是世界工业化国家经济发展所走过的共同之路。我国已进入工业化中期，有工业反哺农业、城市支持农村的能力和条件。河南要改变从农村抽血补养城市的做法，从长期对农村的"多取少予"中解脱出来，变为"少取多予"。惠利对接的重点应放在"减负增援"上：减轻农业为工业积累的担子，增加城市储蓄对农村的支援。过去，农业、农村由于为工业、城市积累过多，以至于自身发展后劲不足，农民收入增长缓慢，农村市场购买力不强，既影响了农业和农村的发展，又制约了工业和城市的发展。现在工业可以通过自身的积累往前发展，城市产业和居民的储蓄日趋增多，理应为农业和农村的发展"松绑"，使之有更多休养生息的机会，获得新的发展活力和更广阔的发展空间。农村经济实力强了，农民生活富裕了，也有助于工业产品扩展农村市场的空间，有助于城市发展更加丰富多彩。

（二）以城带乡的着力点

（1）切实抓好县域发展。县域是大中城市现代化元素向广大乡村传送的集结体和扩散体，是农村现代化的前沿阵地，是农区现代化水平高低的综合表现。一般而言，县域布点越多、规模越大、人气越旺、景象越新，其周边农村的现代化建设也越先进，水平也越高。因此，要大力发展县域建设，把推进城镇化进程作为一项巩固工农联盟、统筹城乡发展的重要任务来抓。发展县域，要以县城和有一定实力的建制镇为骨干，不断聚集国有企业、民营企业、外资企业，完善道路、街道、水电等基础设施，注重小城镇建设质量，增强小城镇的聚集力。要鼓励农民以土地、资金入股的方式参与城镇的基础设施建设，鼓励农民进城办厂、务工、经商，或从事其他非农产业活动，并在劳动保护、子女教育等方面给予与城里人一样的待遇，维护他们的尊严，弘扬他们的精神，使之真正融入城市社会之中。

（2）大力推进农业工业化。农业工业化就是要把农业和工业两大物质生产部门有机地结合在一起，不断提高工、农两大产业的关联度，使之相互促进、协调发展。这也是发展中国家在总结以往经济发展经验教训的基础上，为适应时代的要求，从自身的经济、技术条件出发而提出的一种新的推进工业化的发展战略。推进农业工业化，应做好以下三个方面的工作：一是大力发展农副产品加工业。农副产品加工业一头连着农业生产，一头连着工业生产；一头连着农村发展，一头连着城市消费，在工农、城乡之间有很强的关联性。壮大农副产品加工业，一方面可以更好地消化农副产品，解决农产品过剩问题，提高农产品增值水平，促进农业纵深发展；另一方面可以更广泛地开发农村资源，改善农村就业结构，改进农村产业结构。二是大力发展农用工业。农用工业也是两头连着工农两大产业、城乡两大板块。做强农用工业，既可以夯实城市工业，又可以武装农村发展所需的物质装备，改造传统农业，促进农业机械化、电气化、化学化、信息化发展，减轻农民劳动强度，提高农业投入产出水平和劳动生产率。三是强化工、农两大产业关联度，促使农业主动靠拢工业，为工业提供量足质优的农副产品原料；促使工业为农业提供物质装备，特别是武装农产品加工生产能力，真正形成依托农业办工业，办好工业促工业的良性循环态势，以提高农业和农村现代化发展水平。

（3）助力发展乡镇企业。乡镇企业包括的行业十分广泛，农业企业、工业企业、建筑企业、运输企业、商贸企业、旅游企业、服务性企业均有，这为城市服务农村提供了灵便、多样的空间和内容。发展乡镇企业有利于开发当地的农业资源、生态资源、矿产资源、人力资源、旅游资源，变农村资源优势为经济优势，提升农村经济总量；有益于消化农业剩余劳动力，增长农民收入，扶植乡镇税源；有助于弱化城乡二元结构，营造工业化生产气息、城镇化生活气息。河南现代化建设水平之所以逊色于沿海地区，一个很重要的原因就是乡镇企业体量不大、质量不高。要充分利用城市的先进技术和工商企业的量能，来改造乡镇企业，提高乡镇企业的档次和品位；利用城市企业发展成熟的管理方法、思维和手段，厘清乡镇企业的产权关系、政企关系，传送有效的新型所有制和分配方式，调动乡镇企业所有者、经营者和生产者的积极性；利用城市工商企业发展与城市建设共进的方法、理念，全面统筹乡镇企业与小城镇的发展，以提高集聚效应，节约发展成本，拓展发展空间，培植发展极和增长点。

（4）尽力扶持农村生产生活环境改善。交通、通信、科技、教育、文化、体育、医疗保健、环境卫生等，是农村生产、生活现代化建设必不可少的内容，而这些方面城市比农村发达一些、先进一些，城市支持农村是大有作为的。一要进一步做好科技、文化、卫生"三下乡"工作。过去，河南每年开展的城市科技、文化、卫生"三下乡"活动，对农村科技、文化、卫生事业的繁荣与发展起到了一定的辅助作用，产生了一定的效果，但是频次不多、活动点不多，难以满足广大农村对科技、文化、卫生的需要。要增加频次、多设活动点，尽量满足农村不同时期对科技、文化、卫生的需要；尽可能地多制作文字材料、影视作品，通过报纸、广播、电视传播出去，让参加活动以外的乡村居民也能获得相关知识和技能，活动日以外的任何时候农民都能学习相关知识和技术。二要积极助推农村基础教育和职业教育事业发展。目前，河南农村基础教育和职业教育十分薄弱，不利于农村教育现代化的发展，不利于农村高素质劳力的培养。应加强城乡教育交流，广泛动员聚集城市的优质师资和教育资源下乡进村，提高乡村教育质量。三要大力支持农村交通信息网络建设。一些农村还存在交通不便、信息不灵等现象，资源、产品进出不畅，制约了农村经济和社会活动的开展。应充分利用城市交通建设资源，改善农村道路基础设施，提升农村公路等级；充分利用城市互联网发展资源，夯实农村信息网络建设，提高农村信息化水平。

三、"以城带乡"的保障措施

"以城带乡"涉及的内容很多，情况也较复杂，因此，城市助推农村现代化发展，既要因地制宜、量力而行、统筹协调、循序渐进，又要努力提高农村对城市的吸引力，构建城乡资源流动有效机制，充分发挥城市对农村的引领作用，多领域促进农村经济社会的繁荣与发展。

（一）按照"差异化"理论指导城市带农村工作

河南涵盖的地区较多，地市之间、市县之间经济社会技术发展差别较大，"以城带乡"能力各异，应走"差异化"的发展道路。

（1）在思想行动上，遵循循序渐进原则。在不同的工业化和城市化阶段，农工轻重、城乡厚薄是有一定规律的。资源配置总是朝效益最大化的领域和区域流通的。从世界各国的工业化和城镇化进程来看，在工业化初期，工业和城市得到的资源总是多于农业和农村。如果这个时候对资源搞平均分配，那么不仅资源配置不经济，导致资源大量外流，而且工业化和城镇化进程迟缓，整个农区的社会和经济发展也快不起来。在工业化中期和后期，工业和城市成为社会经济发展的主体，完全可以通过自身积累获得发展，其能量处于不断向外辐射的态势。此时如果继续损农保工、厚城薄乡，沿袭农村和农业哺育城市和工业的做法，势必进一步挫伤农民情感、恶化工农关系、激化城乡矛盾，影响工业、城市本身的可持续发展。因此，究竟何时采取"以城带乡"举措，要依工业化和城镇化的发展规律和所处的阶段来研判，既不急躁冒进，又不因循守旧。

（2）在区域落实上，注意不同地区的社会经济实力。河南不仅城市与乡村之间有差别，而且城市与城市、农村与农村之间也有很大差异。大城市，规模大、工业化水平高，基础设施和服务条件好，具有强劲的集聚和扩散效应，因而，带动农村尤其是周边乡村发展的能力也较强，然而数量少，对边远乡村的刺激力有限。小城市，虽然对农村的贡献没有大城市那么突出，但是数量多，分布广且比较均衡，对当地乡村社会经济发展的拉动效果显见，在吸纳"离土不离乡"劳动力和农民进城入住方面有很大优势。城市郊区和平原地区农村，生产条件较好，生活水平较高，"以城带乡"易；山区农村，生产生活条件差，扶助难度大。另外，河南工业化进程不一，有些地方发展尚处于初期阶段，甚至刚刚起步，还需通过吸收农业剩余来发展本地经济，依赖农村的哺育来壮大城市，换言之，这些地方的城市，功能还很脆弱，无力回报农村。由此可见，目前城市带农村，应因时制宜、因地制宜，切记处处齐步走。

（3）在城乡发展上，要统筹规划，协调发展。要特别指出的是，城市发展不要忽视农村的利益，不搞盲目扩张。当前有些地方的城镇化，存在急于求成现象，欠缺理智。新城区圈定面积过大、人气不旺。被圈之地，既没有成为工业用地、城建用地，又不为农业所用、农民所用，撂荒现象突出，植被破坏严重。失地农民农不农、城不城，生产生活难有着落。既导致资源浪费，又招致民怨，得不偿失。城乡发展要顺其自然，不要逆规律而行，在资源统筹上宜城则城、宜乡则乡、城乡互助、协同发展。

（二）挖掘城乡吸引力，建立城乡资源互通机制，推动农村现代化建设

城市和农村各有优势和不足，虽然整体而言，城市发展环境和综合实力优于农村，对农村有很大的吸引力，但是农村对城市也有一定的吸引力。应当充分挖掘城乡彼此之间的优势和潜力，扬长避短，以便促进河南现代化建设。

（1）提高农民进城生存能力。"以城带乡"的主要目的是希望吸收农村富

余劳动力，提高农村居民生活水平，缩小城乡生产生活差距。与城市相比，农村人均拥有的资源少，劳动生产率比较低，居民收入不高，享受的养老、医疗、教育等方面的机会不多，与农村人口多不无关系。转移农村剩余劳动力，减少农村人口，有利于提高农村生产者的劳动生产率，增加农村人均占有的财富量，进而缩小城乡差距。然而，一方面希望进城的农民很多，但进城农民的收入太低，"以城带乡"能力还十分有限；另一方面转移农业劳动力、加快农民市民化，不是说转移就可转移、说加快就能加快的问题，而是农民进城要有位的问题。之所以这么说，是因为城市与农村的居民在职业技能上有差异，城市居住生活开支比农村大；即使城镇能敞开吸纳农民，农民也要有足够的资本。因此，要使农民融入城市，实现"以城带乡"，一方面要加强培训，提高农民素质，增强农民进城就业的技能；另一方面要大力发展农村经济，增加农民收入，提高农民进城生活的能力。否则，"以城带乡"就会成为一相情愿的事情。

（2）增强农村对城市的吸引力。尽管农村的经济发展和生活水平整体上不如城市，但是农村的生活成本相对较低，部分工业企业布局在农村生产成本也相对较低，不仅如此，农村的吃、住、游对城市的居民也有一定的吸引力，例如，原汁原味的农家食物、绿色健康食品，青山绿水、空气清新的农村居住环境，古村、田园、寺庙、民风多样的农村旅游资源，等等。充分挖掘和大力开发这些资源优势，全方位提高农村对城市的吸引力，就可以将城市先进的生产生活方式更快地传向农村，将城市充裕的生产、生活元素更多地输向农村，进而加快农村现代化建设步伐。

（3）营造城乡资源充分流通的长效机制。当前优先要做的事情是加快城乡分割的户籍制度改革，清除阻碍城乡资源双向流动的不合理规制，疏通城乡协调发展通道。众所周知，随着市场经济的发展和工业化、城镇化水平的提高，特定条件下制定和实施的城乡分割的户籍制度，越来越演变成城乡居民及其携带的财、物合理流动的屏障。清除城乡分割壁垒，促使城乡生产要素和生活资源自由流动，城乡之间就可以互通有无，享受彼此的优越待遇和先进东西，弥补自身某些方面的不足，城市带农村的理念就能更好地落到实处。

第五节　机制创新是河南农业农村现代化
发展的活化剂

河南农业农村现代化涉及面广，内容多，对其发生影响和作用的机制也广而多，既有农业农村现代化内部的作用机制，也有农业农村现代化外部的作用机制。无论是内部的作用机制还是外部的作用机制，对农业农村现代化的发展均有抑促作用，都要根据农业农村现代化建设的需要进行调整和革新，以消除负面影响，焕发新活力和新能量，进而持续不断地推动农业农村现代化发展。

一、河南农业农村的发展使命

河南是我国粮食和农业发展主要地区，承担着提供粮食和副食品的重要使命，承担着促进农业发展，增加农民收入的重要使命，一直是我国人民的"米袋子""菜篮子"，是我国粮食安全得到保障的最坚强、最有力的支柱。之所以如此，是因为河南有得天独厚的农耕基础，无论是气候条件还是水利供应、土质资源等都是我国最适合发展农业的地区，而且有着悠久的农作历史，农耕底蕴浓厚。这些条件是其他地方所不具备的，河南发展农业的地位可以说是无可替代的。河南用全国 1/16 的耕地，为全国提供了 1/10 的粮食。如果缺少河南的粮食供应，中国的粮食和食品安全问题就不可能得到解决。如此，河南一直被定为我国的农业供给保障基地。

然而，在工业化进程中，河南的粮食和农业发展面临不少压力。首先，人的消费需求对农产品生产提出了更高的要求。过去的几十年，我国人口猛增，农产品消费量大增。为了满足日益增长的农产品消费需求，农业大大注重外延性扩大生产，农业资源开发过渡，资源边际产量日益萎缩，农业再增产难度比以往更大，不仅如此，随着人们生活水平的提高，人们不仅要吃饱，而且要吃好、吃得有营养、吃得有价值，餐桌上品种要多样化，这对农产品的品种和质量也提出了更高的要求。其次，工业化和城镇化的发展对农业和农村资源的保护、再生、开发、利用造成了很大压力。我国工业化、城镇化正处于高速发展期。而工业和城市发展的扩张，无疑会抢夺农业和农村资源，并给农业和农村发展带来环境污染。近年来，河南耕地流失、减少，大量年轻力壮、对先进知识和技术比较有接受能力的农民进城务工，而留下老弱病残劳力务农，导致农业粗放生产经营，这与城市的扩张和工业的发展不无关系；动植物生存环境恶化、农产品质量改善维艰，与城市生活垃圾和工业生产"三废"的流入也有很大关系，而且随着城镇化和工业化的推进，这种态势难以扭转，甚至会愈演愈烈，这对农业的发展是十分不利的。再次，农业发展面临的市场竞争压力越来越大。现代农业的发展趋势是规模化、专业化、社会化，可是目前农业生产经营分散性较大，宜于同一地域生产经营的农产品难成一体，种样品种各异，数量少而难聚，质量低而难提升，农产品和农业生产资料难成批量出入、实现大流通，现代化生产中的大工具功能难以发挥，生产经营成本较大，农业产出品缺乏竞争力。随着市场的对外开放，越来越多的国际竞争者涌入国内。这些竞争者生产效率高，加工技术强，这无疑会对河南的农业发展构成很大威胁。最后，由于上述有关原因，导致农业资源产出率和劳动生产率不高，农业生产比较效益低下，资本回报率低，农民增收艰难，又会挫伤农民进一步发展农业生产的积极性，进而减少农业生产投入，弱化改变现状的愿望。如何增强自身的发展、增加居民的收入、改善生产生活质量，无疑成为不可忽视的使命。

河南必须做大做强农业，做大做强农村经济，大力发展农业和农村现代化。众所周知，我国是一个农业大国，农业兴则百业兴，农民富则国家富，农村稳则天下稳。河南人口多、耕地多、农副产品多，是我国农业和农村经济社会发展的重要组成部分。必须加快推进农业农村现代化建设，努力改变农业、农村生产生活落后面貌，为国家的繁荣富强做出应有的贡献。

一要通过农业现代化建设，改善农业作业条件，提高农产品产量和劳动生产率。国内外的实践表明，近几十年来农产品产量的大幅提高源自化肥、农膜以及现代气象、水利设施等方面的广泛应用，劳动生产率的大幅提高源自农业机械、电力、气、油等方面的大力使用。河南要进一步提高农产品产量和质量，进一步提高资源产出率和劳动生产率，就要努力实施农业生产机械化、化学化、水利化、电气化，努力实施农业经营规模化、专业化、社会化，提高农业现代化水平。通过农业现代化建设，提高农业物质装备水平，改善农业基础设施，完善社会化服务体系，减轻农业劳动负荷，提高农业资源利用率和产出率，实现农业增产增收。

二要通过农村工业化建设，提高产品增值能力，夯实农村发展实力。河南一向以生产农产品为主，向外输出的基本上是初级产品、初级原料，收益非常低。这些初级产品、初级原料运送到外地经过加工成商品之后，价格会有大幅度增加，这中间的差价基本上为外地加工企业所得。河南如果将这些收益留住，比较效益自然会大幅度提高，经济总量自然也会得到大幅度增加。目前，东部沿海地区的许多企业尤其是劳动密集型产业逐渐向外转移。河南地处我国中部，与东部发达地区相连，具有承东启西的潜力，而且拥有丰富的土地、劳动力、农产品等。河南应根据自身特点，抓住机遇，有选择地吸引与自身发展相辅相成的企业入驻，拓展就业，做大产业，做强经济。河南应当将农副产品加工工业作为主要抓手，大力促进农村工业化发展，以信息化带动工业化，以工业化促进信息化，走出一条科技含量高、经济效益好、资源消耗低、环境污染少、人力资源得到充分发挥的新型工业化道路。

三要通过农业农村现代化建设，提高农民收入和生活质量，培育国民经济发展动力。扩大内需是促进经济持续、快速发展的重要手段。农村有着巨大的消费市场，内需的最大增长潜力就在于农业、农村和农民。农业和农村经济社会的发展，需要大量的生产资料，农民生活需要大量的生活资料。消费需求来源于经济收入，没有经济收入的增长，拉动消费就是一句空话。河南农民人数多，但收入不高，购买力不强，严重制约着生产资料和生活资料的消费增长。要大力推进河南农业和农村现代化建设，全面促进农村产业发展，努力增加农民可支配收入和消费能力，进而扩大农村生产资料和生活资料需求，推动国民经济发展。

二、机制变革对河南现代化发展的影响

现代化是经济、社会、文化、政治等方面现代化的统称。机制包括计划机制、市场机制、物质投入机制、创新创业机制、结构调整机制、经营管理机制

等方面的内容。机制变革对河南现代化建设中涉及的基础设施建设、经济发展、价值观念、生活环境等均有一定的影响。

（一）调整结构，繁荣农村经济

20世纪80年代以前，河南农村经济基本上沿着农村即农业、农业即种植业、种植业即粮食生产的惯性思维而发展的。这种发展思路，对当时解决粮食供给不足和人的吃饭问题有较大的支持作用。但是，随着经济社会的进步和商品经济的兴起，这种小农经济色彩浓厚的发展理念，已跟不上时代的步伐，明显制约着农村经济的全面发展，也不利于农村资源的充分利用和有效配置，甚至造成一些资源的浪费和产品的过剩，影响农民增收。基于此，河南着手农村经济结构尤其产业结构调整：一方面，在农业领域大力发展经济作物、畜牧水产等非粮食产业。针对耕地在减少、农业要增长的矛盾，致力于耕作制度改革，生产结构调整，合理配置生产要素，变单一生产为全面发展，坚持效率优先的发展路子。各级政府贯彻"绝不放松粮食生产，积极发展多种经营"的方针，加快农业经济结构调整，着力发展高产、优质、高效农业，将有限的资源尽量投入高效作物、高效产业、高效地区上，支持有限的财力、物力重点向农村的种田能人、养殖大户倾斜，向发展速度快、效率高、影响大的农业产业区和基地倾斜。如土地和劳动力的使用，越来越倾向于比较收益高的经济作物和其他多种经营，明显促进了多种经营的发展。另一方面，在农村大力发展工业、商业、运输业、建筑业、服务业等非农产业，鼓励农民离土、离乡，从事合法的高收益生产经营活动，有力地繁荣了农村经济，提高了农村经济总量。

（二）追加投入，改善发展条件

中华人民共和国成立以来，河南竭尽所能为农业和农村经济发展提供人力、物力、财力支持，努力提高现代化水平，改善和充实农业和农村经济社会发展的基础设施条件，改善农民生活劳作环境，提高农民幸福生活指数。

一是推广应用现代农业生产资料，减轻农民生产负荷，提高劳动生产率。现代生产资料的广泛应用，提高了农业农村机械化、水利化、化学化、电气化水平，大大减轻了农民劳动负荷。二是改造农村经济发展生态环境，增强农产品储保周转能力，提高抗自然灾害和市场风险能力。努力改造夯实水利设施，消除水患旱灾，防治水土流失；加强农村道路、仓储建设，促进农村物流业发展，为农业和农村经济发展创造良好的物质条件和生态环境。水土流失的改良、仓储设施的改进、农产品质量的保鲜，提高了产品产量，减少了产品损失。农村道路等级的提升，广播、电话、电视、电脑的安装等，加快了生产资料、农副产品的流通；电话、网上经营产品，使农村发展的产出品和需求品，在供求时间和距离上大为缩短，增强了产品的可视性。三是输送现代农村生活资料，提高农民幸福生活指数。"日出而作，日落而归"是农民长期的劳作习性，生活单调。为改变这种状态，广大农村大力推进生产现代化、生活现代化。现代生产方式的灌输，改变了农村的生活方式。过去许多想都不敢想的生产、生活方式，都成为现实；想都不敢想的生产、生活资料，都进入了农家。

（三）鼓励农民创业，拓宽增收渠道，提升生活质量

在农业和农村经济体制改革与发展的过程中，河南坚持走群众路线，尊重农民创造精神，一切以广大农民的愿望和期盼为出发点和落脚点。只要有利于广大农民利益、有助于农村社会经济可持续发展，就大胆尝试。为了在不可增的国土面积上生产出更多的农副产品，扎扎实实地调动一切可以调动的力量，打农业开发总体战，相继推出果业工程、菜篮子工程，创造了一个又一个农业增长点，确保了农业经济在一个较高的增长水平上发展。对农业生态资源的开发，坚持"谁开发、谁受益、谁保护"的原则，切实保护农民的权益。在促进农业经济发展的同时，积极治理荒山、荒坡、荒水、荒滩，防治水土流失，改善农业生产和农民生活环境。在促进农业经济发展的同时，针对农民增收较为单一的问题，河南鼓励农民在本地大力发展多种经营，动员、支持农民到外地开店办厂创事业，拓宽增收渠道，积累扩大再生产资金。

（四）变革经营机制，营造宽松环境，夯实发展动力

近年来，河南为促进农业农村经济发展，推动农业农村现代化发展，在实践中，大胆改革、勇于探索、与时俱进，努力冲破僵化、陈旧、落后的观念，变革不利于农业生产力发展的生产关系，坚持发展是硬道理。土地的各种权利由高度集中于集体逐步从中分离出使用权、收益权、处置权并归农民所有，使农民有权决定从集体分给的或竞拍得来的土地进行开发使用，提高生产能力，使土地流转越来越活，越来越适得其主，进而使土地得到更多、更好的改良，增强生产能力，提高生产率。由于生产资料归农民所有，因此农民购买生产资

料的积极性也得到了极大的提高。20 世纪 80 年代以前，河南农业以自给自足为主，农业耕作以人力、畜力为主，生产工具较为落后，农业科技进步贡献率不到 30%，现在则以商品经济、市场经济为主，新农机、新设备、新技术、新工艺、新观念、新方法不断伸向农业和农村各个领域，农业科技进步贡献率提高到了 60.7%，有力地促进了传统农业向现代农业发展转变。

三、河南现代化发展机制建设

河南资源丰富，是我国的粮食主产地、农副产品的主要供给基地，也是非农产业产品的重要消费地和农村劳动力的消化地。但是，河南人均经济总量不高，农民收入较低，农业和农村现代化建设步履维艰。要深化体制改革，构建有效机制，激活发展动力，为河南现代化发展创造有利条件，以便生产又多又好的农副产品，改善河南生产生活质量。

（一）投入机制

民以食为天。粮食是国民经济基础的基础。作为一个拥有 14 亿多人口的大国，粮食安全主要建立在自产自给而不是外购上。从发展趋势来看，我国人口数量增加、消费结构层次升级、耕地面积减少的趋势不可逆转，粮食供少求多的矛盾始终存在。与其他产业相比，粮食生产的收益比较低。在市场经济条件下，农民作为有理性的"经济人"，无论思想品德多么高尚、多么纯洁，追求富裕生活、追求高额收益的本性是无法改变的，也是无可非议的。只要粮食生产效益不如其他产业，他们就不会重视粮食生产。即使政府采取"高压"手段，他们也不会"屈从"。除非粮食购买支出高于自产成本，危及自己的生活时，才会自觉发展生产。相较而言，河南农民的收入要低，增长速度要慢。在一个相当长的时期内，从事粮食和农业生产的农民还会大量存在，还会大量聚集在河南。河南农民多，从事着比较效益较低的粮食生产和农业生产，为国家粮食安全和社会稳定做出了重大贡献。支持粮食和农业生产，尽最大力量支持河南农民改善生活是国家应尽的责任。过去，为了在较短的时间内提高现代化水平和国家综合实力，国家采取了优先发展重工业的道路，河南也举力发展工业经济和城市经济，导致农业和农村难有休养生息的机会，难以通过自己的努力和积累，更快地拓展发展空间，使农村经济总是滞后于城市经济发展，农民收入总是滞后于市民收入增长。现如今，我国的国力得到了很大提高，国家具备了工业支持农业、城市支持农村的能力和条件。在国家发展战略布局中，应突出河南的发展战略地位，大力支持河南粮食、农业及农产品加工业的发展，着力推进河南农业产业化和新型工业化发展。应对河南的经济发展尤其粮食和农业的发展给予全力支持，对河南农产品生产、流通、贮存、贸易中所出现的逆差和损失给予必要的补偿；要进一步完善利益补偿机制，有针对性地对河南进行利益补偿，调动河南粮食和农业生产的积极性。

（二）资源配置机制

资源包括自然资源和社会经济技术资源，是经济发展和现代化建设的基础条件和重要财富。河南有丰富的动物资源、植物资源、微生物资源、土地资源，这些资源都是改变河南面貌的重要物质基础。从有待开发的荒山、荒坡、荒滩、荒水资源来看，它们是当前河南水土流失防治和生态环境保护所考虑的重点对象，也是进一步提高土地产出率、壮大农村经济、增加农民收入的新领域。从已开发的资源来看，其产出潜能颇大，也有进一步开发的必要。例如，大面积的中低产田，如果能得到很好的改造，那么对提高农业综合生产能力、提高土地产出率和劳动生产率、增加务农农民收入而言，都是大有裨益的。河南有丰富的劳动力资源，积极开发利用人力资源，提高劳动者智力和体能，造就有文化、有知识、有道德、善经营、懂管理、知法懂法的新型农民，既是农民滞留于农业和农村，发展现代农业和现代农村之所需，也是农民进入城镇，谋求生产生活之所求。转移农村剩余劳动力，减少农村人口，有利于提高农村生产者的劳动生产率，增加农村人均占有的财富量，进而缩短城乡差距。河南应当全方位挖掘各种资源效能，合理配置各类资源，促使资源更快更多地成为农业和农村经济发展的动力。对于河南而言，要建立高效的资源配置机制必须从以下三个方面做出努力：

一要妥善处理宏观和微观效果发挥的关系。河南资源配置面临宏观与微观两个层次效应。宏观上主要表现为社会效益的最大化；微观上主要体现为农民生产经营收益的最大化。当两个资源配置动力不一致时，就会妨碍资源配置，削弱资源配置效应，因此要对农业农村各种要素的利用方向、利用结构、改造方式、组合目标等进行科学的界定与规范，使之产生配置效果最佳化。

二要妥善处理分散与集中使用管理的关系。我国实行的是家庭联产承包责任制，农业生产还处于兼业化、多样化状态，在市场上很难形成合力，产生强有力的竞争力。资源配置的分散性与狭小性，阻碍着区域型产业优势的发挥，阻碍着优秀企业的做大做强。要想改变这种状态，就必须实现农业生产的兼业化、多样化向专业化、规模化转变，统筹资源分配，保障优势产业、优秀企业和先进领域的发展需要，实现资源配置最佳化。

三要妥善处理单个环节与全产业链发展需要的关系。河南之所以较为落后，很大一部分原因在于第二、第三产业不发达，农产品加工、仓储、保鲜水平不高，农产品技术含量和附加值不高。要根据农业产前、产中、产后发展的需要，调整产前、产中、产后环节的资源配置结构，将农业产品生产与农业产品加工、销售，以及农用生产资料生产、农村科技服务有机结合起来，形成农业产业协调发展、综合效应性强的资源配置良性格局。

（三）收益分配机制

公平公正的收益分配制度是河南经济持续发展和现代化建设有序推进的基本保障。在市场经济发展过程中，河南要特别完善收益分配制度，调动现代化发展主体积极性，激活现代化发展要素功能。

第一，要建立和完善农业生产收益机制，保障农民劳动所得。河南农业收入还存在自然和市场双重不确定风险，使同样的劳动量不能得到同样多的可供分配的收益。要建立农业保险制度和农产品补贴制度，遵循按劳分配原则，充分体现劳有所得，通过国民收入的再分配，确保农民付出劳动必有所得。

第二，合理划分要素分配标准，明确农民土地权益。河南经济发展和现代化建设离不开土地、资金、技术等要素。如何对这些要素收益进行分配，按照什么样的标准对这些要素进行分配，是建立公平合理的收益分配制度必须考虑的问题，特别是土地这一财富之母。农民土地被征用时，其权益必须要得到保障，不要因土地的集体性而轻视土地补偿。

第三，加强农村社会保障体系建设。农村居民之间由于体力、智力、生活环境、家庭背景、面临的发展机遇不同，资本、技术等要素的积累效应不同，使劳动者收益随着时间的推移会呈现出相当大的差异。所以，必须以效益优先、兼顾公平的原则来调节农村收入再分配。应该建立和完善有关法律法规，杜绝非法收入，防止收入两极分化；采取个人所得税、财产税、消费税、遗产税、赠予税等税收手段，对农民收入进行调节，完善农村各项保障制度，以保证社会公平，促进农村稳定和健康发展。

第四，完善财税分配制度。高效的财税分配制度有助于保障公共产品供给，促进各项强农惠农政策的全面贯彻落实，从而促进河南经济的发展。河南是以农业生产为主的农区，农业效益低、非农产业发展迟缓的现实使得县乡财政收入非常少。我国经济社会的快速发展对于基础设施建设、技术信息普及、生活环境改善等要求也日益提高，这些都需要大量的财政投入。如果县乡财政持续困难，这些问题就不可能得到彻底解决，河南现代化发展就会异常艰难。要按照事权与财权对接匹配的原则，合理确立财税分配，有效推进河南农业农村现代化建设，促进农村各行业、各领域的现代化发展。

（四）区域合作机制

河南以农业为主，是传统农区、粮食主产区，粮食和农副产品丰富，而非传统农区尤其是粮食主销区以非农产业为主，经济比较发达，但农副产品尤其是粮食一般不能自给自足，必须大量从传统农区调入。主销区与主产区联系密切，互补性强，两者之间只有加强协作，才能协同发展。近年来，主销区之所以能够毫无顾忌地发展非农产业，少不了传统农区的大力支持。随着主销区经济发展，越来越多的人聚集到主销区，对于农产品的需求逐渐攀升，要想保障主销区经济的持续发展就必须加强与传统农区的合作，与传统农区建立良好的合作机制，援助传统农区农业经济的发展。

首先，加强市场信息的交流。主销区是传统农区农产品及其加工品的销售市场。传统农区劳动成果能不能得到充分体现，主销区的市场需求是一个决定性因素。传统农区只有生产主销区市场需求的产品，其最终价值才能得到充分体现，如果产品不能满足主销区的需求，就会蒙受巨大损失。主销区所用的农产品或者所售的工业品，如果信息沟通不畅，不能得到及时购销、进出，也会阻碍其经济的发展。两者之间加强市场需求信息交流，有助于生产资料和生活资料的购销和流通。

其次，加强传统农区现代化发展的技术资金支持。传统农区农业基础设施建设还比较脆弱，而且农业生产效益低，农村积累少，对于现代农业发展投入不足，技术跟不上。而主销区一般经济比较发达，积聚着中国最发达的技术与最雄厚的资金。主销区如果加大对传统农区的技术支持，加大对传统农区的信贷投入，必将推动传统农区现代化建设。传统农区现代化水平提高了，经济发展了，农产品丰富了，既可保障主销区的农产品需要，又能扩大主销区资本投资领域，扩大主销区工业品销路。

最后，加大传统农区农业发展补偿。传统农区是主销区粮食安全的坚强保障，但是粮食生产经济收益较低，粮食生产越多，经济负担越重。很多农区为了经济发展和收入增长，能不生产粮食就不生产粮食的消极情绪时有出现，对粮食和农业发展十分不利。为了鼓励传统农区粮食生产，激发农区粮食生产的积极性，无论是国家还是主销区都必须加强财政支付转移，增加传统农区农业生产补贴。

因此，传统农区一方面与非传统农区的经济技术发展历史、起点不同，社会发展进步、生态环境不同，因而，其农业农村现代化发展的路径、目标要求也不同，其发展机制革新要因地制宜、因时制宜；另一方面与发达地区的现代化发展水平比，其农业农村现代化建设较为滞后，尚有较大成长空间，其机制创新要有时不我待的精气神，扬长避短，全方位探索，多层面实施，努力为传统农区农业农村现代化建设营造宽松环境，创造有利条件，加快其发展步伐和发展进程。

附　录

附表1　国内学者对农业现代化评价相关指标拟定的目标值

一级指标	二级指标	三级指标	具体指标	单位	基本现代化目标值
农业投入水平	硬件投入	农用地投入	农业人均耕地	公顷/人	0.63
		机械设备投入	农业劳均固定资产	元/人	5000
			劳均农业资金投入	元/人	7500
			人均固定资产	元/人	11000
			人均固定资产	元/人	30000
			农田机耕率	%	95
			机播收机率	%	80
			从业人员农机动力	千瓦/人	7.5
			劳均拥有农机动力	千瓦/人	4
			劳均拥有农机动力	千瓦/人	4
			农田机械力	千瓦/公顷	30
			农业机械化作业水平	%	80
			农业机械化综合指数	%	80
			耕地农机动力	部/公顷	0.5
			农业劳均农机动力	部/人	0.9
			单位耕地面积总动力	千瓦/公顷	18~36
			劳均农机总动力	千瓦/人	6
		水利设施建设	农田有效灌溉率	%	80
			农田有效灌溉率	%	96
			农田有效灌溉率	%	96

续表

一级指标	二级指标	三级指标	具体指标	单位	基本现代化目标值
农业投入水平	硬件投入	水利设施建设	有效灌溉率	%	90
			有效灌溉率	%	90
			有效灌溉率	%	85
			有效灌溉率	%	80
			旱涝保收率	%	80
			旱涝保收率	%	80
		肥（饲）料投入	农田化肥施用量	千克/公顷	3050
			农田化肥施用量	千克/公顷	900
			农田化肥施用量	千克/公顷	370
			农田化肥施用量	千克/公顷	500
			耕地有效化肥施用量	千克/公顷	750
		防灾减灾设施建设	除涝面积占易涝面积	%	99
			自然灾害成灾率	%	7
			农业成灾率	%	20
		交通信息发展	电话、电脑普及率	%	60
	软件投入	农业劳动力	农业从业人员比重	%	10
			农业从业人员比重	%	10
			农业劳动力比重	%	25
		农业劳动力素质	文盲率	%	3
			教育水平（初中以上）	%	50~80
		农业科技进步	农业科技进步贡献率	%	70
			农业科技进步贡献率	%	65
			农业科技进步贡献率	%	60
			农业科技进步贡献率	%	70
			农业科技人员比重	单位	20
			农业科技人员比重	%	0.12
			专业技术人员比重	%	85
			科技投入占农业产值	%	1.4~2.4

续表

一级指标	二级指标	三级指标	具体指标	单位	基本现代化目标值
农业投入水平	软件投入	农业经济结构调整	第一产业占GDP	%	1
			第一产业占GDP	%	10
			第一产业比重	%	10
			林牧渔业增加值比重	%	70
			养殖业比重	%	55
			养殖业比重	%	50
			养殖业比重	%	70
			养殖业比重	%	70
农业产出水平	产出效果	土地产出率	农地单位面积产值	元/公顷	120000
			种养面积产值（现价）	元/公顷	85000
			种养面积产值	元/公顷	85000
			土地产出率	元/公顷	45000
			土地产出率	元/公顷	40000
			耕地农业增加值	元/公顷	30000
			单位耕地农业总产值	元/公顷	52500
			耕地单位面积种植业增加值	元/公顷	19500
			谷物单产	千克/公顷	5530
			粮食单产	千克/公顷	6000
			粮食单产	千克/公顷	6750
			粮食单产	千克/公顷	6750
			粮食单产	千克/公顷	6500
			粮食单产	千克/公顷	9000
		劳动生产率	单个劳动力农业增加值	元/人	22600（美元）
			从业人员劳动生产率	元/人	12500
			劳均第一产业增加值	元/人	15000

一级指标	二级指标	三级指标	具体指标	单位	基本现代化目标值
农业产出水平	产出效果	劳动生产率	劳均第一产业增加值	元/人	15000
			劳均农业增加值	元/人	15000
			劳均农业增加值	元/人	10000
			一产劳均农业 GDP	元/人	25000
			劳均第一产业增加值	元/人	20000
			农业劳均粮食	千克/人	5000
			农业劳均肉蛋鱼产量	千克/人	1500
			劳均粮食产量	千克/人	5000
			劳均肉类产量	千克/人	800
			劳均水产品产量	千克/人	500
		农民收益	农民纯收入	元/人	15000
			农民纯收入	元/人	6000
			农民纯收入	元/人	8000
			农民纯收入	元/人	8000
			农民纯收入	元/人	10000
			农民纯收入	元/人	9600
	竞争能力	农业总产值	农业劳均农业总产出	元/人	18000
			劳均农业总产值（现价）	元/人	40000
			劳均农业总产值	元/人	50000
			劳均农业总产值	元/人	13500
		农产品竞争性	农产品商品率	%	80
			农业商品率	%	80
			农产品合同收购率	%	70
			粮食商品率	%	100
			畜产品商品率	%	100
			农产品综合商品率	%	60

续表

一级指标	二级指标	三级指标	具体指标	单位	基本现代化目标值
农业产出水平	竞争能力	农业外向程度	农产品贸易额占农业 GDP	%	68
			农产品进出口占第一产业 GDP	%	35

资料来源：

［1］龙冬平、李同昇、苗园园、于正松：《中国农业现代化发展水平空间分异及类型》，《地理学报》2014 年第 2 期。

［2］李丽纯：《基于灰色优势分析的中国农业现代化水平测度与波动趋势分析》，《经济地理》2013 年第 8 期。

［3］吴振明：《工业化、城镇化、农业现代化进程协调状态测度研究——以中国西部地区为例》，《统计与信息论坛》2012 年第 7 期。

［4］王晓文、杜欣：《中国城镇化与农业现代化协调发展的测度》，《统计与决策》2015 年第 8 期。

［5］魏后凯、闫坤：《中国农村发展报告（2018）》，中国社会科学出版社 2018 年版。

［6］贺翀、肖功为：《中部六省工业化、城镇化和农业现代化协调发展测度研究》，2015 年第 3 期。

［7］吕杰、赵红巍：《辽宁省农业现代化水平测度及对策研究》，《辽宁大学学报（哲学社会科学版）》2014 年第 1 期。

［8］文枫、李会杰、周彦兵、鲁春阳、张宏敏、赵占辉：《河南省新型城镇化与农业现代化协调关系测度》，《中国农业资源与区划》2020 年第 4 期。

［9］杨世箐：《新型工业化与农业现代化互动发展测度指标体系的构建》，《统计与决策》2013 年第 22 期。

［10］李丽纯：《后现代农业视角下的中国农业现代化效益水平测评》，《农业经济问题》2013 年第 12 期。

［11］朱剑锋、朱媛媛：《安徽省农业现代化水平区域差异与发展模式研究》，《中国农业资源与区划》2013 年第 4 期。

［12］杨宏力：《我国农业现代化发展水平评测研究综述》，《华中农业大学学报（社会科学版）》2014 年第 6 期。

附表 2　国内学者对农村现代化评价相关指标拟定的目标值

一级指标	二级指标	具体指标	单位	基本现代化目标值
生产现代化	生产工具	农业劳均固定资产	元/人	50000
		人均固定资产原值	元/人	11000
		人均固定资产原值	元/人	30000
	生产结构	第一产业比重	%	10
		第一产业比重	%	10
		第一产业比重	%	8

一级指标	二级指标	具体指标	单位	基本现代化目标值
生产现代化	生产结构	农业增加值比重	%	2
		农产品加工率	%	80
		农产品加工率	%	60
		农副产品加工率	%	60
		农副产品加工率	%	60
		农产品加工产值∶农业总产值	%	2∶1
		农产品加工增值率	%	100
		第二产业增加值占GDP	%	300
		第三产业增加值占GDP	%	40
	生产总量	农村人均增加值	元/人	60000（8000）
		全社会人均GDP	美元/人	3000
		全社会人均GNP	元/人	20000
		全社会人均GDP	元/人	25000
	居民收入	农民纯收入	元/人	10000
		农民纯收入	元/人	6000
		农民纯收入	元/人	13000
		人均收入	元/人	10000
		农民纯收入	元/人	6000
	消费水平	恩格尔系数	%	30
		恩格尔系数	%	30
		恩格尔系数	%	40
		恩格尔系数	%	20
	生活设备	电视机家庭拥有率	%	100
		农民人均住房面积	平方米	30
环境现代化	基础设施	电话、电脑普及率	%	60
		农村电话普及率	%	60
		电话普及率	部/百户	85
		通电话农户比重	%	80
		通自来水农户比重	%	90
		从业人员人均年用电	千瓦时	8500
		农村人均年用电量	千瓦时	500
		农村人均年生活用电	千瓦时	200

续表

一级指标	二级指标	具体指标	单位	基本现代化目标值
环境现代化	社会环境	养老医保程度	%	100
		万人拥有医生	人	25
		万人拥有医生	人	30
		千人拥有医生	人	1.2
		社会保障覆盖率	%	90
		社会保障人口比重	%	100
		万人拥有医生	人	20
		农村医疗参保率	%	80
		养老保险率	%	80
		万人拥有老师数	人	200
	生态环境	森林覆盖率	%	30
		森林覆盖率	%	25
		森林覆盖率	%	40
		森林覆盖率	%	45
		森林覆盖率	%	45
		森林覆盖率	%	50
农民现代化	文化知识	高中（中专）以上人员比重	%	100
		初中以上人员比重	%	90
		初中以上人员比重	%	70
		初中以上人员比重	%	70
		农业科技人员比重	%	0.12
		初中以上人员比重	%	80
	思想观念	第一产业劳动力专业协会数	个/万人	35
		初中升学率	%	90
农村城镇化	农民非农化	农村非农业人口比重	%	70
		城镇化水平	%	50
		城镇人口比重	%	55
		城镇人口比重	%	55
		城镇人口占总人口比重	%	80
		城镇人口比重	%	60
		集镇人口占总人口比重	%	60

续表

一级指标	二级指标	具体指标	单位	基本现代化目标值
农村城镇化	农民非农化	农业劳动力比重	%	10
		农业劳动力比重	%	25
		第一产业人员比重	%	5
		非农就业人员比重	%	70
		农村劳动力就业率	%	20
		非农劳动力比重	%	85
		非农劳动力比重	%	80
		集镇就业占总从业者比重	%	60

资料来源：

[1] 彭超、刘合光：《"十四五"时期的农业农村现代化：形势、问题与对策》，《改革》2020年第2期。

[2] 高强、曾恒源：《"十四五"时期农业农村现代化的战略重点与政策取向》，《中州学刊》2020年第12期。

[3] 巴·哥尔拉、刘国勇、王钿：《乡村振兴战略背景下新疆农业农村现代化发展水平测度》，《北方园艺》2020年第17期。

[4] 丁波、李雪萍：《乡村振兴背景下民族地区空间改造与农村现代化建设》，《中央民族大学学报（哲学社会科学版）》2020年第2期。

[5] 李刚、李双元：《青海省农业农村现代化发展水平研究》，《农业现代化研究》2020年第1期。

[6] 杜萍：《新农村建设中农村现代化评价指标体系及评价的研究——以江苏省为例》，《安徽农业科学》2009年第26期。

[7] 魏后凯、闫坤：《中国农村发展报告（2018）》，中国社会科学出版社2018年版。

[8] 周桂良、毛丽娜、吴鼎新、赵钢：《苏北农村现代化商贸流通市场体系的构建、评价及发展对策》，《江苏农业科学》2014年第2期。

[9] 梁丹、张小林、连建功：《我国农村现代化评价指标体系的研究——以宜兴市为例》，《安徽农业科学》2005年第9期。

[10] 戴林送、杨国才：《我国农村现代化的实证研究》，《数理统计与管理》2007年第5期。

[11] 李永宁：《江苏省农村现代化的实证研究》，《统计与决策》2009年第13期。

[12] 邱菲、胡志全：《我国农业现代化评价指标体系的构建与应用》，《中国农业资源与区划》2020年第6期。

[13] 辛岭、蒋和平：《我国农业现代化发展水平评价指标体系的构建和测算》，《农业现代化研究》2010年第6期。

参考文献

［1］Ahmad S. On the Theory of Induced Invention, The Economic Journal, 1966（76）.

［2］Altieri M. A. , Rosset P. M. , Nicholls C. I. Biological Control and Agricultural Modernization: Towards Resolution of some Contradictions, Agriculture and Human Values, 1997（3）.

［3］Binswanger H. P. , Ruttan V. W. Induced Innovation: Technology, Institutions, and Development, Baltimore: Johns Hopkins University Press, 1978.

［4］Carof M. , Colomb B. , Aveline A. A Guide for Choosing the Most Appropriate Method for Multi-criteria Assessment of Agricultural Systems According to Decision-makers Expectations, Agricultural Systems, 2013（3）.

［5］Deere C. D. , Gonzales E. , Perez N. Household Incomes in Cuban Agriculture: A Comparison of the State, Co-operative, and Peasant Sectors, Development and Change, 1995（2）.

［6］Diederen P. Modernization in Agriculture: What Makes a Farmer Adopt an Innovation?, Governance and Ecology, 2003（2）.

［7］Egbert H. , Henk J. Are There Ideological Aspects to the Modernization of Agricultural? Journal of Agricultural and Environmental Ethics, 2012（5）.

［8］Elhamoly A. I. , Nanseki T. , Shinkai S. Implementation Degree of Agricultural Decisions at the Egyptian Farm Level and the Expected Role to the Agricultural Extension: A Comparison with Japan, Journal of the Faculty of Agricultural,

2011 (2).

[9] Fei C. H., Rains G. A. A Theory of Economics Development, American Economic Review, 1961 (4).

[10] Sand S G. R., Podmore T. H. A Generalized Environmental Sustainability Index for Agricultural Systems, Agricultura, Ecosystems and Environment, 2000 (79).

[11] Grossman G. M., Maggi G. Diversity and Trade, American Economic Review, 2000 (5).

[12] Hayami Y., Ruttan V. W. Agricultural Development: An International Perspective, Baltimore, Md/London: The Johns Hopkins Press, 1971.

[13] Hicks J. R. Value and Capital, Oxford: Clarendon Press, 1946.

[14] Hietala - Koivu R. Landscape and Modernizing Agricultural: A Case Study of Three Areas in Finland in 1954-1998, Agriculture, Ecosystems & Environment, 2002 (1).

[15] Harjit S. S., Donald E. A. The Village Influence on Punjabi Farm Modernization, American Journal of Sociology, 1974 (4).

[16] Huffman W. E., Evenson R. E. Structural and Productivity Change in US Agriculture, 1950-1982, Agricultural Economics, 2001 (2).

[17] Jorgenson D. W. The Development of a Dual Economy, Economic Journal, 1961 (71).

[18] Kennedy E. Approaches to Linking Agriculture and Nutrition Programs, Health Policy and Planning, 1980 (3).

[19] Lee L., Yu J. Estimation of Spatial Autoregressive Panel Data Models with Fixed Effects, Journal of Econometrics, 2010 (2).

[20] Lewis A. Economic Development with Unlimited Supplies of Labor, The Manchester School, 1954 (2).

[21] Lin J. Y. Public Research Resource Allocation in Chinese Agricultural: A Test of Induced Technological Innovation Hypotheses, Economic Development and Cultural Change, 1991 (1).

［22］ Mauricio R. B. , Jon H. Planting Hybrids, Keeping Landraces: Agricultural Modernization and Tradition among Small - scale Maize Farmers in Chiapas, Mexico, World Development, 2011 (8) .

［23］ Mellor J. W. The Economics of Agricultural Development, Ithaca: Connell University Press, 1966.

［24］ Murakami N. Rural Industrialization and the Role of Human Capital: An Analysis of Back to Business in Henan Province, Journal of Henan University (Social Science), 2011 (2) .

［25］ Parra-Lopez C. , Groot J. C. J. , Carmona-Torres C. Integrating Public Demands into Model-based Design for Multifunctional Agriculture: An Application to Intensive Dutch Dairy Landscapes, Ecological Economics, 2008 (4) .

［26］ Posner M. V. International Trade and Technical Change, Oxford Economic Papers, 1961 (3) .

［27］ Prandl Zika V. From Subsistence Farming Towards a Multifunctional Agriculture: Sustainability in the Chinese Rural Reality, Journal of Environmental Management, 2008 (2) .

［28］ Rajesh B. T. , Yuji M. Land Evaluation for Peri-urban Agriculture Using Analytical Hierarchical Process and Geographic Information System Techniques: A Case Study of Hanoi, Land Use Policy, 2008 (2) .

［29］ Rezaei M. K. , Karami E. A Multiple Criteria Evaluation of Sustainable Agricultural Development Models Using AHP, Environment, Development and Sustainability, 2008 (4) .

［30］ Ruttan V. W. , Hayami Y. Toward a Theory of Induced Institutional Innovation, The Journal of Development Studies, 1984 (4) .

［31］ Steven A. Ecological Modernization of the Agriculture Industry in Southern Sweden: Reducing Emissions to the Baltic Sea, Journal of Cleaner Production, 2004 (12) .

［32］ Timmer C. P. The Agricultural Transformation, Handbook of Development Economics, 1988 (1) .

［33］Timmer C. P. The Agricultural Transformation, Handbook of Development Economics, 1988 (1).

［34］Turyareeba P. J. Renewable Energy: Its Contribution to Improved Standards of Living and Modernization of Agriculture in Uganda, Renewable Energy, 2001 (3).

［35］Todaro M. P. Income Expectations, Rural-Urban Migration and Employment in Africa, International Labor Review, 1971 (135).

［36］Twomey M. J., Helwege A. Modernization and Stagnation: Latin American Agriculture into the 1990s, Greenwood Press Inc., 2001.

［37］Vaneeckhaute C., Meers E., Michels E. Ecological and Economic Benefits of the Application of Bio-based Mineral Fertilizers in Modern Agriculture, Biomass and Bioenergy, 2013 (49).

［38］Vernon R. International Investment and International Trade in the Product Cycle, The Quarterly Journal of Economics, 1966 (2).

［39］Waldron S., Brown C., Longworth J. A Critique of High-value Supply Chains as a Means of Modernizing Agriculture in China: The Case of the Beef Industry, Food Policy, 2010 (5).

［40］Wertz J. R. A Newtonian Big-bang Hierarchical Cosmological Model, The Astrophysical Journal, 1971 (164).

［41］Yang X., Borland J. A Microeconomic Mechanism for Economic Growth, Journal of Political Economy, 1991 (3).

［42］安晓宁、辛岭:《中国农业现代化发展的时空特征与区域非均衡性》,《资源科学》2020 年第 9 期。

［43］北京天则经济研究所:《土地流转与农业现代化》,《管理世界》2010 年第 7 期。

［44］曹俊杰:《新中国成立 70 年农业现代化理论政策和实践的演变》,《中州学刊》2019 年第 7 期。

［45］曾凡慧:《科技支撑农业:我国农业发展的现实路径》,《改革与战略》2008 年第 12 期。

［46］曾福生：《日本、韩国及我国台湾地区农业现代化与湖南之比较研究》，《湖南农业大学学报（社会科学版）》2020年第2期。

［47］陈慈、陈俊红、龚晶等：《当前农业新业态发展的阶段特征与对策建议》，《农业现代化研究》2018年第1期。

［48］陈江涛、张巧惠、吕建秋：《中国省域农业现代化水平评价及其影响因素的空间计量分析》，《中国农业资源与区划》2018年第2期。

［49］陈明星：《粮食主产区利益补偿机制研究》，社会科学文献出版社2015年版。

［50］陈明星：《"十四五"时期农业农村高质量发展的挑战及其应对》，《中州学刊》2020年第4期。

［51］陈素云：《制度创新与农业现代化、新型城镇化——中国农业经济学会2013年学术研讨会综述》，《农业经济问题》2013年第10期。

［52］陈文滨：《浅谈法国农业现代化及其对江西农业发展的启示》，《农业考古》2006年第3期。

［53］陈锡文：《实施乡村振兴战略，推进农业农村现代化》，《中国农业大学学报（社会科学版）》2018年第1期。

［54］陈锡文：《推动城乡发展一体化》，《求是》2012年第23期。

［55］陈锡文：《中国特色农业现代化的几个主要问题》，《改革》2012年第10期。

［56］陈晓华：《坚持走中国特色农业现代化道路》，《农业经济问题》2009年第10期。

［57］陈燕：《脱贫攻坚后时代：农业农村现代化及乡村振兴的新征程》，《福建论坛（人文社会科学版）》2021年第3期。

［58］程志强、程序：《农业现代化指标体系设计》，《农业技术经济》2003年第2期。

［59］崔凯、冯献：《我国农业农村信息化的阶段性特征与趋势研判》，《改革》2020年第6期。

［60］党国英：《振兴乡村　推进农业农村现代化》，《理论探讨》2018年第1期。

［61］邓德胜、祝海波、杨丽华：《国外农村现代化模式对我国实现农村全面小康的启示》，《经济问题》2007年第2期。

［62］邸菲、胡志全：《我国农业现代化评价指标体系的构建与应用》，《中国农业资源与区划》2020年第6期。

［63］丁志伟、张改素、王发曾等：《中国工业化、城镇化、农业现代化、信息化、绿色化"五化"协调定量评价的进展与反思》，《地理科学进展》2016年第1期。

［64］杜鹰：《小农生产与农业现代化》，《中国农村经济》2018年第10期。

［65］杜宇能、潘驰宇、宋淑芳：《中国分地区农业现代化发展程度评价——基于各省份农业统计数据》，《农业技术经济》2018年第3期。

［66］方志权、张晨、楼建丽：《关于上海农业农村现代化若干问题的思考》，《科学发展》2020年第9期。

［67］冯贞柏、李众敏：《以色列农村现代化及对我国和谐乡村建设的启示》，《山西农经》2008年第6期。

［68］傅晨：《基本实现农业现代化：涵义与标准的理论探讨》，《中国农村经济》2001年第12期。

［69］高亮之：《农业系统学基础》，江苏科学技术出版社1993年版。

［70］高强、曾恒源：《"十四五"时期农业农村现代化的战略重点与政策取向》，《中州学刊》2020年第12期。

［71］顾益康：《西部大开发接轨东部大市场——对新世纪中国东西部合作开发的战略思考》，《求是》2000年第10期。

［72］郭爱民：《从英国农业现代化的历程看中国入世后农村土地问题的走向》，《安徽史学》2003年第6期。

［73］郭冠清：《新中国农业农村现代化的政治经济学分析》，《经济与管理评论》2020年第5期。

［74］郭远智、刘彦随：《中国乡村发展进程与乡村振兴路径》，《地理学报》2021年第6期。

［75］韩连贵、李铁君、刘春生等：《农业现代化建设任务、农村经济社

会体制完善要求》，《经济研究参考》2017年第57期。

[76] 韩秀兰、阚先学：《韩国新农村什么样？——韩国农村现代化的路径及启示》，《中国农村科技》2011年第11期。

[77] 韩长赋：《加快发展现代农业》，《人民日报》2010年11月22日。

[78] 何传启：《世界现代化的事实和原理》，《中国科学院院刊》2010年第3期。

[79] 何一峰、杨张桥、张叶、沈毅：《印度农村现代化进程及对浙江的启示》，《浙江学刊》2007年第3期。

[80] 河南省人民政府：关于《中共河南省委关于制定河南省国民经济和社会发展第十四个五年规划和二〇三五年远景目标的建议》，河南人民政府网，http://www.henan.gov.cn/2021/01-08/2074842.html。

[81] 贺雪峰、印子：《"小农经济"与农业现代化的路径选择——兼评农业现代化激进主义》，《政治经济学评论》2015年第2期。

[82] 洪银兴：《新时代社会主义现代化的新视角——新型工业化、信息化、城镇化、农业现代化的同步发展》，《南京大学学报（哲学·人文科学·社会科学版）》2018年第2期。

[83] 洪银兴：《以三农现代化补"四化"同步的短板》，《经济学动态》2015年第2期。

[84] 黄斌、胡晔：《基于"三化"视角的农村金融体系研究》，《农村经济》2012年第4期。

[85] 黄佩民、吕国英等：《农用工业、基础设施建设与现代农业发展》，《管理世界》1995年第5期。

[86] 黄少安：《改革开放40年中国农村发展战略的阶段性演变及其理论总结》，《经济研究》2018年第12期。

[87] 黄祖辉、林坚等：《农业现代化：理论、进程与途径》，中国农业出版社2003年版。

[88] 黄祖辉：《农业农村优先发展的制度体系构建》，《中国农村经济》2020年第6期。

[89] 姜松：《中国西部农业现代化演进过程及机理研究》，人民出版社

2015 年版。

[90] 姜长云、李俊茹:《关于农业农村现代化内涵、外延的思考》,《学术界》2021 年第 5 期。

[91] 蒋和平:《改革开放四十年来我国农业农村现代化发展与未来发展思路》,《农业经济问题》2018 年第 8 期。

[92] 蒋和平、辛岭:《建设中国现代农业的思路与实践》,中国农业出版社 2009 年版。

[93] 蒋和平、杨东群:《新中国成立 70 年来我国农业农村现代化发展成就与未来发展思路和途径》,《农业现代化研究》2019 年第 5 期。

[94] 蒋永穆:《从"农业现代化"到"农业农村现代化"》,《红旗文稿》2020 年第 5 期。

[95] 蒋永穆:《基于社会主要矛盾变化的乡村振兴战略:内涵及路径》,《社会科学辑刊》2018 年第 2 期。

[96] 蒋永穆、卢洋、张晓磊:《新中国成立 70 年来中国特色农业现代化内涵演进特征探析》,《当代经济研究》2019 年第 8 期。

[97] 解安、路子达:《农村现代化:实现"两个一百年"奋斗目标的必由之路》,《河北学刊》2019 年第 6 期。

[98] 康芸、李晓鸣:《试论农业现代化的内涵和政策选择》,《中国农村经济》2000 年第 9 期。

[99] 柯炳生:《对推进我国基本实现农业现代化的几点认识》,《中国农村经济》2000 年第 9 期。

[100] 孔祥智、付景元、张丽君、马荣:《若干国家农业现代化的经验教训与发展趋势》,《山东省农业管理干部学院学报》2000 年第 4 期。

[101] 赖红兵、鲁杏:《我国农业现代化发展与农村水利建设关系的研究》,《中国农业资源与区划》2020 年第 2 期。

[102] 赖红兵、鲁杏:《国外农业现代化和农村水利建设经验对我国的启示》,《中国农业资源与区划》2019 年第 11 期。

[103] 雷德雨、张孝德:《美国、日本农村金融支持农业现代化的经验和启示》,《农村金融研究》2016 年第 5 期。

河南农业农村现代化发展研究

[104] 李宝值、张世云、黄河啸、章伟江、朱奇彪：《强化乡村振兴要素支撑的浙江实践与经验启示》，《浙江农业科学》2020 年第 12 期。

[105] 李典军：《美国农政道路研究》，中国农业出版社 2004 年版。

[106] 李二超、韩洁：《"四化"同步发展的内在机理、战略途径与制度创新》，《改革》2013 年第 7 期。

[107] 李刚、李双元：《青海省农业农村现代化发展水平研究》，《农业现代化研究》2020 年第 1 期。

[108] 李鸿阶、苏美祥：《台湾农村发展路径及其对福建乡村振兴的借鉴思考》，《台湾经济》2019 年第 5 期。

[109] 李华胤：《论现代化中后期的城乡关系与乡村振兴》，《西安财经大学学报》2020 年第 6 期。

[110] 李伟：《中国农业现代化的空间溢出效应分析——基于空间面板模型的实证研究》，《技术经济与管理研究》2016 年第 8 期。

[111] 李燕琼：《农业现代化进程中技术进步重点的选择》，《农业技术经济》1997 年第 6 期。

[112] 李燕琼：《我国传统农业现代化的困境与路径突破》，《经济学家》2007 年第 5 期。

[113] 李月：《发达国家新型职业农民教育培训的经验总结与建议》，《职教通讯》2020 年第 6 期。

[114] 李周：《循序渐进的推进我国农业现代化》，《农林经济管理学报》2016 年第 1 期。

[115] 刘海启：《加快数字农业建设　为农业农村现代化增添新动能》，《中国农业资源与区划》2017 年第 12 期。

[116] 刘利花：《基于脱钩指数的中国现代农业评价体系研究》，《管理现代化》2017 年第 4 期。

[117] 刘敏、白塔：《我国农业现代化"短板"之辩》，《西北师大学报（社会科学版）》2017 年第 3 期。

[118] 刘琦、赵明正：《农业现代化进程中农业要素使用强度变化规律研究——基于全球 29 个主要农业国家的国际经验》，《农业经济问题》2018 年第

3 期。

［119］刘修礼：《传统农区农业农村现代化发展研究》，江西人民出版社 2015 年版。

［120］刘巽浩：《能源教旨主义对农业现代化的冲击》，《农业经济问题》 2003 年第 10 期。

［121］陆益龙：《乡村振兴中的农业农村现代化问题》，《中国农业大学学报（社会科学版）》2018 年第 3 期。

［122］马蕾：《借鉴四川经验 推进甘肃乡村旅游发展》，《今日财富（中国知识产权）》2020 年第 7 期。

［123］马晓河：《构建优先发展机制 推进农业农村全面现代化》，《经济纵横》2019 年第 2 期。

［124］马晓河：《"十四五"时期的农业农村发展环境分析与战略思考》，《农业经济问题》2020 年第 6 期。

［125］毛飞、孔祥智：《中国农业现代化总体态势和未来取向》，《改革》 2012 年第 10 期。

［126］苗成斌、沙勇、李义良、赵杨波、彭大松、刘晓峰：《"十四五" 江苏乡村人才振兴战略研究》，《江苏海洋大学学报(人文社会科学版)》2020 年第 6 期。

［127］倪长生、王糯兴：《以色列现代农业特点及其启示》，《安徽农业科学》2015 年第 1 期。

［128］牛若峰：《中国农业现代化走什么道路》，《中国农村经济》2001 年第 1 期。

［129］农业部办公厅：《新型职业农民培育试点工作方案》（农科办 2012 年 56 号）。

［130］农业部课题组：《现代农业发展战略研究》，中国农业出版社 1997 年。

［131］农业部软科学委员会课题组：《中国农业发展新阶段》，中国农业出版社 2000 年。

［132］潘虹：《社会结构与现代化型塑——近现代中日农村现代化比较研

究》,《前沿》2010年第14期。

[133] 彭超、刘合光:《"十四五"时期的农业农村现代化:形势、问题与对策》,《改革》2020年第2期。

[134] 强百发:《韩国农业现代化进程研究》,西北农林科技大学博士学位论文,2010年。

[135] 沈扬扬:《以农业农村现代化建设中国特色社会主义乡村振兴道路》,《兰州大学学报(社会科学版)》2021年第3期。

[136] 史婕:《四川、甘肃乡村振兴经验及对山西的启示》,《经济师》2020年第3期。

[137] 速水佑次郎、弗农·拉坦:《农业发展的国际分析》,中国社会科学出版社2000年。

[138] 孙瑞玲:《现代农业建设的路径与模式研究》,中国时代经济出版社2008年版。

[139] 谭爱花、李万明、谢芳:《我国农业现代化评价指标体系的设计》,《干旱区资源与环境》2011年第10期。

[140] 汤俊:《海南省特色现代农业发展的现状、问题与对策》,《贵州农业科学》2020年第6期。

[141] 田野、黄进、安敏:《乡村振兴战略下农业现代化发展效率评价——基于超效率DEA与综合熵值法的联合分析》,《农业经济问题》2021年第3期。

[142] 王春光:《迈向共同富裕——农业农村现代化实践行动和路径的社会学思考》,《社会学研究》2021年第2期。

[143] 王敬尧、段雪珊:《"人""地"关系:日本农地制度变迁与农业现代化》,《清华大学学报(哲学社会科学版)》2018年第4期。

[144] 王淑贤、郝云宏:《农村现代化的基本含义和主要特征》,《延安大学学报(社会科学版)》1999年第4期。

[145] 王新利、肖艳雪:《农业现代化、城镇化、工业化、信息化协调发展评价研究——以黑龙江农垦为例》,《农业技术经济》2015年第6期。

[146] 王学真等:《农业国际化对农业现代化的影响》,《中国农村经济》

2006 年第 5 期。

［147］王玉莹、金晓斌、范业婷等：《农村土地整治对促进农业现代化水平的影响分析》，《中国土地科学》2017 年第 8 期。

［148］王兆华：《新时代我国农业农村现代化再认识》，《农业经济问题》2019 年第 8 期。

［149］魏后凯、杜志雄：《中国农村发展报告（2020）》，中国社会科学出版社 2020 年版。

［150］魏后凯：《如何走好新时代乡村振兴之路》，《人民论坛·学术前沿》2018 年第 3 期。

［151］魏后凯、苑鹏、芦千文：《中国农业农村发展研究的历史演变与理论创新》，《改革》2020 年第 10 期。

［152］文丰安：《乡村振兴战略与农业现代化治理融合发展：价值、内容及展望》，《西南大学学报（社会科学版）》2020 年第 4 期。

［153］吴广义、刘振邦、王秀奎：《现代农业论》，中国社会科学出版社 2011 年。

［154］西奥多·W. 舒尔茨：《改造传统农业》，商务印书馆 2006 年。

［155］夏春萍、刘文清：《农业现代化与城镇化、工业化协调发展关系的实证研究——基于 VAR 模型的计量分析》，《农业技术经济》2012 年第 5 期。

［156］向松祚：《美国经济现代化的关键》，《英才》2011 年第 10 期。

［157］谢杰：《工业化、城镇化在农业现代化进程中的门槛效应》，《农业技术经济》2012 年第 4 期。

［158］辛岭、蒋和平：《我国农业现代化发展水平评价指标体系的构建和测算》，《农业现代化研究》2010 年第 6 期。

［159］徐梅：《日本农业现代化再探讨及启示》，《日本学刊》2018 年第 5 期。

［160］徐美银：《乡村振兴的国际经验与中国道路》，《农业经济》2020 年第 12 期。

［161］徐维祥、舒季君、唐根年：《中国工业化、信息化、城镇化和农业现代化协调发展的时空格局与动态演进》，《经济学动态》2015 年第 1 期。

［162］徐星明、杨万江：《我国农业现代化进程评价》，《农业现代化》2000 年第 5 期。

［163］徐追：《共享经济下海南省乡村旅游发展模式研究》，海南热带海洋学院硕士学位论文，2019 年。

［164］薛亮：《从规模经营看中国特色农业现代化道路》，《农业经济问题》2008 年第 6 期。

［165］杨承刚：《中韩农业现代化异同比较分析》，《合肥学院学报（综合版）》2019 年第 4 期。

［166］杨鹏、朱琰洁等：《中国实现"四化同步"的挑战：目标 VS 制度》，《农业经济问题》2013 年第 11 期。

［167］杨瑞珍、陈印军：《中国现代生态农业发展趋势与任务》，《中国农业资源与区划》2017 年第 5 期。

［168］姚於康：《江苏农村现代服务业发展现状和道路模式探讨》，《江西农业学报》2008 年第 11 期。

［169］叶敬忠、豆书龙、张明皓：《小农户和现代农业发展：如何有机衔接?》，《中国农村经济》2018 年第 11 期。

［170］叶普万、白跃世：《农业现代化问题研究述评——兼谈中国农业现代化的路径选择》，《当代经济科学》2002 年第 5 期。

［171］易军、张春花：《北方沿海地区农业现代化进程的定量评价》，《中国软科学》2005 年第 1 期。

［172］张冬平、黄祖辉：《农业现代化进程与农业科技关系透视》，《中国农村经济》2002 年第 11 期。

［173］张海鹏、郜亮亮、闫坤：《乡村振兴思想的理论渊源、主要创新和实现路径》，《中国农村经济》2018 年第 11 期。

［174］张航、李标：《中国省域农业现代化水平的综合评价研究》，《农村经济》2016 年第 12 期。

［175］张红宇、陈良彪、胡振通：《构建农业农村优先发展体制机制和政策体系》，《中国农村经济》2019 年第 12 期。

［176］张香玲、李小建、朱纪广等：《河南省农业现代化发展水平空间分

异研究》,《地域研究与开发》2017 年第 3 期。

［177］张应武、欧阳子怡:《我国农业农村现代化发展水平动态演进及比较》,《统计与决策》2019 年第 20 期。

［178］赵文英、付仁玲、何佳琪等:《我国各省农业现代化发展水平综合评价》,《中国农机化学报》2018 年第 12 期。

［179］赵霞、姜利娜:《荷兰发展现代化农业对促进中国农村一二三产业融合的启示》,《世界农业》2016 年第 11 期。

［180］郑林庄:《农业现代化的目标是提高农业生产效率》,《经济研究》1980 年第 6 期。

［181］郑兴明:《习近平农业现代化思想的四重维度》,《求索》2017 年第 9 期。

［182］国家统计局农村社会经济调查司:《中国农村统计年鉴 2012》,中国统计出版社 2012 年版。

［183］中华人民共和国国家统计局:《中国统计年鉴 2009》,中国统计出版社 2009 年版。

［184］中华人民共和国国家统计局:《中国统计年鉴 2020》,中国统计出版社 2020 年版。

［185］钟水映、李强谊、徐飞:《中国农业现代化发展水平的空间非均衡及动态演进》,《中国人口·资源与环境》2016 年第 7 期。

［186］钟真、谢东东、查紫振:《"十四五"中国农业农村现代化的战略取向与关键政策》,《江海学刊》2021 年第 2 期。

［187］周迪、程慧平:《中国农业现代化发展水平时空格局及趋同演变》,《华南农业大学学报(社会科学版)》2015 年第 1 期。

［188］周洁红、黄祖辉:《农业现代化评论综述——内涵、标准与特性》,《农业经济》2002 年第 11 期。

［189］周旅梅:《江苏农村服务业发展水平的空间测度》,《江西农业学报》2017 年第 8 期。

［190］周振、马庆超、孔祥智:《农业机械化对农村劳动力转移贡献的量化研究》,《农业技术经济》2016 年第 2 期。

［191］朱道华：《略论农业现代化、农村现代化和农民现代化》，《沈阳农业大学学报（社会科学版）》2002 年第 3 期。

［192］庄卫民：《试论农业现代化的发展趋势》，《农业经济问题》2001年第 6 期。

［193］祖群英：《台湾地区乡村建设：政策演进、实践探索与现实镜鉴》，《闽台关系研究》2020 年第 3 期。